京都 洛中散歩

Kyōto Rakuchū Sanpo

21 コース

京都史跡見学会 編

山川出版社

金閣寺（北区金閣寺町）

北野天満宮本殿（上京区御前通今出川上ル）

下鴨神社境内の反橋から楼門をのぞむ（左京区下鴨泉川町）

晴明神社（上京区堀川通一条上ル晴明町）

同志社大学有終館(上京区今出川通烏丸東入ル)

旧九条邸拾翠亭と勾玉池(上京区京都御苑内)

二条城唐門(中京区二条通堀川西入ル)

新撰組壬生屯所八木家住宅(中京区坊城通綾小路東南角)

京都のあゆみ
第Ⅰ部　京都洛中散歩21コース

① 金閣寺やアーカイブスを訪ねる―――12
② 西ノ京から北野天満宮へ古く新しい町並みを歩く―15
③ 古代の風に吹かれて下鴨神社とその周辺を歩く―19
④ 鴨川の流れをたどり古都を楽しむ―――24
⑤ 御池通から鞍馬口へ古社寺を訪ねる―――28
⑥ 町衆の心意気を伝える上京の町並み―――33
⑦ 機織りの音が聞こえる町・西陣をゆく―――37
⑧ 西陣のもう1つの顔・魔界伝承を探る―――42
⑨ モダンな赤煉瓦建築が並ぶ同志社構内―――45
⑩ 応仁の乱の舞台に武将の夢と野望を追う―――49
⑪ 京都御所周辺に歴史のロマンを探訪する―――52
⑫ 二条城周辺に徳川氏の京都支配をみる―――57
⑬ 誠の旗を掲げて新撰組がゆく―――61
⑭ 繁華街におわすみ仏を訪ねる―――64
⑮ 古都の洋風名建築を巡る―――68
⑯ 祇園祭・宵山に遊ぶ―――75

- ⑰ 洛中のミステリー・ワールドを探る———85
- ⑱ 古くて新しい伝統建造物, 京町家———88
- ⑲ 維新の鼓動が聞こえる三本木・高瀬川界隈—94
- ⑳ 京都駅から四条まで下京の古社・古刹を歩く——100
- ㉑ 四条大橋から柳原銀行記念資料館へ———104

第Ⅱ部　京都洛中散歩事典

あとがき／京都洛中および周辺の博物館施設など一覧
参考文献／年表／索引

凡例

1. 第Ⅰ部コース表は，徒歩→ バス⇨ 電車➡ などで交通手段を表記し，所要時間は分単位で示した。表の最下段にはコース全体のおよその所要時間を示した。
2. 本文中の文化財の区別は，国指定以上を（　　）で示した。国指定重要文化財＝(国重文)，国指定史跡＝(国史跡)，国指定名勝＝(国名勝)。
3. 第Ⅰ部の本文中内の太字は，第Ⅱ部にある項目を示す。
4. 地名の表記については，原則として現在使われているものと歴史的に使用されているものを区別した。また駅名・バス停などは実際使用されている表記にしたがった。
5. 京都散歩コースは，ほかに『京都洛東・洛南散歩24コース』『京都洛西・洛北散歩22コース』編があり，「京都のあゆみ」「参考文献」「年表」は『洛中』にまとめた。

京都のあゆみ

原始・古代

　約2万5000年前の最後の氷河期,旧石器時代後期の,京都盆地周辺の淀川・桂川沿いの扇状地と段丘上に,旧石器人の生活の跡が認められ,また西京区大枝遺跡,右京区嵯峨広沢池,沢ノ池跡など合計24カ所でサヌカイト(二上山産出)を用いた国府型ナイフ形石器など,旧石器の出土が確認されている。

　約1万年前にはじまる縄文時代になると,気候は温暖・湿潤になり,吉田山周辺の北白川扇状地上に北白川小倉町遺跡など,イノシシやシカ,河川の魚類の双方を得る好立地に遺跡が分布するようになる。縄文後期・晩期になると遺跡はしだいに盆地の内陸部そして南部へと広がり,北白川追分町遺跡から上鳥羽鴨田遺跡と広範囲にみうけられる。

　弥生時代になると,下鳥羽遺跡など淀川・桂川に近い盆地南部の遺跡で弥生土器が出土する。桂川右岸の平野部に集中し,なかでも向日市森本遺跡からは水田と水路が発見され,稲作が盛んであったことがわかる。また鶏冠出遺跡からは最古の銅鐸鋳型が発見され,注目された。

　古墳時代になると,4～5世紀にかけて朝鮮半島からの渡来人たちによって,わが国に土木・農業を中心に先進的技術が伝えられた。なかでも秦の始皇帝の末裔と称する秦氏の祖である弓月君は一族を引き連れて渡来し,嵯峨野に定着して,葛野川(桂川)に大堰を設けて水田を開発する土木技術や養蚕・絹織物の技術をもたらした。この京都盆地の西北に位置する嵯峨野には,片平大塚古墳・蛇塚古墳・天塚古墳・段ノ山古墳などの太秦古墳群が7世紀初頭まで築造され,点在する。さらに,聖徳太子より秦河勝にあたえられたと伝える国宝第1号の半跏思惟像(弥勒菩薩)がおさまる広隆寺や松尾大社など,秦氏がこの地に大きな勢力を誇った様子がしのばれる。また加茂川・高野川・白川流域では加茂(鴨)氏・出雲氏・八坂氏らの集落が発達した。なかでも加茂県主一族は上賀茂・下鴨に産土神を氏神としてまつり,栄えた。

　桓武天皇は寺院勢力の強い平城京を去って,政教の混乱を

防ぎ、また旧氏族とのしがらみをとき、人心を刷新するため784(延暦3)年、母の故地に近い山城国乙訓郡の長岡に遷都を断行した。父光仁天皇が傍流であり、また母も渡来氏族和氏の出身であったため、この意味からも遷都は皇位を正統なものとし、権力をいっそう安定させる格好の事業であった。しかし、造宮使藤原種継暗殺は桓武天皇の弟早良親王に嫌疑が向けられ、親王は失意のうちに絶命した。この事件が長岡京を10年ですて、葛野の地へと再び都を移した最大の要因であったと推測される。

国家領域の拡大をはかる「軍事」とたび重なる遷都による都の「造作」など、庶民の苦しみをよそに794年、平安京は「王城の地」として造営された。朝廷は班田の励行や地方行政の粛正など律令制の再興をはかり、法制を整備した。この平安初期、新仏教である密教を中心に唐文化の消化も進んだ。天台・真言両宗のうち、天台宗の最澄が開祖となった比叡山延暦寺は奈良仏教と激しく対立し、嵯峨天皇のときついに東大寺から戒壇を手にいれ、僧となるには必ず一度は叡山の山門をくぐらなければならなくなった。のちの鎌倉新仏教の開祖たちをみればわかるであろう。これ以後、朝廷と延暦寺は深い結びつきとなる。また空海の真言宗も「東寺」といういわば出先機関を都に設け、朝廷とのつながりを保った。このことからして、桓武天皇の新都造営の目的である「奈良仏教寺院の移建を許さず」は、必ずしも成功したとはいいがたい。

810(弘仁元)年、藤原種継の暗殺以来没落した藤原式家を再興しようと、その子仲成・薬子の兄妹は平城上皇の重祚をはかった。しかし嵯峨天皇の信頼厚かった藤原北家冬嗣は蔵人頭としてこれをあばき、ここにようやく平城京の旧勢力からの呪縛がとかれることとなった。

同時に「薬子の変」は藤原北家が以後およそ1世紀半余りをかけて他氏排斥を完了させる出発点でもあった。この間わずかに天皇親政が行われた「延喜・天暦の治」を例外とすれば、権門北家の娘が生んだ皇子のみが天皇となる外戚政策によって、

藤原氏は摂関政治を確立し、ほしいままに政権を独占した。
そして道長・頼通の時代になると、その栄耀栄華を誇る最盛期を迎え、はなやかな王朝文化が花開いた。権門北家は本来律令体制の根幹をなす公地公民制を天下に号令し、立場上あやしげな荘園は整理する最高責任者たる関白太政大臣であるにもかかわらず、誰よりも多くの荘園の寄進をうけている張本人であるという矛盾した二重構造を内包していた。このため11世紀末の院政期になると、藤原氏の中央政権独占により、地方に下向した貴族たちからなる諸国の受領層は院の近臣となって上皇方に走り、朝廷を牛耳る藤原氏と対峙した。このことを背景に上皇は藤原氏にかわって自由に院政を行い、「治天の君」とよばれるほどの専制君主となった。

一方、地方の荘園では受領たちの干渉からのがれるため「自分たちの土地は自分たちで守る」という農民たちの武装化を招き、小武士団を萌芽させる結果となった。さらにこの武士団は桓武平氏・清和源氏を棟梁にいただく2つの大武士集団へと収斂した。

また大荘園領主化した延暦寺などの大寺院も、自分たちの荘園をまもる意味から多くの僧兵を擁した。この僧兵の横暴に対処すべく白河上皇がとった公家にとって最悪の策とは、地方武士を中央に近づけたということであった。それは北面の武士として源義家・平正盛らを登用したことよりはじまった。いずれにしろ、これ以前より大事件がおきる度、武士にたよらざるをえない中央貴族の無力感は、きたるべき「武者の世」を彼らに予感させ、当時仏滅から数えてちょうど2000年を経ると末法を迎えるという思想とみごとに合致して、来世に託す浄土教が公家たちの間に深く浸透していった。頼通は別業（別荘）として宇治の地に阿弥陀仏の来迎を祈願して、「鳳凰堂」とよばれる阿弥陀堂を平等院に建立した。また白河上皇は白河・鳥羽の両地に離宮を造営した。

かくして「保元・平治の乱」を迎え、武士は傭兵にあきたらず、平治の乱では源平2氏の棟梁が争い、ついに平清盛が中央

政権を掌握した。西八条や鴨川の東、六波羅の地に平氏一門は居を構え、京都の検非違使庁を掌握し、繁栄を謳歌した。慶滋保胤の『池亭記』によると、平安京は元来低湿だった右京がしだいにさびれ、逆に左京が拡大し、洛外であった鴨川東岸も市街化が進んだ。平安の都は事実上漸次東へ北へ南へと移動することとなった。

平氏は西八条に近い七条町の発展をはかり、そしてこの地は武器製造地であるとともに、政権の経済的基盤となった日宋貿易の富の集積地として活況を呈した。

中世

平清盛の政権は、公武の二面性をあわせもつため、鎌倉時代への過渡期的性格と平氏一門のみの繁栄を謳歌する専制的性格とによって、朝廷や地方武士の反発を招いた。またこの政権を短命におわらせたのは、のちの源頼朝の鎌倉幕府のような中央に武士の力を結集する機構をもたない脆弱さにも起因した。

1177(安元3)年、平安京は大極殿以下を焼失し、ついに再興されることはなかった。公家化を恐れた頼朝が源氏の地盤である関東の鎌倉に幕府をおくと、都は国家の政権中枢からはずれ、その機能をおえた。

源氏の正統は3代でおわったとはいえ、すでに武者の世となって久しい。ところが1221(承久3)年、後鳥羽上皇は、政権に復そうと画策して承久の乱をおこし、失敗した。のちに皇統を重んじる北畠親房ですら『神皇正統記』のなかで上皇方の過誤を指摘している。これによって国家は公武の二元的支配から、実質的に武家による一元的支配となり、朝廷は六波羅探題に四六時中監視をうけるうき目をみた。さらに4代摂家将軍藤原頼経のとき、1238(暦仁元)年には、洛中は辻々に篝屋が設けられ、都は完璧に幕府の支配をうけるようになった。

仏教の伝来以来、その主たる救済の対象はつねに貴族であり、庶民ではなかった。そのなかで、鎌倉の新仏教の開祖たちは、打ち続く戦乱と疫病に苦しむ大多数の庶民に焦点をあてた。厳しい戒律と修行を説く前代までの仏教に批判と弾圧をうけなが

ら「選択・専修・易行」の示すとおり、簡単で親しみやすい仏教をとなえ、なかには寺院そのものを否定し、西に東に苦しむものあらばみずから救いの手をさしのべ、いわば「仏教の出前」までするものもあらわれた。「ひたすら阿弥陀仏の『他力本願』を信じよ」と説く、法然・親鸞の「悪人正機説」のパラドックスなど、現在においてもなおけっして古さを感じさせない教義は、庶民の間にまたたくまにうけいれられた。

遣唐使の廃止以来、私に交易を続けてきた宋より、坐禅による「自力修行」を重んじ、悟りに到達するという禅宗も伝来した。また禅宗にとって欠くべからざる「お茶」は臨済宗の栄西によってわが国にもたらされた。旧仏教のなかにも、鎌倉の新仏教に対して批判と弾圧を繰り返すだけでなく、謙虚に反省するものもあらわれた。そのなかのひとりであった叡尊によって、お茶は宇治の地に根づいた。

東山に浄土宗知恩院、七条通には浄土真宗東西本願寺、また鴨川東には臨済宗の建仁寺がそれぞれ中心寺院として、今なお人びとの信仰心を篤くしている。

鎌倉時代にはいって、平安京は政治の都から宗教と文化の都へとその姿をかえた。政権の中枢から離れ、没落する貴族とは逆に、洛中では鎌倉時代末よりしだいに民衆が力をつけ、「町衆」が芽生えはじめ、商工業の活発な発展がみられるようになった。三条町・四条町・七条町に刀座・紺座などの多くの座が成立した。また女性が見世棚にあらわれ、借上などの無担保高利金融を営むものも多くみうけられた。これらは室町時代中期に洛中に350をこす数となった土倉・酒屋などの高利貸の先駆けであった。

承久の乱のとき、尼将軍北条政子が御家人たちを強力に結束させる求心力をもったが、その後「得宗専制」が進むにつれて幕府はその求心力を失い、結局内部分裂し、崩壊することとなった。しかし、後醍醐天皇のとった時代錯誤的な親政も武家の反感を買うのみで、ほどなく滅び、再び足利尊氏による武家政権が復活した。この南北朝期は中央間で離合集散の混乱を繰

り返す間に、地方では守護たちが地頭・国人たちを家臣団に組みこみ、それぞれの任国を領国化する守護大名とよばれるまでに成長していた。

室町幕府はほかの頼朝・家康の2つの幕府とは大きく異なり、諸国の守護大名ともちつもたれつでようやく成り立つきわめて脆弱な幕府であった。

南北朝を1392(明徳3)年に合体させた3代将軍義満は有力守護大名を抑制し、日明貿易と土倉・酒屋からの主たる財源を背景に「花の御所」を築き、北山文化を誇るほどに幕府の権威を高めた。しかし、それも長くは続かず、前代未聞のくじ引きで選ばれた6代将軍義教は、『看聞御記』に「斯くの如き犬死」と記され、将軍謀殺という前代未聞の最期をとげた。

この謀殺の背景には、元寇以後分割相続が破綻し、嫡子単独相続となり、武家は上下別なくことごとく一円相続をめぐって惣領争いをおこすという、いわゆる下剋上があった。こうして、「応仁・文明の乱」よりはてしなく続く戦国乱世を迎えることとなった。東山文化を代表する8代将軍義政は、このような時代において、為政者ではなく文化人としてのみみれば異彩を放ち、評価されうるであろう。いずれにしろ、京の都は幕府奉行飯尾彦六左衛門の「…都は野辺の夕雲雀…」となげくとおり、焦土と化した。

当時、三管領の一翼をになった細川氏京兆家は幕府を支配し、京中から山城国を掌握した。しかし朝廷・寺社勢力も強く、なにより町衆は自治権を強め、1500(明応9)年には中絶していた祇園会を復活させた。

近隣の惣は連合して郷となり、農業技術を高めて余剰農産物を売却し、惣民は豊かとなり、手工業からさらに商業まで発展させた。洛中では見世棚の売子から連雀商人、洛外では桂女・大原女と、女性も商業活動において大きく活躍した。

農村の土地支配権をめぐって中世を概観すると、鎌倉中期の地頭請所から室町初期の守護請へ、そして地下請へと変貌し、惣民や町衆が実力で自分たちの意志をとおすという、画期的な

時代でもあった。

近世

　群雄割拠の戦国の世に，天下統一をもくろむ諸大名にとって，京はめざす目標であった。ポルトガル人によって種子島に鉄砲がもたらされたのち，キリスト教が伝えられたころ，京は三好長慶に支配されていた。そのなかで「天下布武」を標榜し，旧来のあらゆる勢力を武力で破壊し，ねじ伏せ，近世の扉を開いたのは織田信長である。

　ついで，明智光秀の謀叛により挫折した信長の遺志をうけついだ豊臣秀吉は，光秀を大山崎で破った直後から，天正の石直し（太閤検地）をまず山城国からはじめ，刀狩を断行して兵農分離を推し進め，さらに身分制度を確定した。またその一方で，キリスト教禁教令を布いた1587（天正15）年には，貴賤身分の別なく茶の湯を振る舞う大茶会を北野社でもよおした（北野大茶湯）。それは完工した聚楽第を祝うためであり，また京の都の都市再開発の出発点でもあった。のちの伏見城の築城プランにもいかされたが，城を取りまくように配置された寺院は，さながら出城のような趣で防御的意味をもち，その外側には総延長およそ23kmにもおよぶ「御土居」が築かれた。

　再び京は政権の中枢としての機能をはたし，商業もいっそう活発化した。また町は上京と下京に分けられ，さらに下京は中京・下京へ分化発展し，仏教色は薄れ南蛮文化がはいり，現実的で豪華壮麗な武士・商人文化となった安土桃山文化がうまれた。

　徳川家康が江戸に幕府を開き幕藩体制を確立すると，幕末までのおよそ260年間，再度京は政治的中心としての地位を奪われ，鎌倉時代よりさらに厳しく幕府の監視をうけ，江戸より遠隔操作されることとなった。朝廷の経済的基盤は10万石余りと著しく逼迫を余儀なくされ，禁中並公家諸法度によって政治にかかわることのないよう統制をうけた。

　1629（寛永6）年の「紫衣事件」では，上人号などの朝廷専決事項まで干渉・制限され，幕府の法度が朝廷の勅許に優先するにおよび，幕府の上位が明確となった。寺社もまた同様に

統制をうけ、浄土真宗(一向宗本願寺派)は、その内部対立に乗じた家康によって東西に分断され、弱体化した。

　反面外交では、家康は秀吉の強硬外交から一転して和親外交をとり、朱印船貿易が盛んとなった。清水寺の絵馬にあるとおり、京より角倉了以・茶屋四郎次郎・後藤庄三郎らが長者となり、大商人を輩出した。まさに京は宗教都市・観光都市のみならず商業都市と形をかえて再発展をとげることとなった。

　やがて鎖国が訪れ、京の商人は商圏を国内へ転じ、角倉は大堰川(桂川)・鴨川・高瀬川などの開削、河川の改修を行い、船便による物資の集散で繁栄した。現在でも三条高瀬川北に「一之船入」があり、わずかに往時の姿をとどめている。

　こうして、元禄文化の風は西から東へと吹き、三条大橋から東海道をくだり、町人文化である「上方文化」は江戸に伝えられた。それは学問思想から美術・演劇、はては漁法に至るまで、あらゆる分野におよんだ。

　米経済中心の時代にあって、封建制度の根幹をなす農民の支配と統制は最重要課題であった。しかし太平の世、貨幣経済がいっそう進展するなかで、すでに新田開発は限界に達し、収量は思ったほどにはのびず、農民の階層化を促し、たび重なる飢饉によって百姓一揆が引きおこされ、都市周辺では打ちこわしが頻発した。さらにこの米に依存する経済は、支配する武士を直撃することとなり、封建制度の矛盾が露呈するとともに、幕藩体制の基礎がゆらぎはじめた。幕府は「正徳の治」から三大改革・田沼時代を含めて5つの改革を試みたが、かろうじて成功したのは享保の改革のみで、そのほかの改革はことごとく失敗に帰した。

　幕末の閉塞感のなかで、水戸学を柱とした国学は尊王論と結び、反幕府的学問思想へと発展し、京は動乱期を迎え、再びその政治的動向の中心地となった。

近代・現代　1867(慶応3)年10月、徳川幕府最後の15代将軍慶喜によって朝廷に大政奉還がなされ、無血革命は成功したかにみえた。ところが当時三河地方からはじ

まり，たちまち近畿一円に伝播した「ええじゃないか」の乱舞と，「世直し一揆」が頻発し，世相はきわめて険悪化した。さらに，この年の12月に王政復古の大号令で，天皇を中心とした新政府が樹立されると，旧幕府の領地返上命令がだされ，ついに「鳥羽・伏見の戦い」より，戊辰戦争がはじまった。新政府は軍の後方確保の意味からも江藤新平の説く天皇東幸を断行した。これは事実上の東京遷都であり，京都市民にとって衝撃と落胆とで，けっして承服しかねる出来事であった。結局，新政府の強引な遷都によって京都市民は地子銭免除と産業基立金を得ることで天子を失い，政治の中心地としての地位を三度奪われてしまった。京の都は名実ともに「王城の地」ではなくなり，「古都」とよばれる一地方都市になった。

第2代京都府知事槇村正直によって全国に先駆けて小学校を開校し，教育の普及をはかり，また舎密局・製革場・製糸場・伏見製作所などの設立で，勧業政策も推進された。ついで第3代知事北垣国道は，前述の産業基立金を原資として，欧米の土木技術を学んだ若き技術者田辺朔郎によって試行錯誤の末，琵琶湖疏水を完成させ，わが国最初の水力発電事業をおこし，電車をとおした。

また，学問の府として京都大学，伝統産業の保護育成を主眼に京都府画学校・京都高等工芸学校などを開校して，竹内栖鳳らが教鞭をとってきた。

昭和にはいると，戦前・戦後をとおして新しい芸術である映画産業を育み，隆盛をきわめた。

京都はその長い歴史のなかで，古い伝統をまもり，継承しながらつねに革新的なアイデアを模索し，現在はハイテク技術の発信基地として再びよみがえることができた。京都は今でも文化の都であり，学問の都であり，最先端技術の都である。

京都洛中散歩 21コース

第Ⅰ部

新玉津島神社(上) 京都府京都文化博物館(下)

1 金閣寺やアーカイブスを訪ねる

「きぬかけの路」周辺の名刹や，平和の問題や陪審法廷などの公的な記録を残すアーカイブスを訪ねる。

○金閣寺
↓ 5
金閣寺
↓ 15
京都府立堂本印象美術館
↓ 5
末川記念会館(松本記念ホール陪審法廷)
↓ 5
立命館大学国際平和ミュージアム
↓ 20
等持院
↓ 1
六請神社
↓ 15
龍安寺
↓ 2
○竜安寺前

●約5時間●

通称**金閣寺**は，足利義満が1397(応永4)年に京都北山に営んだ3層の楼閣で，舎利殿としてたてられた。義満の死後，夢窓疎石を開山として義満の法号鹿苑院殿から寺名をとって，鹿苑寺とした。金閣を中心とした庭園や建築は，極楽浄土をこの世にあらわし，北山文化を代表するものであった。金閣の前にある鏡湖池を中心に諸大名の献納した名石が配置され，義満がお茶に使ったり手を清めたりしたという名水「巌下水」「銀河泉」などがある。

金閣は1950(昭和25)年に焼失したが，1955年に再建された。庭園の出口には茶室「夕佳亭」がある。江戸時代にたてられた茶室で，ここから夕日に映える金閣が格別の美しさであることから，この名称が生まれた。金閣寺は一日のうちでも，四季折々にも，異なる風情をみせてくれる。1994(平成6)年に世界文化遺産に登録されている。

金閣寺前の「きぬかけの路」を右におれて西に約700m進むと**京都府立堂本印象美術館**がある。1966(昭和41)年に堂本印象が設立したもので，印象が生存中にデザインしてつくりあげたものである。日本画を中心に洋画・工芸・スケッチなど収蔵品2000点をテーマごとに展示している。

この美術館の向かい側が立命館大学である。はいるとすぐ左手に**末川記念会館**がある。2階には京都地方裁判所の建て替え

にあたって，陪審法廷が裁判所から移築され，2000(平成12)年に「松本記念ホール」陪審法廷として開設された。これは日本の陪審法廷を示す記録であり，今後の市民社会の陪審制を考えるよすがとなる目的で設けられている。階下におりると末川名誉総長のメモリアルルームがあり，法学界の重鎮であった末川博のシンプルライフを物語る遺品が展示されている。記念会館から東にでて，約5分で馬代通に面する**立命館大学国際平和ミュージアム**に至る。ここは人類が世界の平和をめざすミュージアムであり，過去の歴史に学び，平和を願って1992(平成4)年に創設された。このミュージアムは日本の第二次世界大戦の実態を後世に伝え，現代の戦争がもたらす悲惨さや核軍縮の国際的な努力についても学ぶことができる。平和とはなにか，平和をうみだすにはどうすればよいのかを考え深めることができる。

　ミュージアム前の馬代通を約700ｍ南へいき，洛星高校を左手にみて，右へまがり，道なりに西に進むと足利尊氏の菩提寺である**等持院**の前にでる。足利家の廟所で，歴代の足利将軍の木像が安置されている(15代のうち5代と14代をのぞく13代)。寺院内の方丈北庭は夢窓疎石の作といわれる部分を残し，衣笠山を借景に芙蓉池を中心とした池泉回遊式庭園である。そこには石灯籠，手水鉢などが巧みに配置されている。等持院の東には六請神社がある。衣笠御霊ともいわれ上古以来，開拓者の代々の霊をまつる祖神であったが，尊氏が等持院を創立して以来，鎮守社としてこの社の祭神に天照大神を六柱に加え六請神社というようになった。

　等持院の前の道を西へ300ｍほど進むと，南北の道路につきあたる。これを右折して道なりに約400ｍいくと「きぬかけの路」に至る。これを左折して200ｍばかりで**龍安寺**である。この寺は1450(宝徳2)年細川勝元が創建したが，応仁の乱(1467〜77年)で焼失し，15世紀末に細川政元の援助で徳芳禅傑が再興し，塔頭伽藍がたち並んだ。しかし1797(寛政9)年に大半を焼失し，方丈は1606(慶長11)年に建立されたものを寛

政年間(1789～1801)に現在の地に移築したものである。東西に長い長方形の庭は白い砂をしき大小15の石をおいた枯山水の石庭である。この庭園は人びとから喜ばれ，春秋には観光客が多数訪れる。

西ノ京から北野天満宮へ古く新しい町並みを歩く

西ノ京は古くから北野天満宮と関係が深く，近年の急速な市街地の開発にもかかわらず，一歩裏通りに足を運ぶと古い町並みを背景に，古寺・古社がひっそりとしずまっている。

JR 円町駅
↓ 8
竹林寺
↓ 1
法輪寺（達磨寺）
↓ 3
華開院
↓ 8
安楽寺天満宮
↓ 5
奥渓家下屋敷跡
↓ 5
乾窓寺
↓ 7
成願寺
↓ 1
大将軍八神社
↓ 5
地蔵院（椿寺）
↓ 8
高津古文化会館
↓ 5
東向観音寺
↓ 3
北野天満宮
↓ 2
紙屋川とお土居跡
↓ 3
平野神社
↓ 3

　新設されたばかりの JR 山陰本線円町駅をおり，右へ進み，喧騒をきわめる丸太町通と西大路通の交差点を東北に渡る。北に向かって歩き，3筋目の辻を右折する。紙屋川にかかる新下立売橋をこえると，左手に朱塗りの門の竹林寺が姿をあらわす。門前左側に「元治甲子勤王志士贈正四位平野国臣外三十餘士之墓」と彫られた自然石の碑がたっている。その斜め向かいに法輪寺があり，門の右側に「三國随一　起上りだるまてら　法輪禅寺」ときざまれた石の円柱がある。

　法輪寺の壁に沿って進み，つぎの十字路を右にまがると，華開院の小さな山門である。「華開院」の扁額がかかる本堂の右手から，石畳を踏んで墓所にはいる。もっとも奥まった西北隅の，生垣に囲まれた3基の小さな石造五輪塔の右側の塔が，室町幕府8代将軍足利義政の正室日野富子の墓である。豪富をうたわれた女性のものとも思われない，質素な墓石である。

　華開院前の南北路を天神通といい，北野天神（天満宮）の参道である。北に向かい，3筋目を左におれると，新しい社殿の安楽寺天満宮が鎮座している。菅原道真が埋葬された筑紫安楽寺にちなみ，

♀平野神社前
◉約5時間◉

遺臣たちが西ノ京に菅公自刻の像をまつったことに由来するという。北野天満宮創建以降、西ノ京一帯は同宮の支配地となり、7カ所に神供所がおかれ、七保と総称された。七保の人びとは「西ノ京七保の神人」として麴座を結成し、課役免除とともに、麴の製造・販売を独占した。当社はその一ノ保にあたるために、一ノ保天満宮ともいう。社殿は1873(明治6)年に北野本社に移転したが、近年、有志によって再建された。境内は本殿と末社1宇があり、「天満宮旧蹟」と記した石碑がある。

再び天神通にでて、北へと足を運ぶ。まもなく左手に茅葺の、南北に長い長屋門の建物がみえてくる。江戸期に御典医をつとめた**奥渓家下屋敷跡**である。1620(元和6)年ごろの建築。往時の姿をよくとどめており、現在も子孫が生活する貴重な遺構である。

なおも北へと進むと、やや幅の広い道と交差する。東北側に「曹洞宗少林山乾窓禅院」と朱文字を彫った石碑が目にはいる。道から奥まった場所に異国情緒たっぷりの乾窓寺の山門がある。庫裡で訪いをいれて、寺内を拝観させてもらおう。本堂の襖絵は文人画家の加藤不譲の作品。数十人の人びとが思い思いの線を書きいれたのち、筆を加えて美しい山水画に仕立てた。いわば禅機を実践したものという。

天神通を北へと歩くと、東西につらぬく商店街にいきあう。**一条通**である。一条通を西へ進む。ほどなく通りをはさんで右側に**大将軍八神社**、左側に**成願寺**がある。さらに一条橋の西詰めには「**椿寺**」の通称で知られる**地蔵院**がある。鍬形地蔵尊をまつる地蔵堂、および赤穂浪士の仇討ちを援助した天野屋利兵衛や与謝蕪村の師夜半亭巴人の墓がある。一条通を東に引き返す。天神通との交差点を左へまがると、一対の青銅製の狛犬をおいた高津古文化会館の前にでる。春秋の企画特別展以外は非公開で、拝観には事前に連絡が必要(☎075-461-8700)。

同館をすぎ、広い今出川通を東に進むと、北野天満宮の大鳥居がみえ、その左脇から東向**観音寺**に向かう。門をはいって

すぐに本堂がある。観音堂に安置される白衣観音は子授けのご利益があるとされ、子授観音または世継観音の異名で有名。本堂の左手に巨大な石造五輪塔がある。天満宮参道の伴氏社にあったものを明治期にうつしたもの。忌明塔とよばれ菅原道真の生母の大伴氏をまつる。その左奥に、灯籠の火袋のうえに笠石をのせただけの石塔がある。謡曲「土蜘蛛」で知られる蜘蛛塚という。

　北野天満宮の参道にはいる。正面大鳥居をくぐると，すぐ左に茶席松向軒がある。豊臣秀吉がおのれの権勢を示すために，1587(天正15)年10月にもよおした北野大茶湯の折，細川忠興(三斎)が設けたものは，現在は大徳寺塔頭の高桐院に保存されている。こちらは三斎井のかたわらに茶室を復活し，往時をしのんで松向軒と名づけたもの。庭におかれた「奇縁氷人石」は，かつて大鳥居前にたてられていた，たずね人のためのしるべ石である。同様のものは新京極の誓願寺門前，および祇園の八坂神社境内にある。

　表参道の西側に，東面してたつ伴氏社の鳥居は京都三珍鳥居の1つとされている。表参道の東側，豪壮華麗な楼門の手前右側，通称右近の馬場に「北野大茶湯之址」と彫られた自然石の碑がたち，かたわらに太閤井戸がある。楼門をくぐると，本殿を中心に49にものぼる摂社や末社がそのほかの建造物とともにたち並ぶ。その多くが国宝・重文級の，檜皮葺の典雅かつ華麗な社殿である。

　北野天満宮の北門から境外へでると，2基の巨大な石碑がた

京都三鳥居　　コラム

　北野天満宮参道の三ノ鳥居の西側にしずまる伴氏社の鳥居は，額束が島木の間に割りこみ，柱の下の蓮座が単弁，反花座であるのが珍しい。京都御苑内・旧九条家の厳島神社の鳥居は，島木・笠木ともに唐破風であるのが珍しく，右京区蚕ノ社の三鳥居とともに京都三鳥居と数えられている。

っている。向かって右の碑が「西陣名技碑」で、西陣織の近代化と技術改良につとめた5世伊達弥助の顕彰碑である。文は元京都府知事北垣国道。左側にたつ碑は「松永伍作君紀功碑」で、京都蚕業講習所所長松永伍作が、生糸輸出量世界一を実現させた業績をたたえたもの。篆字の表題は、元首相松方正義の揮毫で、碑文は史学家の重野安繹である。

　北門前の通りを西へ。紙屋川にかかる桜橋の手前を右におれると、**お土居**の遺構がある。桜橋を西に渡ると**平野神社**がある。京都でも屈指の古社で、サクラの名所としても名高い。帰途は神社をとおりぬけ、西大路通の平野神社前バス停からバスに乗る。

古代の風に吹かれて下鴨神社とその周辺を歩く

下鴨神社は,平安建都以前からこの地に鎮座し,上賀茂神社と並ぶ京都有数の古社である。神域は樹木におおわれ,今も神さびた雰囲気に満たされる。境内と周辺を歩いてみよう。

京阪出町柳駅
↓2
長徳寺
↓1
常林寺
↓8
葵公園・尾上松之助胸像
↓2
鴨川公園・「千鳥の名所」碑
↓3
糺の森
↓10
河合神社
↓10
下鴨神社
↓30
半木の道
↓15
京都府立植物園
↓2
京都府立陶板名画の庭
↓2
京都府立総合資料館
↓2
地下鉄北山駅

●約4時間●

京阪鴨東線出町柳駅で降車し,地上にでると目の前が高野川と賀茂川の合流点である。川端通を高野川に沿って少し下流に歩くと,賀茂大橋までの間に,通に西面して3軒の寺院が並んでいる。もっとも北の長徳寺は,門前に小堂があり,「北向地蔵」とよばれる地蔵尊をまつっている。寺伝によれば,この尊像は百済の懿慈王の守本尊であったという。同寺の南の常林寺は,「萩の寺」の異名で知られ,初秋になるとハギが生いしげり,参道さえおおってしまう。例年9月中旬の日曜日に萩供養が行われる。**勝海舟**(義邦)が上洛するときの常宿であったという。

賀茂川との合流点には,長い年月のうちに上流からの土砂が堆積し,三角州が形成された。この一帯を下鴨といい,平安建都以前から豪族鴨氏の根拠地であった。かつては京野菜の本場として田園風景が広がる農村であったが,1918(大正7)年に京都市に編入されて以来,急速に都市化した。下鴨本通が整備され,辺りには家庭裁判所などの近代的な建物が多数たてられ,自然環境および歴史的景観の破壊が危惧され

ていた。近年の運動の結果，下鴨とその周辺は1994(平成6)年に世界遺産に登録され，破壊の進行には一応の歯止めがかかった。

道を北に戻り，高野川にかかる河合橋を渡ると，葵公園である。公園にはかつて松竹加茂撮影所があった。片すみに往時のスター「目玉の松ちゃん」こと尾上松之助の胸像がたっている。その南の鴨川公園には，かつて千鳥が群舞し，歌枕にもなったことを記念して「千鳥の名所」碑がある。

河合橋の西のたもとを左へ，鬱蒼と背の高い樹木がしげった森のなかの下鴨神社表参道に進む。この森を糺の森(国史跡)といい，古代京都盆地の森の姿を今に伝える。参道左手の土塀に囲まれた一画が下鴨神社の境内摂社河合神社である。『方丈記』の著者鴨長明は当社の社家出身。境内には長明が日野山中に結び，その著作の名の由来となった庵を復元・展示している。

河合神社の東を表参道に並行して南北に走る道がある。この道を馬場といい，鎌倉時代に整備され，江戸中期まで文字どおり「馬場」として使用された。この中途に「第一蹴の地」ときざまれた石碑がたっている。1910(明治43)年9月，旧制第三高等学校の生徒によって，この地でわが国最初のラグビーの試合が行われたのを記念したものである。かつて糺の森のなかには，御手洗川・泉川・奈良の小川・瀬見の小川などいく筋にも分かれて小川が流れていた。だが，近年の急速な都市化は地下水系を破壊し，水源が枯渇して多くの小川が乾燥化している。

なおも参道を進むと，下鴨神社の朱色をした華麗な楼門(国重文)が木立の間からみえてくる。門前のかたわらに相生社がある。祭神は神皇産霊神で，縁結びのご利益があるという。社の手前に朱塗りの玉垣に囲まれて「連理の賢木」とよばれる木がある。2本の木が1本に連なり，夫婦和合・縁結びの神徳を象徴するという。鴨の七不思議の1つとされる。楼門をはいると，左手に比良木神社の通称で知られる出雲井於神社がある。朱塗りの玉垣の周囲にどんな木を植えても，葉がヒイラギのようにギザギザになるというので「なんでもヒイラギ」として有

鴨の七不思議　　　　　　　　　　　　　　　　　　　コラム

　下鴨神社には「鴨の七不思議」とよばれるものがある。その２つ，「連理の賢木」と「なんでもヒイラギ」については本文でふれたので，ほかの５つを紹介する。
○御手洗池の水泡　土用になると池底から水がわきだし，泡状となる。その水泡の形を模して団子にしたものがみたらし団子になったという。
○烏の縄手　現在，河合神社の末社になっている小烏社は，かつては瀬見の小川付近にあり，祈願がかなうと川瀬の小石がとびはねたという。往時は雨乞いの対象となった社である。なお烏は賀茂建角身命の異名。また縄手とは参道のことである。
○赤椿　糺の森はその７割が落葉樹であるため，冬季にはヤブツバキの赤さが目につく。実際にツバキの数は意外と多い。
○舩ケ島　泉川と御手洗川の合流点は舩ケ島とよばれ，社殿をもたない神社奈良殿が鎮座していた祭祀遺跡。願がかなうと小川の小石がはねたという伝承がある。今，同社は愛宕社に合祀されている。
○切芝　葵祭の前儀として５月12日に行われる切芝神事の祭祀場の位置が，糺の森の中央に相当していること。

名。これも鴨の七不思議の１つ。
　楼門から舞殿・橋殿・細殿(いずれも国重文)の前をとおって御手洗社の前にでる。井戸のうえに社殿がおかれているので一名を「井上社」ともいう。社前にある池は禊祓の斎場とされ，例年立秋前夜には「夏越の祓」が行われる。池中にたてた斎串を式後に参拝者が奪いあうことから，「矢取ノ神事」ともよぶ。また毎年土用の丑の日に「御手洗会」が行われる。この日に池水に足をひたすと，夏やせせず，病気にもかからないとされる。
　左手に道をとり中門(国重文)をくぐる。幣殿(国重文)との間に，大国主命などをまつる小祠が７つ並んでいる。福徳円満・殖産興業の神繁昌大国神のほか，生れ年十二支の守護

神としてつとに知られ、参拝者が多い。幣殿の北側、奥まったところに東西に分かれて本殿がしずまっている。ともに1863(文久3)年の造替で、三間社流造・檜皮葺の荘重な建造物(国宝)である。東本殿には玉依媛命、西本殿にはその父神賀茂建角身命をまつる。西本殿の左側に摂社三井神社がある。本社の若宮として、また『延喜式』内の大社として下鴨神社に匹敵する信仰を集め、社殿は重要文化財に指定されている。

　三井神社から左へ、大炊殿(国重文)に足を運ぶ。境内で唯一の有料公開の社殿である。神への御供物(神饌)を調理する社殿で、飯米や餅などの穀物を調理した。土間には大きな竈があり、中の間の台所には流し台や用具類・御神料(神饌の食材)などがおかれている。ここに大炊殿の神がまつられ、調理の前にお祓いが行われる。奥の間は神饌を盛りつけたり、神前にそなえる順に配膳棚に並べておく場所である。社殿の東庭にある御井(国重文)は正月の若水神事や神饌の調理に用いられる。

　大炊殿をでて、きた道を本殿の前まで戻る。そこから西参道に進み、賀茂斎院御所跡地前をとおって下鴨本通を渡り、住宅街をぬけて賀茂川に向かう。出雲路橋をこえて川の右岸をいくと、比叡山の全容が目にはいってくる。歩くこと十数分で北大

志波む桜碑　　　　　　　　　　　　　　　　　　コラム

　出雲路橋の西詰め北側に、「志波む桜」の文字がきざまれた2m弱の三角形をした石碑がひっそりとたたずんでいる。1905(明治38)年、日露戦争の勝利を記念して京都教育大学の前身である京都府師範学校の学生や教職員・附属小学校の児童らが、396円の寄金をもとに3000本のサクラとカエデの苗木を植樹。その記念にたてられたものである。1000余人の労働の提供をもとに北の御園橋から南の葵橋まで、賀茂川の両岸に延々と並木が続いた。多くは樹齢100年をこし、その後に植えられた樹木にかわったが、いく本かが残されて今日に至っている。ちなみに「志波む」は師範の意味である。

路橋を東に渡り，川沿いに北へ。京都府立植物園の正門を右にみて北上を続ける。この付近からの堤は「半木の道」とよばれるサクラの名所である。4月上〜中旬ごろには，70余本の紅と八重の枝垂れザクラが豪華絢爛とした花のトンネルをつくって人びとの目を楽しませてくれる。

　北山大橋の東詰めを右折し，植物園の北門から入場し，場内を一巡して再び北門へ。すぐ隣にある京都府立陶板名画の庭を訪れる。その後は名画の庭の東に接する**京都府立総合資料館**にはいってみよう。薄暗い玄関口をぬけて館の奥に進むと，故関口鈇太郎が設計した中庭がある。日本三景の１つ，天橋立を模した枯山水の庭園である。手前の石庭は海面をあらわし，石の大小や色合いは海の深浅を示すという。3階からの眺めがもっともよい。同館を辞し，北山通にでてすぐ西隣の階段をくだると地下鉄烏丸線北山駅に至る。

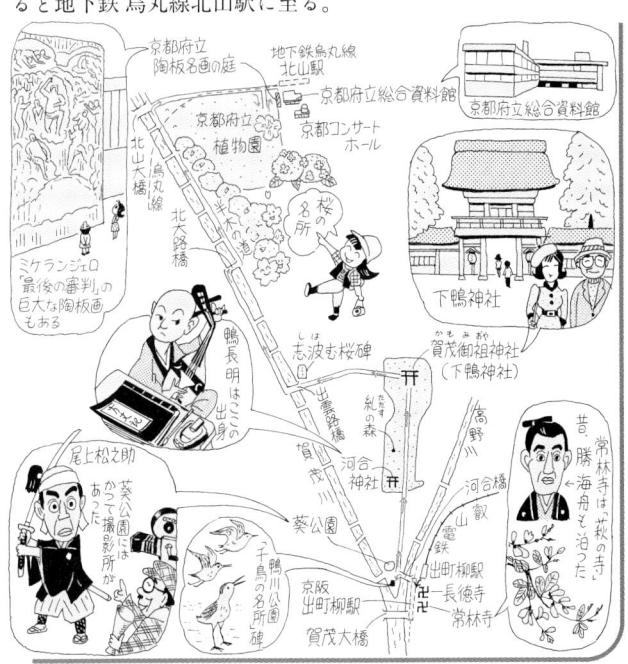

鴨川の流れをたどり古都を楽しむ

鴨川は京を代表する名川である。出町付近で高野川と賀茂川が合流し,京都南郊で桂川に流れこむ。岸辺の風光を楽しみながら七条まで,周辺の古寺・古社や史跡をたどってみよう。

京阪出町柳駅
↓8
妙音堂
↓6
北村美術館
↓12
荒神橋
京都大学東南アジア研究センター事務・図書室棟
↓10
丸太町橋
旧京都中央電話局上分局
↓10
戎川発電所
↓10
頂妙寺
↓5
三条大橋
法林寺
↓8
せせらぎの道
↓10
四条大橋
↓20
五条大橋
扇塚
↓5
洛東遺芳館

京阪鴨東線出町柳駅を下車し,地下から地上へ。東北からの高野川と西北から流れこむ賀茂川との合流点が,すぐ目の前にみえる。高野川にかかる河合橋を渡り,葵公園を西に進む。出町橋の西詰めに「鯖街道口」の石碑がある。鯖街道につうじる大原口があり,これを記念して2001(平成13)年に出町商店街振興組合がたてた。碑のかたわらのヤナギの巨木は,地域のシンボルである。碑と道をはさんで並ぶ出町商店街の一画に,弁財天をまつる妙音堂がしずまっている。

堂の横の小路を南にぬけ,広い今出川通をこえる。最初の辻を左にまがり,すぐ右折すると北村美術館がある。この辺りを梶井町といい,天台宗梶井門跡(現,三千院)の里坊の旧地である。少し南にくだると,聖トマス学院がある。旧華族山口家別邸として,武田五一の設計でたてられた。現在は,聖ドミニコ教団が運営する寄宿舎。玄関のステンドグラスとファサードが美しい。

つぎの辻を右へ。河原町通にでて,しばらく歩く。バス停留所荒神口のさきを左にはいって東へ。荒神橋からの眺望は鴨川流域で一番という。河原にはジョギングや散策を楽しむ人びとの姿がみえる。

↓10
京阪七条駅

●約5時間●

冬になると都鳥とよばれるユリカモメの群舞がすばらしい。橋の東詰めに赤煉瓦造りの建物がある。現在は京都大学東南アジア研究センターの事務・図書室棟となっている。もとは西陣織の機械化と大量生産をめざし，1887(明治20)年に設立された京都織物会社の建物。左のでばった壁面に「京都織物会社」の文字が，右には「明治二十年創立」の文字がきざまれている。同社以前には京都守護職会津藩邸があり，練兵場として用いられていた。

　研究センターから鴨川の東岸を南にいくと，民家の軒下に「梁川星巌旧邸址」の石標がひっそりとたっている。幕末の詩人で，勤王思想家梁川星巌が小宅を構えて鴨沂小隠と名づけ，妻紅蘭と住んだ。向こう岸の山紫水明処の頼山陽と親交があり，鴨川をはさんで行き来していた。そのさきに丸太町橋がある。橋の西詰め南側に，クジラの目のような形をした天窓をもつ，風変わりな建物が目にはいる。現在はシーフードレストランとなっている旧京都中央電話局上分局の建物である。ブルーノ・タウトが「日本最高の建築家」と評した吉田鉄郎の若き日の作品で，1923(大正12)年に完成した。京都が誇る近代名建築である。

　さらに鴨川の東岸を南へと歩こう。琵琶湖疏水が流れこむところで，疏水をさかのぼってみる。赤煉瓦造りの建物がみえてくる。関西電力夷川発電所である。電力需要の急増に応じるため，蹴上に続いて設けられた京都で2番目の水力発電所で，1914(大正3)年竣工。春になると水面にうつる姿は岸辺の桜並木とあいまって，ひときわ美しい。

　再び鴨川の岸辺に引き返し，流れに沿って下流へと進む。二条大橋を横にみて，二条通を渡って東へ少しいく。駐車場入口から法華宗の名刹である頂妙寺にはいる。閑散とした広い境内をとおりぬけ，仁王門をくぐって細い東西路にでる。頂妙寺仁王門前の道であるから，仁王門通とよばれるこの通りの周辺には由緒ある古寺が集中していることで有名。

仁王門通を右へ。三条大橋が右手前方にみえてくるが，左へ進み，「だんのうさん」の名で親しまれている法林寺の西門から同寺の境内を訪れてみよう。南門から三条通へ。喧騒をきわめる通りの向かいに高山彦九郎の銅像がたっている。この銅像は，若者たちにとって格好の待ちあわせ場所となっている。彼らはその姿勢から，この像を「土下座さん」とよぶ。

　1990(平成2)年に鴨川に沿って川端通が完成した。この通りを四条まで歩く。一帯は豊かな自然を活用し，うるおいのある都市空間として，計画的に整備されてきた。若松通から白川通にかけて遊歩道がつくられ，疏水の名残りが遣水となって流れている。「せせらぎの道」とよばれ，土地の高度差を巧みに利用して設営された点が評価され，1991年に「第3回全国街路事業コンクール」において，建設大臣賞を受賞した。その少し南，白川が鴨川に流れこむ辺りに青木木米の旧宅跡がある。さらに，その南には与謝野鉄寛・晶子夫妻の歌碑がたっている。

　四条大橋の東詰め北側の出雲阿国像をみながら橋を渡る。鴨川の西を流れる高瀬川に沿って木屋町通を南へ。岸辺に桜並木が続く。木屋町通の四条以南は人出もまばらで，春さきにはゆっくり花を愛でながら歩くことができる。左側を流れる鴨川沿いに，どっしりとした構えの旅館や料理屋がたち並ぶ。

　松原通をこえ，やがて五条大橋の西たもとにある扇塚の前にでる。この辺りは扇製造を営む業者が多く住み，京扇発祥の地ともいうべき土地柄であったことを記念してつくられた。右前方の交通分離帯には，愛らしい童形の牛若丸と弁慶の像がおかれている。義経伝説にいう，五条大橋の決闘を表現したものであるが，平安京の五条通は今の松原通である。この像は正しくは現在の松原橋におくべきものといえる。

　五条大橋を東に渡り，川端通の1筋東を右折し，問屋町通にはいる。江戸時代，毎朝市がたち，問屋筋が集合したのが名のおこりという。正面通まで400mほどの短い通りであるが，通り名にふさわしく，古格を保つ京町家が景観を構成している。麩屋の「半兵衛麸」は元禄年間(1688～1704)，高級料理旅館

「晴鴨楼」は1831(天保2)年創業の老舗である。歩みを進めて**洛東遺芳館**を訪れてみよう。江戸期、界隈きっての豪商柏原家の旧邸を博物館にしたもので、建物は往時の構造を可能な限り残している。

問屋町通は正面通にいきあたっておわるが、そこを左折すると、つぎの通りが鞘町通である。その交差点の東南角にある京料理「道楽」は、豊臣政権の五奉行石田三成の重臣島左近の邸跡という。建物は寛永年間(1624〜44)のもので、もとは方広寺門前の茶屋であった。鞘町通は江戸時代に鞘屋町通と書き、刀脇差の鞘師や塗師・鍛冶屋などの職人が居住する同業者町であった。この通りを南へ進むと、七条通にでる。右に道をとれば、京阪本線七条駅の昇降口はすぐである。

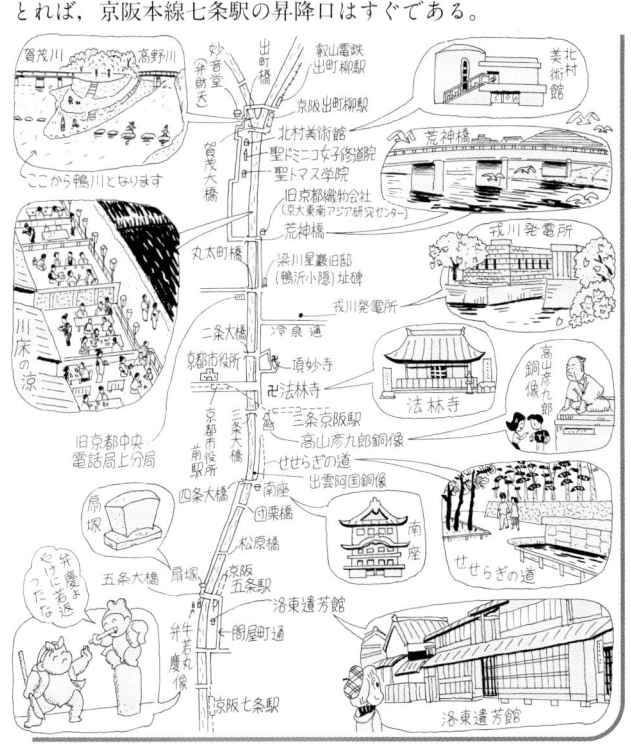

5 御池通から鞍馬口へ古社寺を訪ねる

御池通から鞍馬口通につきあたるまで、寺町通の道筋には規模が大きく、由緒も深く、伝承に富んだ歴史ある神社・仏閣がたち並んでいる。のんびりと歴史散策を楽しもう。

地下鉄京都市役所
　　前駅
　↓ 5
行願寺(革堂)
　↓ 2
下御霊神社
　↓ 6
新島襄旧邸
　↓
京都市歴史資料館
　↓ 10
法成寺跡の石標
清荒神
　↓ 8
梨木神社
　↓ 3
廬山寺
　↓ 2
清浄華院
　↓ 2
本禅寺
　↓ 10
幸神社
　↓ 8
本満寺
　↓ 10
仏陀寺
　↓ 3
十念寺
　↓ 3

　地下鉄東西線京都市役所前駅から地上にでる。京都市役所の建物が目にとびこんでくる。左右対称のルネサンス様式の大正末・昭和初期の名建築である。

　市役所の西横をとおる寺町通に足を運ぶ。右手の駐輪場にかつて妙満寺があった。幕末、同寺に老中間部詮勝が大老井伊直弼の命で滞在し、所司代や町奉行の指揮をとり、一橋派の公卿や学者・志士の逮捕に狂奔した。いわゆる安政の大獄である。妙満寺は現在、京都北郊の岩倉の地にうつっている。その北側、二条通と交差する地点の東南角にある八百卯は、梶井基次郎の小説『檸檬』に登場する果物屋である。二条通がこの付近で大きく湾曲しているのは、かつて市電がとおっていたことの証である。

　北に進むと行願寺(革堂)がある。古くから庶民の信仰が篤く、今も参拝客を乗せた観光バスが朝からひっきりなしに発着している。その北隣には下御霊神社が鎮座している。社頭に「横井小楠殉節地」の碑がたつ。1869(明治2)年1月5日、御所から退出した新政府の参与横井小楠は、この付近で6人の刺客に襲われ、殺害された。この辺りまでの寺町通は、古道具店・骨董屋・古書店・画

阿弥陀寺
↓ 5
西園寺
↓ 5
天寧寺
↓ 4
上善寺
↓ 5
閑臥庵
↓
地下鉄鞍馬口駅
◉約6時間◉

廊などが密集した文化の香りのするエリアである。
　丸太町通をこえて，京都御苑の東を歩く。まもなく同志社の創設者新島襄の旧邸がある。コロニアル式を基本とした和洋折衷の，明治初期を代表する木造建物で，時期をかぎって公開されている。そのすぐ北隣に京都市歴史資料館がある。京都の歴史に関する資料の保存・管理と活用をはかるため，1982(昭和57)年にたてられた，地上2階・地下1階の施設である。1階は展示室および映像展示室，2階は図書や資料の閲覧室である。
　やがて五摂家の1つ，九条家の河原町別邸からうつしたという京都府立鴨沂高等学校の正門が姿をあらわす。江戸後期の薬医門である。同校は日本最初の女学校である女紅場(正しくは新英学校女紅場)の系譜に連なる存在である。年配の方なら女優山本富士子やジュリーこと沢田研二の母校と聞けばわかりやすい。同校の北を河原町通にぬける荒神口通にはいる。左側の塀のくぼみに「従是東北　法成寺址」の石標がたっている。法成寺は藤原道長が，その権勢と富をそそいで建立した，摂関政治期最大の規模と壮麗さを誇った寺院である。南北朝期までは残っていたようであるが，現在は往時をしのばせるものはなにもない。
　斜め向かいの清荒神を拝して道を引き返す。その突き当り，マツが生いしげる辺りが藤原氏伝来の土御門殿があったところで，道長があの「望月の歌」をよんだことで有名。その北に三条実万・実美父子を祭神とする梨木神社がしずまっている。境内の染井は県井・祐ノ井と並ぶ京都御所三名水の1つ。当社はハギの名所で，毎年9月の第3日曜日には萩祭りが行われる。
　道をはさんでその東に，紫式部の誕生地とされ，近年脚光をあびている廬山寺があり，その北隣には清浄華院が堂々た

る勅使門を構えている。さらに進んでいくと法華宗陣門派大本山の光了山本禅寺がみえてくる。墓所に大久保彦左衛門(忠教)や江戸後期の画家岸駒の墓があることで知られている。鐘楼にかかる銅鐘は大坂夏の陣の戦利品で，徳川家康が陣鐘として用いたと伝える。

今出川通を渡り，200mほど歩いて最初の辻を左折する。100mくらいのところに幸神社がある。古くは「出雲路幸神」，または「出雲路道祖神社」とよばれ，御所の鬼門の守護神でもあった。再び寺町通に戻って，日蓮宗の本山の1つ，広布山と号す本満寺の境内に足をふみいれる。主家尼子氏の再興をめざして毛利氏と死闘を繰り返した戦国期の武将山中鹿之介(幸盛)の墓がある。

仏陀寺・十念寺・阿弥陀寺と寺院が甍を並べる通りを北へ歩く。仏陀寺は朱雀・村上両天皇ゆかりの古刹である。朱雀上皇の没後，村上天皇はその御所朱雀院を寺に改め，真言道場として上皇の法号にちなんで仏陀寺と号した。その後，西山浄

信長の墓　　　コラム

一代の英雄織田信長の墓や廟は，大徳寺塔頭総見院をはじめ京都や名古屋など各地に存在するが，「真の墓は？」と聞かれると首をかしげる人が多い。なにせ1582(天正10)年の本能寺の変で，寺は炎上し，遺体は灰となっているからである。

阿弥陀寺の清玉上人は，変がおこるやただちにかけつけ，明智軍と交渉して，信長・信忠父子が自刃した現場の骨灰を集めて同寺に埋葬した。その折，書きとめた上人自筆の戦死者名簿1巻が残されている。

阿弥陀寺本堂の東側墓所に，玉垣に囲まれて織田父子の墓が並んでいる。その左横に父子に殉じた蘭丸・坊丸・力丸の森3兄弟の五輪塔が並ぶ。さらに外縁をおよそ百数十の家臣の墓が取り囲む。豊臣秀吉によって政治的思惑で建立された総見院よりも阿弥陀寺の墓こそが，信長の墓にふさわしいといえよう。

土宗に転じ,天正年間(1573〜92)に豊臣秀吉の命で当地に移転。その北隣の十念寺も西山浄土宗寺院。華宮山宝樹院と号する。足利6代将軍義教が,真阿上人の住房として誓願寺内に1宇を建立したのにはじまる。天正年間に当地に移転。墓所には義教や海北友松・施薬院全宗・曲直瀬道三(正盛)らの墓がある。続く阿弥陀寺の境内には織田信長の墓がある。また,松尾芭蕉と,当寺塔頭帰白院の住職であった蝶夢の句碑もたっている。前者が「春立つや新年古き米五升」とあり,後者が「我が寺の鐘と思はず夕霞」ときざまれている。

さらに北へ。西園寺家の菩提寺で,その家名の由来となった西園寺が続く。同寺は阿弥陀如来像(鎌倉期・国重文)を本尊とする浄土宗寺院。宝樹山竹林院と号す。1224(元仁元)年,西園寺公経が北山山荘内に創建。当初は真言宗であった。足利義満が北山殿(現在の金閣寺)建設にあたり,その地をゆずって室町頭に移転。1554(天文23)年の再興にあたり浄土宗に転じた。1590(天正18)年に現在地にうつった。さらに「額縁門」で知られる天寧寺が続く。境内墓地には茶人金森宗和や示現流の開祖善吉和尚の墓がある。示現流は彼から薩摩藩の東条重に伝わり,のち同藩の主流となった一撃必殺の剛剣であった。

寺町通は東西路である鞍馬口通につきあたり,京都六地蔵の1つ深泥ヶ池地蔵をまつる上善寺の門前に到着する。寺の前を東西に走る鞍馬口通を,烏丸通をめざして西に道をとる。その途中,右手に閑臥庵がある。瑞芝山と号する黄檗宗の寺院である。父後水尾院の意志をついで霊元天皇が,貴船の奥宮にまつられていた鎮宅霊符神をこの地にうつし,隠元の法孫千呆に護持させたのにはじまるという。この神は安倍晴明の開眼といい,方除け・厄除けのご利益ありとされている。後水尾院は鎮宅霊符神の遷座を喜び,勅額をくだした。このとき,院が記念に植えたサクラを「曙桜」といい,寺を一名「曙寺」とよんだ。このサクラは近年枯死して残されていない。寺では,本山萬福寺と同じく飲茶料理を希望者に供している(要予約)。ここから地下鉄烏丸線鞍馬口駅は徒歩でほんの数分である。

032

6 町衆の心意気を伝える上京の町並み

中世には京都の商工業はめざましい発展をみせる。活発な経済活動によって富を蓄積し，社会的地位を高めた商工業者は，町の自治に積極的に参画し，文化の向上にも寄与して町衆（ちょうしゅう）とよばれた。町衆の足跡が残る上京（かみぎょう）を歩いてみよう。

地下鉄今出川駅
↓3
大聖寺
↓4
三時知恩寺
↓6
光照院
↓10
じゅらく染織資料館
↓3
宝慈院
↓7
擁翠園（京都貯金事務センター）
↓12
泉妙院
妙顕寺
↓3
表千家不審庵
裏千家今日庵
↓8
妙覚寺
↓8
大応寺
水火天満宮
興聖寺
↓6
本法寺
↓1

　地下鉄烏丸線今出川駅で下車し，烏丸通を北に進む。西北角に，「御寺御所」とよばれる門跡尼院大聖寺の門がある。付近一帯は足利将軍の「花の御所」の跡地。比較的近い範囲に，同寺を含めて4つの門跡尼院が集中している。すなわち門前の細道を道なりに西へ歩いていくと，「入江御所」と称される三時知恩寺がその優雅な姿をあらわす。さらに新町通を北へ進み，上立売通を西へまがると，民家にはさまれて「常磐御所」と称する光照院の山門が左手にみえてくる。この3カ寺はふだんは非公開で，拝観希望者は事前に問いあわせたほうがよい。

　光照院をでて寺之内通を東に歩くと，じゅらく染織資料館がある。着物や帯の総合染織メーカー「じゅらく」が収集・所蔵する，内外の染織作品1万点ほどを企画に基づいて展示している。同館の少し東の衣棚通を左折すると，すぐ宝慈院がある。ここも門跡尼院で，「千代野御所」と称する。相国寺の末寺であったが，現在は単立寺院で，拝観は自由。本尊阿弥陀如来坐像（国重文）は平安期の優品。

　衣棚通を北へと足を運ぶと，地方貯金

茶道総合資料館
↓10
本阿弥ノ辻子跡
↓10
武者小路千家官休庵
↓12
地下鉄今出川駅
●約6時間●

局の建物が左前方にのぞまれる。建物沿いに道をとると、まもなく擁翠園の入口に着く。茶屋・角倉と並び、「京都三長者」と称される有力町衆の1つ、金工の名人を輩出した後藤一族の邸宅跡。慶長年間(1596〜1615)に徳川家康から後藤長乗にあたえられたものである。明治以後、一時三井家の別邸となったが、今は京都貯金事務センターの所有である。擁翠園はその庭園で、中央に琵琶湖を模した池をつくり、回遊をかねた池泉舟遊式庭園。上層町衆の住宅庭園の遺構として貴重である。

擁翠園をでて、西に道をとり最初の辻を左折する。寺之内通との交差点を東にはいると、**妙顕寺**の巨大な門の前にでる。そのすぐ手前の塔頭泉妙院には、**尾形光琳**とその一族の墓がある。系譜をたどれば彼らもまた上層町衆に連なる。町衆の旺盛な経済・文化・政治活動の精神的支柱は、現世に常寂光土(理想郷)の実現をめざす法華(日蓮)宗であった。妙顕寺は法華宗として洛中に最初に建立され、公認された寺院である。その後、1532(天文元)年のある記録に「京中大方題目の巷となる」と記されるほどに、法華宗は教線をのばしていくが、その第一歩をしるしたのが当寺であった。茶の湯が**千利休**(宗易)によって完成されるのもこの時期である。それは偶然ではなく、京町衆をはじめ堺や奈良・博多などの豪商たちに、文化的・社交的嗜みとして支持されていたからである。

妙顕寺の西の小川通には千宗旦の3男江岑宗佐が開いた表千家の不審庵と、4男仙叟宗室がおこした裏千家の今日庵が並びたっている。千利休が自刃したのち、一族は離散したが、少庵宗淳(利休の後妻の連れ子)が千家を再興。子の宗旦を経て現在の武者小路・表・裏の3千家が確立した。

小川通を北へ進んでいくと日蓮宗本山の1つ、北龍華具足山と号する妙覚寺がある。1378(永和4)年、日実が妙顕寺から分立して四条大宮に創建し、1583(天正11)年に豊臣秀吉の

命で現在地にうつった。妙顕寺・立本寺と並び三具足山の1つ。墓所には，狩野元信・永徳ら絵師の狩野一族や楽焼家元の楽一族，茶人久田一族の墓がある。現在の諸堂は天明の大火後に再建されたもの。

鞍馬口通まで道をたどり，反転して堀川通を南へくだる。左手に金剛山と号する大応寺がある。臨済宗相国寺派の禅寺である。本堂の背後，堀川通に面して後花園天皇の火葬塚がある。境内の織部稲荷社は**古田織部**が伏見稲荷から勧請した同寺の鎮守社。西陣の織物業者の信仰を集めている。その南西に，かつてこの地にあった悲田院の鎮守社とされる水火天満宮がしずまっている。本殿に向きあう位置に安置された菅公伝承をもつ「登天石」を拝したのち，堀川通にかかる歩道橋を東に渡り，興聖寺の山門をくぐる。古田織部創建の臨済宗興聖寺派の本山。現在の本堂は天明の大火後の再建で，本尊釈迦如来像と藤堂高虎寄進の朝鮮達磨像などを奉安。天井の雲龍図は1689(元禄2)年の祐的筆。墓所に古田織部一族および江戸中期の絵師曾我蕭白の墓がある。境内に燕庵写しの茶室がたてられて「雲龍軒」と命名され，毎月織部の命日である11日に月釜がかかる。ほかには方丈と鐘楼があるだけである。

再び堀川通をこえ，**本法寺**に向かう。本阿弥家の菩提寺で，本堂にかかる「本法寺」の扁額は**本阿弥光悦**の筆という。堂前のマツは光悦手植えのマツと伝えられるが，現在のマツは2代目という。南に隣接する茶道総合資料館を訪れてみよう。1979(昭和54)年に，茶道研究のため裏千家が企画・建設したもの。1階が展示室「茶道資料館」と呈茶室，2階は十数万点におよぶ書籍を蔵する「今日庵文庫」となっている。研究会・文化講座の開催や書籍の刊行によって茶道文化の振興につとめている。

堀川通から寺之内通を東にはいり，小川通を南下する。上立売通をこえて右側の油小路を歩く。白峰神社の東横の一画が本阿弥ノ辻子跡である。左の民家の軒下に「本阿弥光悦京屋敷址」ときざまれた石標および駒札がたっている。1615(元和元)年，光悦が徳川家康から鷹ケ峰に土地を拝領し，一門をあげて

引きうつるまで，この地に本阿弥家が居住していたことを示したものである。同家は刀剣の目利きと磨利と浄拭の3つを家職として室町幕府に出仕し，一方で禁裏御用もつとめた上層町衆の家柄である。油小路をはさんで西に本家宅，東に分家筋の光悦宅があったという。

　今出川通にでて小川通を再び南に向かって進む。小川小学校を右にみつつ，武者小路通の角を左折すると官休庵がひっそりとたっている。宗旦の次男一翁宗守にはじまる武者小路千家の茶席である。つぎの四辻を左折し，今出川通にでて東に向かえば地下鉄今出川駅である。

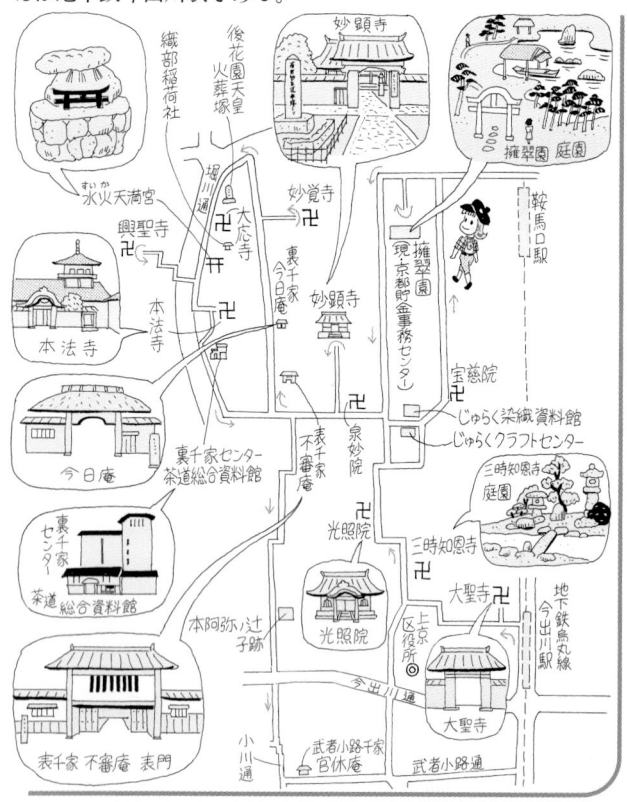

7 機織りの音が聞こえる町・西陣をゆく

西陣織の「西陣」の地名は、特定の町名ではなく、京都市の北西部、上京・北両区にまたがる地域一帯の通称である。今も機織りの音が聞こえてくる西陣の路地を歩いてみよう。

🚏堀川今出川
　↓1
西陣織会館
　↓3
「西陣舩ばし」石標
　↓3
京都市考古資料館
　↓1
千両ケ辻
　↓
観世稲荷社・観世井
　↓3
三上家住宅
　↓6
本隆寺
　↓3
首途八幡宮
　↓12
雨宝院（西陣聖天）
　↓1
岩上神社
　↓2
織成館
　↓8
称念寺（猫寺）
　↓13
妙蓮寺
　↓5
🚏堀川寺ノ内
●約4時間半●

市バスを堀川今出川で下車すると、今出川通のやや南に7階建ての西陣織会館の全容がみえる。堀川通に東面してたつ鉄筋コンクリートのこのビルは西陣織振興の拠点であり、広報センターでもある。周知のように、応仁の乱(1467～77年)のときに西軍山名方の陣がおかれたことから「西陣」の呼称が生まれた。平安以来の伝統を誇る高級織物の産地として知られ、大陸や西欧の先進技術をも摂取し、現代に至るまで国内織物の最高峰を占め続けている。現在、和装産業の長引く不振に苦しみながらも、その蓄積された伝統と技術および柔軟かつ大胆な発想と経営で、したたかに生きぬいている。館内ではさまざまな展示や催し物がもたれているので、ぜひ見学してみたい。

西陣織会館をでて、堀川通を北に進む。今出川通との交差点西北角の和菓子屋前の植え込みのなかに、旧地名の「西陣舩ばし」を彫った石標がおかれている。かつて、堀川にかかる橋は増水のたびに流失し、応急措置として舟をつないで橋としたことからこの名がおこった。一説に、婆娑羅大名で知られる足利尊氏の執事高師直の豪奢な邸宅があり、舟を並べて遊興にふけったからともいい、あるい

は公家の舟橋家の居宅があったからともいう。

　今出川通を西に進むと,「マッチ箱」のような**京都市考古資料館**の前にでる。ここでは,京都市内各所から出土した埋蔵文化財を保管・研究・展示している。この辺りには考古資料館を筆頭に近代名建築が多い。とくに大宮通と今出川通が交差する付近を「千両ケ辻」という。江戸期以来西陣の中心として栄え,日に千貫千両の売り上げを得たことでついたよび名である。当然,金融関係の建物が集中する。今も残るみずほ銀行やびわこ銀行の各西陣支店の風格ある姿を鑑賞したい。

　大宮通を北にはいると,西陣中央小学校がある。同校敷地の南隅にある観世稲荷社の一帯は,能楽を大成した**観阿弥(清次)・世阿弥(元清)**父子の観世家邸地跡で,この社は同家の鎮守社であった。祭神は一足稲荷と観世龍王。現在,祭事は地元住民の手によって行われている。かたわらには1730(享保15)年6月の,「西陣焼け」とよばれる大火の際にも焼け残った井戸があり,観世井とよばれている。水面がつねに小波をたてていることから,この波紋が観世流の紋「観世水」とされたという。父子は足利3代将軍義満の庇護を得て,花の御所にほど近いこの地に屋敷を拝領した。町名も観世町という。

　大宮通をさらに北へ。最初の小路を左折すると,「三上家」の表札を掲げた石門がある。16世紀以来,朝廷や将軍家の織物御用をつとめた御寮織物司六家の1つで,唯一残る家である。同家の玄関につうじる路地の両側に,2階建ての借家がたち並び,織手や奉公人たちが居住していた往時を彷彿させる。今日ではこれらの借家のなん軒かに,若い芸術家が住み着いて作品の制作にはげんでいる。

　三上家の前の細道を西にぬけ,智恵光院通にでると,**本隆寺**の長い土塀が続いている。またその南には首途八幡宮が鎮座している。伝承によれば当地は金売吉次の邸跡で,牛若丸こと源　義経はここから奥州に旅立ったという。その際に邸内の鎮守社に道中の安全を祈願したことから,この名がついたとされる。社殿がいちだんと高い場所に鎮座しているのは,もとも

と古墳だったからである。境内には西陣五水の1つである「桜井」、一名を「橘次井」がある。

本隆寺の北側の細道を土塀に沿って西にはいると、「西陣聖天」の俗称で親しまれる雨宝院がある。せまい境内に鬱蒼と樹木が生いしげっている。とくに毎年4月下旬に薄緑色の花をつける「歓喜桜」が名高い。雨宝院のすぐ西に小さな鳥居の社がある。岩上神社で、参道の奥には木柵に囲まれ、2m近い高さの赤みをおびた巨岩が安置されている。口碑によれば、当初この岩は堀川二条近辺にあったが、後水尾天皇がその形状を愛でて御所に搬入させたところ、その祟りか天皇の周辺に怪異が続いたためこの地にうつされたという。参拝すると母乳の出がよくなるご利益があるとされ、信仰されている。

同社の西を南北に走る浄福寺通を右折し、少しいくと織成館の前にでる。日本の伝統的な手織を新時代に向けて活性化しようと、昭和初期の織屋建て家屋を利用して手織技術振興財団により、1990(平成2)年に開館された。国宝級の能衣裳を復元した作品や、西陣織をはじめとする全国各地の手織物などを展示する常設展のほかに、テーマごとに作品を展示する企画展など、多様な取り組みがなされている。さらに工房の見学や制作を実体験でき、作品の即売も行われている。北隣の須佐命舎はその新館である。

織成館の北をとおる寺之内通を西に進むと、「猫寺」の異名で知られる称念寺がある。異名にちなみ第二次大戦後になってはじめたペット供養が人気をよび、とくに春秋のペット供養は一名を「猫祭り」ともいい、多くの人びとの参詣がある。寺之内通を東に数百mいくと、右手に「龍華堂」(☎075-451-4145)の額を掲げた、懐古情緒たっぷりの雑貨店がある。店の主人小針剛氏は、古い町家を保存し、芸術家たちの工房やギャラリーなどに再利用し、西陣を芸術家が集う拠点にしようと活動中である。氏にあえば西陣という古くて新しい町の歴史と最新の状況がみえてくる。

寺之内通をさらに東へ歩く。この通りは天正年間(1573〜92)

猫の恩返し　　コラム

　称念寺3代目住職のとき，有力檀家である大名松平家と不和となり，寺の経営が困窮して日々の生計をわずかに托鉢でしのいでいた。そんな折，自分の飼猫が美女に変身して踊っているのをみた住職は，おおいに怒って猫を追いだした。数日後，住職の夢枕に猫がたち，松平家との仲直りの機会到来を告げる。まもなく同家の息女が臨終にあたり称念寺への埋葬を願ったことを知った。寺と同家の仲は旧に復した。息女の口を借りて猫が恩返しをしたと気づいた住職は，報恩のため境内にマツを植えた。再び猫が夢枕にあらわれ，マツが本堂にとどけば幸福になれると告げたという。高さ3ｍほどのマツは，猫松とよばれて20ｍも横にのび，本堂にあと数ｍと近づいている。

の豊臣秀吉による京都改造の際，多くの寺院を集中的に転入させてつくられた。その名のとおり京都市内でも寺町通と双璧をなす寺院仏閣の多い通りである。なかでも猪熊通と交差する手前，左手にある**妙蓮寺**はひときわめだつ巨刹である。境内に咲くツバキは俗に「妙蓮寺椿」と称される名木である。その美しさを愛でた徳川家康が「余の花はみな末寺なり妙蓮寺」とよんだという（一説に飯尾宗祇の作ともいう）。墓地には1934（昭和9）年の室戸台風で被災し，犠牲となった西陣小学校の児童41人の冥福を祈る，御影石の慰霊塔がたっている。妙蓮寺を辞去して東に向かえばすぐ堀川通で，堀川寺ノ内バス停がある。

首途八幡宮参道

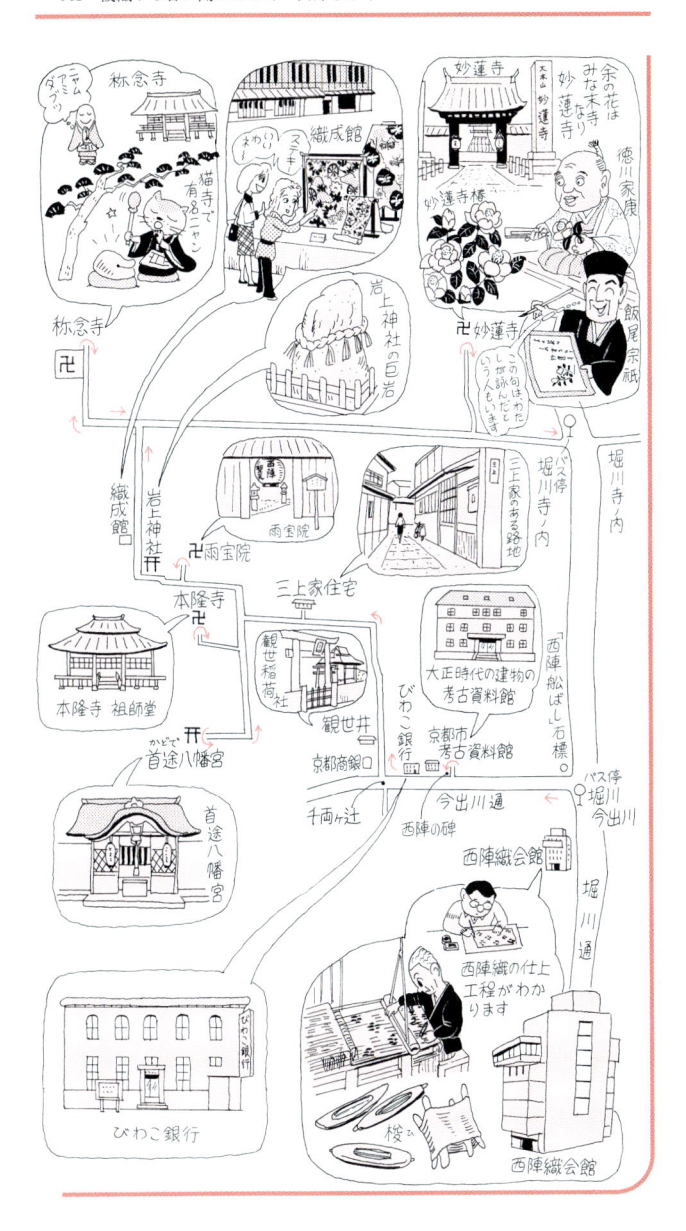

041　機織りの音が聞こえる町・西陣をゆく

8 西陣のもう1つの顔・魔界伝承を探る

織物の町として知られる西陣地域は、また奇怪な伝承や口碑に富む地域でもある。一方では京町家を再生して、現在に活用する取り組みも盛んである。西陣界隈を歩いてみよう。

♀堀川今出川
↓3
白峰神社
↓6
楽美術館
↓2
一条戻り橋
↓6
晴明神社
↓8
町家写真館
↓5
般舟院
↓7
石像寺
↓5
引接寺(千本閻魔堂)
↓8
上品蓮台寺
↓10
千本釈迦堂(大報恩寺)
↓3
♀上七軒

●約4時間半●

　堀川今出川で市バスをおりると、すぐ目の前が白峰神社である。保元の乱(1156年)に敗北し怨霊となった悲劇の人物、崇徳上皇をまつる社である。明治になって、飛鳥井家の邸跡に創祀されたもの。同家が和歌とともに蹴鞠を家職としていたことから、今ではサッカーの神様にもなっている。白峰神社をでて、堀川通の1筋東の油小路通を南に歩く。一条通をこえてすぐ右側に「楽焼家元楽吉左衛門宅」の石標がある。その南隣が楽美術館である。**千家十職**の1つである**楽家**歴代の作品が保管・展示されている。

　美術館から一条通に戻って西に向かい、ヤナギの木に囲まれた橋を渡る。この橋が数々の奇怪な伝説をもつ**一条戻り橋**である。車両がひっきりなしにとおる堀川通を横切り、北に進むと石の鳥居がみえ、人家にはさまれて参道が西にのびている。晴明神社である。平安中期に活躍した、高名な陰陽家**安倍晴明**の旧宅を神社としたものという。近年の陰陽道ブームで、若者とくに女性の参拝姿がめだつ。

　晴明神社の北を走る元誓願寺通を西へと足を運び、大宮通との交差点を右におれる。ここから今出川通までの間に、京都生れで京都育ちの写真家水野克比古氏の町家写真館やアートギャラリーなど個性ある店舗や施設が軒を並べ

ている。いずれもが古い京町家を再活用したものである。時間に余裕があれば、ぜひ立ち寄ってみよう。

今出川通を渡り、左手に道をとるとほどなく**般舟院**(はんじゅういん)の前にでる。由緒(ゆいしょ)ある寺院ではあるが、今は境内にコンクリート製の建物がたち並ぶ。般舟院の西隣には般舟院陵(りょう)があり、後土御門(ごつちみかど)天皇典侍(じみなもとのちょうし)源　朝子陵以下3分骨所10墓がある。謡曲「定家(か)」で知られる式子内親王(しょくし)の墓と伝わる五輪の石塔が、エノキの樹下(しきし)にひっそりとたっている。

千本通(せんぼん)との交差点を右にまがり数分ほど歩くと、人家の間に門があり、その奥に参道が続いている。いつ訪れても境内は参詣(けい)する人びとであふれ、辺りは線香の匂いで満ちている。「釘抜(くぎ)き地蔵(ぬじぞう)」の名で親しまれる**石像寺**(しゃくぞうじ)である。本堂の外壁面に、釘抜きと2本の八寸釘を打ちつけた、おびただしい数の絵馬がびっしりと掲げられ異様な迫力がある。千本通をはさんで石像寺の斜め向かいに、「千本閻魔堂(えんまどう)」の異名で名高い**引接寺**(いんじょうじ)がある。引接寺の北、徒歩10分ほどのところに**上品蓮台寺**(じょうぼんれんだいじ)がたっている。この一帯は妖怪土蜘蛛(ようかいつちぐも)が住み着いたところという伝承がある。その土蜘蛛が**源頼光**(みなもとのよりみつ)に退治されたという話が『源平盛衰記(じょうすいき)』剣(つるぎ)の巻(らいこう)にある。謡曲「土蜘蛛」はこれを典拠にしてつくられた能楽で、人気の高い演目である。頼光に斬られた土蜘蛛が逃げこんだとされる古塚が同寺にある(同様の塚が北野天満宮(てんまんぐう)境内にもある)。境内北側の墓地に、ムクの巨木があり、その根元を石柵で囲み、「源頼光朝臣塚(あそんつか)」の石標がある。頼光の墓と伝えるが、これが土蜘蛛のひそんだ古塚という。

元来、船岡山(ふなおかやま)の西から紙屋川(かみや)にかかる地域は蓮台野(れんだいの)とよばれ、鳥辺野(とりべの)や化野(あだしの)とともに葬送の地であった。その守り寺として上品蓮台寺が、またその南には死者に引導(いんどう)を渡すために引接寺が建立されたのである。その本堂は地獄にある閻魔大王の庁を模したものという。恐ろしい形相(ぎょうそう)の、巨大な閻魔像がみるものに畏怖(いふ)の念をおこさせる。これらの寺々の前をとおる千本通は葬送の道であり、「千本」は卒塔婆(そとば)の数をあらわす。現在は人家がたてこみ、車両や人びとの往来も激しい繁華街であるが、

往時は魔所ともいうべきさびしい場所であった。

　上品蓮台寺をでて千本通を南にくだり，最初の信号がある交差点を右におれ数分も歩くと，人家の屋根のうえに**千本釈迦堂**(大報恩寺)の甍がみえてくる。同寺にも悲しくも美しい夫婦愛が言い伝えられている。あの応仁の乱(1467〜77年)に際して奇跡的に焼け残り，鎌倉初期の遺構として京都市内に現存する最古の堂宇をもつ名刹である。

　千本釈迦堂をでて，北野天満宮に向かうもよし，そのまま上七軒停留所から市バスに乗ってもよい。

❾ モダンな赤煉瓦建築が並ぶ同志社構内

同志社今出川キャンパスは，明治以来の赤煉瓦建築がたち並ぶ日本有数の美しい大学である。落ちついた構内には木陰やベンチに集う学生たちの，年月を経てもかわらない姿がある。

地下鉄今出川駅
↓ 3
同志社大学今出川キャンパス
・彰栄館
・チャペル(礼拝堂)
・ハリス理化学館
・クラーク記念館
・致遠館
・有終館
・良心碑
・アーモスト館
・啓明館
・新島遺品庫
↓ 1
同志社女子大学今出川キャンパス
・デントン館
・図書館
・ジェームズ館
・栄光館(ファウラー・チャペル〈講堂〉)
↓ 7
地下鉄今出川駅

●約3時間●

　地下鉄烏丸線今出川駅をおりると，北東に赤茶色で統一された建物が並ぶ同志社大学今出川キャンパスが広がっているのが，築地塀ごしにみえる。駅から烏丸通をこの塀沿いに北へ50mばかり進むと，右手に大学の西門がある。門の脇には「薩摩藩邸跡」の石碑がたっている。西門をはいるとすぐ左手に，現存する京都市最古の煉瓦建築物である彰栄館(国重文)がある。1884(明治17)年竣工。アメリカンボード(米国の外国伝道団体)の寄付によりたてられたもので，設計は1882(明治15)年に同志社の教員となったD・C・グリーンである。しかし施工は京都の大工があたったため，建物の外観は洋風であるが，内部は日本の伝統的な技法による。時計塔と鐘塔をかねた塔屋には，1887年にアメリカ製の時計機械(国重文)が取りつけられた。現在は同志社中学校の校舎として使用されている。

　彰栄館の道をはさんで東に，徳冨蘆花が「五色の光線が色硝子から降る」と書いたチャペル(礼拝堂，国重文)がある。日本に現存するプロテスタントの煉瓦造りチャペルとしては最古のものである。設計はやはりグリーン。切妻造で，南北両妻の円形のバラ窓，尖りアーチ窓の木枠に色ガラスをはめこんだステンドグラスの特徴をもつ。アメリ

ン・ゴシック様式のシンプルな建物である。その東に，第二次大戦中同志社に在学したコリアの詩人尹東柱（ユンドンジュ）の詩碑がある。

 さらにその東に接してハリス理化学館（国重文）がある。キリスト教主義による理科教育の学校をつくるためにと，アメリカの実業家ハリスから10万ドルの寄付があり，1890年にハリス理化学校が開設された。その中心施設としてたてられたのが，このハリス理化学館である。設計は明治初期に来日したA・N・ハンセル（イギリス人）で，建物の煉瓦積み方式は**イギリス積み**である。施工当時は屋上に天文台が設けられていたが，建築上むりがあったため，その後撤去された。

 建物1つおいて東の突き当りに，薄緑色の尖塔（せんとう）がそそりたつクラーク記念館（国重文）がある。1890年新島襄の逝去（せいきょ）を悼（いた）む卒業生たちによって，新島をしのぶ講堂の建築が計画され，募金活動がはじめられた。これを聞いたアメリカ・ニューヨーク州のクラーク夫妻が夭折（ようせつ）した息子を記念するためにと，1万ドルの寄付を申しでて，これによって記念館の建設が可能となった。設計はR・ゼール（ドイツ人）で，1894年竣工。特徴的な尖塔をもち，ドイツ・ネオ・ゴシックを基調とするこの建物は，神学館（しんがく）としてたてられ，1963（昭和38）年に新神学館が建造されるまでは同志社の神学教育の中心施設であった（現在修復工事中，2007年12月完成予定）。

 クラーク記念館から右手に向かい神学館をこえると，致遠館（ちえん）がある。東西に長いH字形をとるこの建物は，1916（大正5）年の竣工，著名なアメリカ人建築家ヴォーリスの設計という説がある。同志社が大学を設置してはじめてたてられた校舎である。館名は徳富蘇峰（とくとみそほう）の命名で，諸葛孔明（しょかつこうめい）の「寧静ならざれば遠きに致るを得ず」によるという。蘇峰の手になる扁額（へんがく）が今も入口に掲げられている。

 さらに南の突き当りに，今出川通に沿って，同志社の初代図書館である有終館（ゆうしゅう）（国重文）がある。1887（明治20）年に完成したこの建物は，グリーンの設計によるもので，平面が十字形となっている。その後，新図書館（現，啓明館（けいめい））が竣工したので，

時の総長海老名弾正により有終館と命名された。現在は総長室や大学長室として使われている。

さらに有終館の正面を進むと正門にでるが、正門の手前に同志社の教育理念を端的に表現する良心碑がたっている。碑文は新島の書簡からとられたもので、碑の名称はもともと「新島先生記念碑」というのであったが、いつしか「良心碑」と称されるようになった。

相国寺門前通をはさんで、東にアーモスト館がある。1921(大正10)年、アメリカのアーモスト大学では創立100周年を記念して、卒業生新島襄が設立した同志社へ、学生代表を送るプログラムを決定。1922年から派遣された学生代表は、同志社の学生たちとともに起居し、彼らに知的人格的影響をあたえた。この建物はアーモストの卒業生たちの寄付によりたてられ、設計はヴォーリス建築事務所、1932(昭和7)年の竣工。ニューイングランド・ジョージアン様式で、内部は階段とホールをはさんで、左右に個室が並び、階下南半分は応接室とサンポーチになっている。書棚や机・椅子など、当時の家具がそのまま残されている。東側に面した玄関からは芝庭を見渡すことができる(現在も学生寮として使われているが、東のゲストハウス事務室の許可を得れば、1階のみ見学可能)。

その南に同じくヴォーリスの設計により、第二の図書館としてたてられた啓明館がある。1920(大正9)年に竣工した全館書庫のこの建物は、大正・昭和前半期にかけて同志社最大の建築で、難事業であったが、卒業生の寄付でまかなわれた。

啓明館の東南に新島遺品庫がある。新島襄永眠50年を記念して1942(昭和17)年にたてられた。ヴォーリスの設計で、コロニアル・スタイルの煉瓦造り平屋建て、外壁はイギリス積みである。

さらに東に進むと、同志社女子大学がある。もっとも手前に、この女子大で多年にわたり教鞭をとったM・F・デントン(アメリカ人)を記念してたてられたデントン館があり、その南には図書館がある。図書館は珍しい地下式で、屋上には芝生が一面に張り巡らされていて、ベンチもおかれ、学生たちの憩いの

場となっている。図書館の北には、この大学でもっとも古い建物であるジェームズ館がある(国有形登録文化財)。ニューヨークのジェームズ家から多額の寄付を得て建設されたもので、設計は当時京都工芸学校教授で関西建築学界の父といわれた**武田五一**、イギリス積み煉瓦造りの2階建てで、端正な左右対称形である。

　その東には、正門の正面に位置し、この大学の象徴的な建物である栄光館(国有形登録文化財)がある。デントンの知友ファウラー家の寄付を基金に、同窓生の寄付と同志社の3者によってたてられ、1932(昭和7)年完成した。栄光館の名は旧約聖書からとられている。設計は武田五一で、彼は「ミス・デントンの故郷であるアメリカの西海岸、カリフォルニア州の学校建築様式をできるだけ採用」したとしている。約1600人収容できるファウラー・チャペル(講堂)があり、毎日の礼拝をはじめ、各種の行事が行われている。講堂のなかには1941年より、カナダ・カサバン社製のパイプオルガンが設置されている。

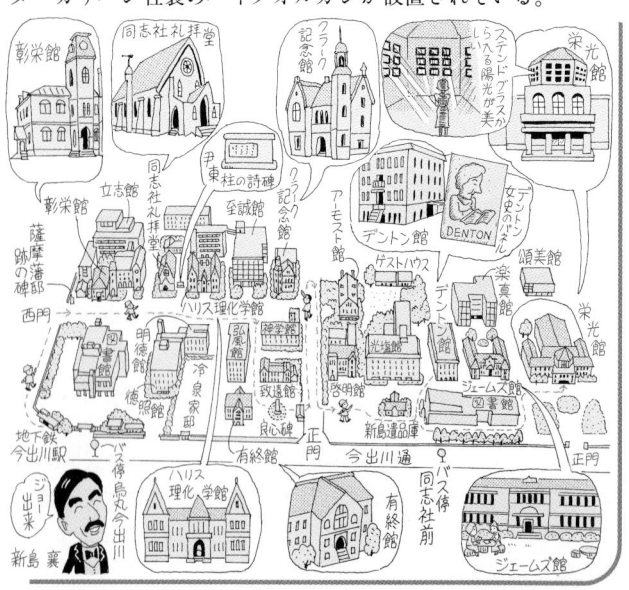

10 応仁の乱の舞台に武将の夢と野望を追う

足利義満が造営した邸宅は四季の花に満ち、花の御所とよばれた。応仁の乱では、ここに東軍が陣して西軍と対峙、一帯は戦場となった。室町幕府の栄華と戦乱の跡を訪ねよう。

地下鉄鞍馬口駅
↓3
上御霊神社
↓5
相国寺
・大光明寺
・法堂
・承天閣美術館
・瑞春院
↓10
室町幕府跡
↓13
宝鏡寺
↓5
山名宗全邸宅跡
↓5
♀堀川今出川

◎約3時間◎

　地下鉄烏丸線鞍馬口駅で下車して烏丸通から東にはいり、さらに南に進むと左手に木々に囲まれた上御霊神社がある。1467(応仁元)年畠山政長がここに陣し、畠山義就とたたかったのが応仁の乱(1467〜77年)の始まりで、形勢不利となった政長軍は神社に火を放って脱出した。鳥居の右手前に「応仁の乱勃発地」の碑がある。現在の本殿は1755(宝暦5)年、皇室から下賜された賢所を1970(昭和45)年に復元したものである。

　上御霊神社から南に住宅地のなかをとおって5分ほど歩くと相国寺の北門にでる。北門をはいり少し進むと右手に塔頭である大光明寺がある。静寂な空気のなかで素朴な枯山水の庭を眺めることができる(本堂拝観に関しては要予約)。本堂の裏側には足利義尚の墓がある。南側の墓地には、藤原定家の墓と並んで足利義政の墓がある。さらに左手には法堂がある。豊臣秀頼の寄進によるもので、現存する最古の法堂として重要文化財に指定されている。その左には承天閣美術館があり、相国寺の国宝無学祖元墨蹟をはじめ、相国寺や末寺の金閣寺・銀閣寺などの文化財や美術品を収蔵している(年中無休、入館は4時30分まで)。100mほど西にある塔頭瑞春院は作家水上勉の作品『雁の寺』の舞台である。また東門をでたところに、幕末に禁門の変で戦死した薩摩藩士の墓がある。

　相国寺を南からでて、今出川通を西に進むと、室町通との交

差点の北東角に「足利将軍室町第址」の石碑がある。ここには室町幕府第3代将軍足利義満が造営した邸宅があり，幕府がおかれていた。その規模は南は今出川通，北は上立売通，東は烏丸通，西は室町通であったと考えられている。邸内には花の咲く樹木が数多く植えられていたので，「花の御所」ともよばれた。応仁の乱のときには**細川勝元**が本陣をおき，山名宗全の勢力に対して位置関係から東軍とよばれた。しかしこの乱のさなかに火災で全焼，その後一時再建されたが再び焼失した。

　さらに室町通を北上して寺之内通を西へ左折すると，堀川通にでる手前，右手に**宝鏡寺**がある。臨済宗の門跡寺院である宝鏡寺は，また人形の寺としても有名で，門をはいって右手に人形塚がある。仏堂には尼姿の日野富子像が安置してある。その宝鏡寺の北隣に百々橋の礎石がある。百々橋は小川にかかり，応仁の乱の戦場として名をとどめた橋である。もとは木橋であったが近世になって石橋にかけかえられた。その後，小川が埋め立てられることになり，橋材の大部分は洛西ニュータウンにうつされたが，4基の礎石のうち1基は室町小学校に，1基はこの地に百々橋をしのぶ歴史的記念物としてすえられた。

　堀川通を南にくだり，堀川今出川の交差点の150 mほど手前を西に少しはいると，「**山名宗全邸址**」の石碑があり，さらにその西に「山名宗全旧蹟」の石碑がある。ここが応仁の乱のときに西軍の本陣がおかれた山名宗全の邸宅跡である。この堀川

「足利将軍室町第址」の石碑

通の西一帯を西陣（にしじん）というが、応仁の乱がその名の由来である。その後この地域は西陣織で名高くなり、堀川今出川交差点の南西には西陣織会館があって、西陣織の実演をみたり、製品のショッピングを楽しむことができる。

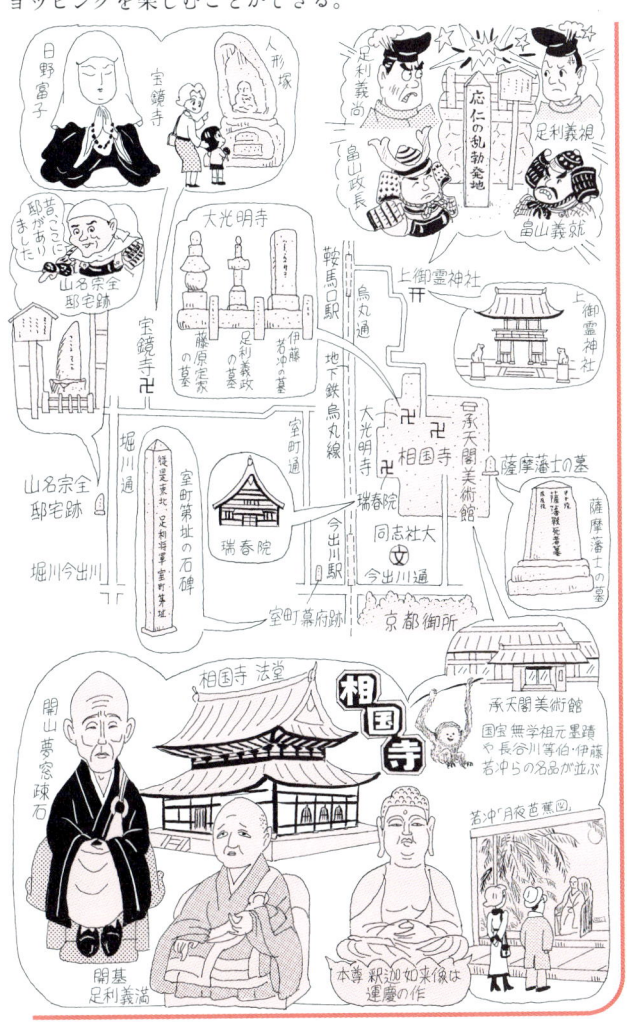

11 京都御所周辺に歴史のロマンを探訪する

1000年の王城平安京の中枢，大内裏および内裏の姿を今に伝えるのが京都御所である。南北およそ450 m，東西およそ250 m。築地塀に囲まれ，さらにその外周を広大な京都御苑が取りまく。京都御所・御苑とその周辺を歩いてみよう。

地下鉄丸太町駅
↓5
堺町御門
↓2
九条邸跡(拾翠亭)
↓3
厳島神社
↓5
旧閑院宮邸
宗像神社
↓8
貽範碑(久邇宮邸跡)
↓4
白雲神社
↓5
蛤御門
↓3
県井
↓3
京都御所
↓5
近衛家邸跡
↓5
冷泉家住宅
↓4
旧桂宮邸
↓5
猿ヶ辻
中山忠能邸跡・祐ノ井

地下鉄烏丸線丸太町駅から地上にでて，おびただしい車両が行き交う丸太町通を東へ歩く。2番目の門である堺町御門から御苑へ。右側が鷹司邸跡，左側が九条邸跡である。雑木におおわれた道を塀に沿って左に進むと，池のかたわらに木造2階建て，数寄屋造の瀟洒な建物がみえる。池を九条池，またはその形状から勾玉池といい，建物は拾翠亭という。ともにかつての九条邸の遺構である。江戸時代の公家邸の庭園を知ることができる貴重な実例である。池の中央にかかる高倉橋から御所の建礼門がのぞめる。中島には**厳島神社**が鎮座する。一旦池の南にまわり，西に向かうと旧閑院宮邸がある。本御殿や長屋門・馬小屋などが当時のまま残る。本御殿には京都御苑保存協力会事務所がおかれている。その東北に**宗像神社**がしずまっている。花山院邸の鎮守社であったものである。

京都御所を囲繞する御苑は，かつての公家町である。中世末まで公家は京都の市街地の各所に居住していたが，天正期(1573〜92)，豊臣秀吉の京都

↓ 5
石薬師御門
↓ 2
大久保利通寓居跡
↓ 10
京阪出町柳駅
●約4時間半●

改造計画にしたがって御所周辺に集められた。公家勢力に対する保護と統制のためである。この方針は徳川幕府にもうけつがれていく。この区画内におよそ200余におよぶ公家・宮家の邸宅や門跡寺院の里坊などが集中していたが，明治になって天皇の東行以後，つぎつぎと撤去された。今日芝生が植えられている部分が，ほぼそれら邸宅の跡地である。空き地を利用して京都師範学校や京都画学校などがたてられ，また博覧会や展示会がもよおされたりもした。現在は球技場やテニスコート・児童公園が設けられ，国民公園として環境庁の管轄下にある。

　北へ向かって歩みを進めると，右手の大きなクスノキの下に高さ2ｍ，「貽範碑」と彫られた石碑が目にはいってくる。一帯は旧久邇宮家の邸宅があったところで，幕末・維新期に公武合体派として活躍した朝彦親王の遺徳を一族がしのび，没後40年を機に旧邸跡にたてたもの。貽範碑から北にのびる小径をたどると，旧西園寺邸の鎮守社であった白雲神社にいきあたる。同社と道をはさんで西側の梅林が広がる辺りには，一条天皇とその中宮藤原彰子の里内裏である琵琶殿があった。紫式部や和泉式部・赤染衛門らが，華麗な王朝文化を開花させた場所である。ほどなく建礼門に面した広い道にでる。道の中央にそびえる1本のムクの大木は，1864(元治元)年7月，禁門の変で攻めこんできた長州藩士来島又兵衛が銃弾で負傷し，自刃した場所である。

　道を左にとれば蛤御門がある。禁門の変に際して長州藩兵と薩摩・会津藩兵がここでもっとも激しくたたかったので，この変を一名「蛤御門の変」ともいう。門柱には今も弾痕をとどめている。蛤御門から少し東に戻り，芝生の間をとおる細道を北へたどり，中立売御門をすぎた辺り，宮内庁京都事務所の西側に名水で知られる県井がある。石製の井筒に文化年間(1804～18)の銘と，「縣井戸」の文字がきざまれている。江戸時代

には一条家の井戸として使用された。昭憲皇太后一条美子(明治天皇皇后)の産湯に用いられたという。

清所門をめざす道の一画に，一重八重の「車返しの桜」がある。付近は菊亭家の邸跡で，このサクラも同家の庭に咲いていたものである。後水尾天皇が同家の前をとおった折，このサクラがあまりにも美しいため，車を返して眺めたというのでこの名がある。

広い砂利道をこえ，清所門から京都御所にはいる。平安京本来の内裏は，現在地から西へ約2 kmの上京区千本通下立売近辺にあった。現在の御所は，1331(元徳3)年以来の「里内裏」が皇居として定着したもので，建物は安政年間(1854〜60)の再建。正殿である紫宸殿や天皇の日常生活の場である清涼殿などの殿舎がたち並び，その間に南庭や御池庭・御内庭などの庭園が広がる。現在，御所の東南に往時の後院(上皇の御座所)にあたる仙洞御所や女院のための大宮御所が存在している。

御所の西北角の皇后門の北側にある児童公園は，近衛家邸跡である。公園の東部には池泉回遊式庭園の遺構が保たれ，桃山風の雄大な石組みをみることができる。敷地内の糸桜は市内で最初に花開くとされ，毎春多くの人が集まる。公園を東にぬけ，今出川通にでて，横断歩道を渡り，少し西にいくと，同志社大学の敷地に食いこむようにたっている冷泉家住宅(国重文)がある。京都で，いや日本で現存する唯一の公家邸である。現在の建物は1790(寛政2)年に再建されたもので，邸内には御文庫とよばれる土蔵があり，1200件，2万点におよぶ貴重な古文書・典籍・記録・衣装・道具類が収納されている。

今出川御門から再び御苑にはいり，旧桂宮邸を左にみながら朔平門の前にでる。塀に沿って東へ進むと，東北角が切り取ったように築地塀をはいりこませてある。御所の表鬼門にあたるので，厄除けのためである。古くは「つくばいの辻」と称したが，屋根下の板蟇股にサルの姿が彫られているのにちなみ，「猿ヶ辻」の通称で知られる。幕末の1863(文久3)年5月，尊攘急進派公卿姉小路公知が，この辻でなにものかに襲われ

猿ケ辻の怪　　　　　　　　　　　　　　　コラム

　猿ケ辻の名称の由来となったサルの像に金網がかぶせてある。このサル，夜な夜なぬけだしては通行人をからかうなど悪さをし，またその鳴き声が天皇の寝所までとどいて，天皇を悩ませたという。その封じ込めのために，網が張られたと伝えられる。古名をつくばいの辻といったが，夜更けにこの辻にさしかかると，なぜか茫然自失となり，道に迷ってつくば(うずくま)ってしまうということからその名がついたともいう。

て落命している(猿ケ辻の変)。

　道を隔てて斜め向かいに，明治天皇の外祖父中山忠能の邸跡がある。1852(嘉永5)年，天皇はここで生まれた。左手にみえる平屋建ての簡素な家が産屋という。天皇は1856(安政3)年9月，内裏にはいるまでここですごした。敷地内にある「祐ノ井」は，天皇が2歳のときに掘られたもので，天皇の幼名祐宮にちなんで名づけられたという。

　道を東にとり，石薬師御門から御苑の外にでる。真っすぐ東へ進み，突き当りを右に。最初の辻を東にはいっていくと，民家の前に「**大久保利通寓居跡**」の石標がたつ。御所にごく近いここで，王政復古の謀議が大久保を中心に，西郷隆盛や長州藩の品川弥二郎らをまじえて行われたのである。今出川通にでて東に向かえば，京阪鴨東線出町柳駅はすぐである。

京都御苑の石薬師御門

056

- 藤原定家／御文庫
- 藤原俊成
- 代々収集した古典類や日記がいっぱい
- 金網にかこまれた猿がいる 猿ヶ辻
- 石薬師御門
- 西郷隆盛 大久保利通
- 倒幕の密談

- 地下鉄今出川駅
- 名水じゃ
- 旧薩摩藩邸の門
- 冷泉家住宅
- 今出川通
- 今出川御門
- 児童公園
- 近衛家邸跡
- 旧桂宮邸
- 祐井
- 猿ヶ辻
- 河原町
- 今出川
- 石薬師御門
- 大久保利通寓居跡
- 京阪出町柳駅へ
- 烏丸
- 県井と車返しの桜
- 桜が美しい
- あがたい 県井
- 皇后門
- 朔平門
- 清涼殿
- 京都御所
- 中立売御門
- 宜秋門
- 紫宸殿
- 清涼殿
- 蛤御門
- 蛤御門
- 右近の橘 紫宸殿 左近の桜
- ムクの木
- 建春門
- 大宮御所
- ムクの大木
- 梅林
- 白雲神社
- 出水広場
- 建礼門
- 京都御苑
- 仙洞御所
- 来島又兵衛自刃の場
- 胎範碑
- 旧閑院宮邸
- 宗像神社
- 厳島神社
- 鷹司邸跡
- 寺門御門
- テニスコート
- 地下鉄丸太町駅
- 九条邸跡
- 堺町御門
- 丸太町通
- 九条池
- 堺町御門
- 参観は申込制ですので事前に申込書を出して下さい

12 二条城周辺に徳川氏の京都支配をみる

およそ300年にわたる統治下にあって、徳川幕府は、終始京都を重視してきた。その中心が二条城であり、周辺には多くの役所がおかれた。一帯を歩いて京都支配の実態をみよう。

JR二条駅
　↓3
京都西町奉行所跡
　↓3
出世稲荷神社
　↓8
鵺池碑
　↓5
京都所司代跡
　↓5
「冷泉院址」碑
　↓6
福井藩邸跡（京都国際ホテル）
　↓1
松永昌三講習堂跡（全日空ホテル）
　↓5
二条城
　↓5
京都東町奉行所跡
　↓2
神泉苑
　↓8
二条陣屋
　↓10
六角獄舎跡
　↓1
武信稲荷神社
　↓10

　JR山陰本線二条駅を下車し、広い千本通を渡る。交差点の北側に京都「西町奉行所跡」の石標がたっている。**京都町奉行**は、関ヶ原の戦いに徳川氏が勝利した翌年、1601（慶長6）年に設置された。当初はその職掌は明瞭ではなかった。管轄や機能が明確化されたのは、1668（寛文8）年のことである。二条城の南と西におかれ、それぞれ東町奉行・西町奉行とよばれ、月番交替で京畿の行政・司法・徴税などにあたった。

　千本通を北に進むと、**出世稲荷神社**の前にでる。豊臣秀吉が築いた聚楽第にあったと伝えられ、彼の立身出世ぶりにあやかるよう、この社名としたという。境内を東にとおりぬけ、府立朱雀高校の横の小路から二条城の外堀西側にでる。北側の市立二条中学校の正門からみえるカナリーヤシは、樹齢およそ50年、高さ8m余りといい、「京都市立学校・幼稚園の名木百選」に指定されている。旧二条高等女学校の本館を模して1985（昭和60）年に再建された校舎とあいまって、独特のエキゾチックな雰囲気をただよわせている。

　なおも北へと足を運ぶと、二条公園とよばれる児童公園がある。その西北隅に

> JR 二条駅
> ●約3時間半●

「鵺池碑」と彫られた石碑がある。1700(元禄13)年建立の旧碑は風雨に磨耗し、現在は柵外に新碑がたつ。鵺を退治した源頼政が，この池で鏃についた血を洗い流したという。池はすでに涸れ，隣接するNHK京都放送局のかたわらに小祠があり，鵺大明神とよばれて鵺を祭神としている。

公園から再び二条城の堀端の道に戻り，左折して東に向かおう。堀川通の1筋手前を左にまがると，すぐ京都所司代屋敷の跡地を示す標識がある。京都所司代は幕府の京畿支配の中枢であった。初代の板倉勝重とその子の2代重宗のときに，その基礎が築かれた。

きた道に戻り，外堀の生垣に沿って歩く。なかほどで「平安宮東限」の碑がみえる。そこから100mほど東のところ，東北隅に「冷泉院址」の碑がある。嵯峨上皇が淳和天皇に譲位後に住む後院として造営されたのが冷然院(のちに冷泉院と改称)で，以後歴代の上皇や天皇が使用する皇室の世襲財産「累代の後院」となった。じつは，二条城の大部分が冷泉院の跡地と重複する。

堀川通を東に渡り，南に足を向け，京都国際ホテルに至る。この地は福井藩(越前藩)京都藩邸の跡地で，それを示す石標と駒札が西北角にたっている。福井藩松平家は，徳川家康の第2子秀康の系譜を引く北陸の雄藩である。幕末・維新期に松平慶永(春嶽)がでて政局に影響力を発揮し，賢君の名声を得たことはよく知られている。その懐刀としておおいに活躍したのが橋本左内であった。藩邸の存在を示す石標と並んで「橋本左内寓居之址」の駒札と石標もたっている。彼はこの藩邸を拠点にその政治活動を展開したのである。ホテルの北側の辻を東にはいり，その背後にまわる。京都守護職屋敷の正門を移築したという堂々たる薬医門があり，土塀や庭園・土蔵が往時をしのばせる。南隣の全日空ホテルの前庭には，江戸初期の儒学者松永昌三の講習堂の跡であることを示す石標がたつ。

堀川通を西にこえて東大手門から二条城へ。唐門の横から

二の丸にはいる。御殿から庭園に，さらに足を運んで内堀を渡り本丸に進む。構内を逍遙すること1時間余り，再び東大手門から城外にでて，外堀に沿って南へ。さらに右折し，城の南側を進むとまもなく**神泉苑**の北門がみえてくる。門の右側，NTT関西局の建物の鉄柵のなかに京都「東町奉行所跡」の石標がある。ここを西に直進すると，二条城西南角の交差点に**大学寮**の跡を示す石標がある。往昔神泉苑は現在の敷地の8倍をこえる広さを誇り，天皇や貴族の遊興の地であった。放生池にかかる朱塗りの太鼓橋(法成橋)を渡って善女龍王社に参る。恵方社を左に大鳥居をくぐり御池通にでる。通りをこえて左に進み，最初の十字路を右折して南にくだると，すぐ**二条陣屋**の前にでる。江戸時代，藩邸をもたない大名の宿泊所として利用されていた建物で，防犯・防火のためのさまざまな仕掛けがなされており，見学するだけで楽しくなる。

二条陣屋の前をとおる道を南にくだり，途中三条商店街を横切る。つぎの六角通を右にまがり，両側に寺院が軒を並べる細道を西に歩く。ほどなく辺りの建物の頭ごしに瀟洒なマンションがみえてくる。**六角獄舎**の跡地である。犯罪者やキリシタンをとらえておくために，徳川幕府が設営した監獄であった。幕末，禁門の変に際して，収監されていた**平野国臣**や**古高俊太郎**ら倒幕派志士を長州軍に奪還されることを恐れた奉行が，未決のまま33人を処刑した痛ましい事件もおこっている。かたわらにたつ「殉難勤王志士忠霊碑」はその慰霊碑である。ここはまた**山脇東洋**が刑死した囚人を解剖した地でもある。マンションの門前に「近代医学発祥之地」の石標がたち，門内には「日本近代医学のあけぼの　山脇東洋観臓之地　一七五四　宝暦四年 閏二月七日」と彫られた花崗岩製の記念碑がおかれている。**前野良沢**や**杉田玄白**らが，江戸小塚原の刑場で刑吏の執刀で囚人の解剖に立ちあったときに先立つこと17年である。

獄舎跡に別れを告げ，道を北にとる。人家ごしにエノキの巨木が空に向かって枝を張り広げている。高さ二十数mのこの木は，**平清盛**が安芸の宮島から苗木を移植したと伝えられ，

武信稲荷神社の境内にはえている。藤原冬嗣が大学で学ぶ一族の子弟のために、大学別曹として勧学院を設けた。その療養所として延命院を藤原良相がたてた際に、鎮守社として創祀したのが同社のおこりという。

武信稲荷神社から北に進み、再び三条商店街に足をふみいれる。この辺りは、辻々が複雑にいりくんでいる。かつて二条城を取りまくように、所司代をはじめとする徳川幕府の諸官庁がおかれており、その周囲には勤務する役人(奉行所では与力や同心)たちの役宅があった名残りである。商店街のアーケードの下を西に歩き、千本通にでる。この通りを北進すれば、まもなくJR二条駅および地下鉄東西線二条駅に到着する。

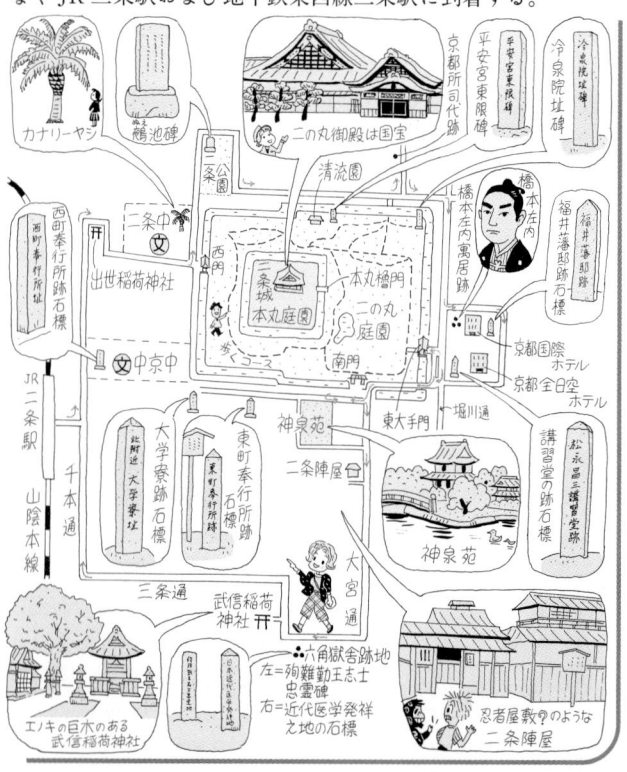

13 誠の旗を掲げて新撰組がゆく

幕末の風雲に際会して，瓦解しつつあった徳川幕府に純忠を捧げ，みずからも滅し去った男たちがいた。彼ら新撰組の足跡を，西本願寺から壬生までたどってみよう。

JR 京都駅
↓
不動堂明王院
道祖神社
↓ 3
本光寺
↓ 5
本願寺伝道院
↓ 3
西本願寺
↓ 2
興正寺
↓ 6
龍谷大学大宮学舎
↓ 8
島原（角屋・輪違屋）
↓ 15
旧神先家住宅
新徳寺
壬生寺
八木家住宅（新撰組屯所跡）
梛神社
↓ 3
旧前川家住宅（新撰組屯所跡）
↓ 8
光縁寺
↓ 12

　JR 京都駅の北側を東西に走る塩小路通にでる。西へ歩くこと数分で広い堀川通がみえてくる。その1筋手前を左にまがると，すぐのところに不動堂明王院の小堂が通りに面している。その北隣にたつのは道祖神社である。付近は明王院にちなみ，不動堂村(現，不動堂町)という。この村に西本願寺の肝煎で新撰組堀川本陣が設けられた。1筋西の堀川通に面してたつホテルの辺りといい，最近「新撰組第三次屯所」の碑がたてられた。ここから北に向かって歩く。すぐ右に本光寺がある。一見して変哲もない小さな寺であるが，油小路の変の舞台となった場所である。七条通をこえると，まもなくエキゾチックな建物が目にとびこんでくる。本願寺伝道院である。周囲を圧倒する異様な存在感がある。

　伝道院がたつ四辻を左折し，堀川通を渡って西本願寺へ。地元の人は，親しみをこめて「お西さん」とよぶ。公称1000万人の門信徒を擁する大寺院にふさわしく，華麗な御影堂門が堀川通に東面している。広大な寺域に豪壮な伽藍が軒を並べる。1865(慶応元)年4月，境内太鼓楼に壬生を引き払った新撰組の屯所がおかれ，寺はおおいに迷惑した。近くの不動

阪急大宮駅

●約5時間半●

堂村に本願寺の資金を投じて本陣を新築し，新撰組を送りだした。

御影堂から堀川通へ。七条通と交差する一角に**興正寺**がたっている。境内にはいってしばし拝観。興正寺をでて，今度は七条通を西にいくと，龍谷大学大宮学舎の前に至る。門をくぐって敷地内にはいる。洗練された木造洋館で，近代名建築の1つ。その北側に西本願寺の唐門がみえる。あまりの美しさに日が暮れるのも忘れることから「日暮門」の名がある。西本願寺の土塀に沿って西へ歩き，大宮通にでて北へ進む。本圀寺の旧跡を示す石標を右にみつつ，バス停島原口から花屋町通を西にはいる。新撰組隊士がかよった遊郭**島原**の大門がみえてくる。旧郭内には揚屋であった**角屋**と置屋の**輪違屋**が今も残っている。

島原の西口をぬけて，JR山陰本線の高架に沿って五条通をこえ，さらに北へと進む。歩くことおよそ十数分。右手に**壬生寺**の筋交塀がみえてくる。そのさきの土塀に囲まれた黒い冠木門の建物は，かつての壬生郷士神先家住宅である。現在は軽食喫茶店として営業されているが，郷士屋敷の特色が十分に保持されている。旧神先家住宅の北が**新徳寺**，その向かいが壬生寺である。ともに新撰組に深いゆかりがある。壬生寺の境内には新撰組隊士の墓地・壬生塚があり，俳優上田吉二郎氏(故人)の寄贈になる局長**近藤 勇**の胸像がおかれている。壬生寺の隣の**八木家**住宅は，道をはさんだ旧前川家住宅とともに**新撰組壬生屯所**であった。門前に「新選組屯所遺蹟」の碑がたつ。近藤や**土方歳三**ら組幹部の宿舎となっていた。郷士身分の八木家は壬生の名家であり，1804(文化元)年建築の長屋門など，往時の郷士屋敷の面影をよく伝える貴重な建造物である。

さらに北へと道をとり，踏切を横切って四条通にでる。坊門通と交差する西南角に**梛神社**がある。道を戻って八木家住宅の北側の綾小路通を東へ向かう。旧前川家住宅は現在は製袋所となっているが，北に面した長屋門や庭先は，新撰組在住当時のままであるという。左右の出窓は新撰組がつくらせたもの

で，左窓の右柱には深い刀痕が残されている。池田屋事件がおこるきっかけとなった古高俊太郎に対する土方の拷問は，ここで行われた。また新撰組総長山南敬助の切腹の場所もこの屋敷であった。

　綾小路通は両側に寺院がたち並び，その一画に浄土宗寺院の**光縁寺**がある。山門前に「新撰組之墓所」の石標がたつ。光縁寺の墓所には3基にまとめられた新撰組27士の墓がある。その右横にある墓石は，寺の過去帳に「沖田氏縁者」と記された女性のものである。沖田氏とは，いわずと知れた新撰組一番組隊長沖田総司のことである。この女性がなにものか，彼とどのような縁があったのか。恋人あるいは愛人とする説があるが，詳細は不明である。光縁寺をでて東に歩けば，阪急京都線大宮駅はすぐそこである。

14 繁華街におわすみ仏を訪ねる

古都京都は，200万近い人口をかかえる巨大都市でもある。伝統と背中あわせの近代都市・京都。市内有数の繁華街である寺町(てらまちどおり)通と新京極(しんきょうごく)界隈にしずまるみ仏を訪ねてみよう。

阪急河原町駅
↓ 5
染殿地蔵（染殿院）
↓ 1
大石内蔵助寓居跡
↓ 3
錦天満宮
錦市場
↓ 2
善長寺
↓ 2
安養寺
↓ 3
蛸薬師
↓ 2
西光寺
↓ 2
誠心院
↓ 2
誓願寺
↓ 4
誓願寺墓地
↓ 3
矢田寺
↓ 1
天性寺
↓ 3
本能寺
竹苞楼
↓ 1

　阪急京都線河原町(かわらまち)駅で下車して，地上にでる。群衆と車が織りなす四条(しじょう)通が，新京極通と交差する西北角，昼でも薄暗い路地の奥に**染殿院**がある。本尊の通称**染殿地蔵**は秘仏であるが，安産守護の信仰があり，夫婦や恋人たちの参拝がたえない。四条通から錦小路(にしきこうじ)通にかけては，かつては四条道場とよばれた時宗金蓮寺(こんれんじ)の広大な寺域であり，染殿院もその塔頭(たっちゅう)であった。通りをはさんで花遊小路(かゆう)とよばれる商店街がある。幅のせまい通路が東西に走る，その片すみのカラオケハウスは金蓮寺塔頭梅林庵(ばいりんあん)の跡地で，山科(やましな)の隠宅(いんたく)を引き払った**大石内蔵助**(おおいしくらのすけ)が江戸下向(げこう)の直前，しばしの間住んでいた。

　新京極を北へ進むと，錦小路通がT字形につきあたる場所に**錦天満宮**(てんまんぐう)が鎮座している。同社から西へ，寺町通から高倉(たかくら)通までの390 m，幅わずかに3 m余りの通りが**錦市場**(いちば)である。天満宮に参り，名水で知られる社殿前の湧(わ)き水で喉(のど)をうるおして，再び北へ道をとる。通りの東側に**善長寺**(ぜんちょうじ)がある。大原山と号する西山浄土宗禅林寺(ぜんりんじ)派の寺院である。小さな門をくぐると小祠(しょうし)があり，通称「立江地(たちえじ)蔵」，あるいは「くさがみさん」の名で親しまれている地蔵菩薩像が安置されて

> 寺町通
> ・鳩居堂
> ・桂月堂
> ・其中堂
>
> 20 ┃（寺町京極商
>   ↓ 店街）
>
> 阪急河原町駅
>
> ●約3時間半●

いる。幼児の痘瘡や皮膚病の平癒に効験ありという。さらに北にいくと、ゲームセンターの前、右手に提灯を吊りさげた、鉄筋コンクリートの建物がある。「女人さかれんげ阿弥陀如来」の石標で、ようやく寺院とわかる。京都六阿弥陀霊場の1つ、**安養寺**である。階段をのぼり、訪いをいれて本堂にはいる。安養寺の北側、蛸薬師通を間にして、通りの名の由来となった通称「蛸薬師」があるが、蛸薬師通は平安京の四条坊門小路に該当する。

　蛸薬師を辞し、三たび新京極通に戻り、また北へ足を運ぶ。通りの東側に、店舗に埋もれてしまいそうな小寺院が「寅薬師」の異名をもつ**西光寺**である。本尊薬師如来木像は弘法大師の作と伝え、とくに寅年生れの人を守護するという。西光寺の北、映画館の隣に**和泉式部**ゆかりの寺、**誠心院**がある。誠心院のすぐ北に「ろっくんプラザ」とよばれる一画があり、若者たちが集う場所になっている。この小広場に西面して**誓願寺**がたっている。洛中寺院のうち、屈指の歴史と寺格を誇るだけに拝観するべきところが多い。

　誓願寺の南側をとおる細い道を東にぬけると、裏寺町通にでる。元来この通りは誓願寺の裏参道で、現在も道の両脇に寺院が軒を並べており、同寺の塔頭が多数を占める。裏寺町通を北へ歩を進め、六角通をこえ、鉤形に左にまがる手前に「**安楽庵策伝上人墓所**」の看板がかかる建物がある。誓願寺の墓地である。ガラス戸を引き開けてはいると、入口の近くに六地蔵石幢(室町期)がおかれ、安楽庵策伝や山脇東洋、歌舞伎の「桂川連理柵」のモデルというお半・長右衛門の墓碑がある。全体に中世から近世にかけて活躍した上流町衆や公家の墓がめだつ。

　墓地をでて西に道をとり、ホテルと映画館の間から再び新京極通に戻る。右折すると、道はすぐ長さ10mばかりの、短いが急勾配ののぼり坂となる。タラタラ坂、あるいはタラタラく

だりとよばれ，京都七不思議の1つという。豊臣秀吉が京都をお土居で囲繞したため寺町から鴨川にかけて東高西低となり，その結果急勾配の坂が生じたのである。坂道をのぼりきると三条通にでる。付近一帯は林芙美子の代表作『放浪記』に描かれた「さくら井屋」や京都で最初に社交ダンスの会がもよおされたJEUGIA，明治初期の牛鍋の伝統をうけつぐ三嶋亭，浮世絵古版画の西春など，創業が100年をこえる老舗が目白押しで，修学旅行生や観光客でいつでも活気に満ちている。

　三条通を西に進み，寺町通との交差点を右にまがると，東北角の交番に隣接して**矢田寺**がある。さらにその北，数十mほどのところに，同じように西面して**天性寺**がある。ここから御池通まで，通りの両側に古書店やギャラリー・楽器店などが軒を並べ，文化の香りがただよう通りとなっている。御池通とまじわる東南角に**本能寺**の広い境内があり，日蓮の銅像が経巻を片手に辺りを睥睨するかのようにたっている。

　本能寺の門前，通りをはさんだ古書店竹苞楼は江戸時代から続く老舗で，伴高蹊や上田秋成・**富岡鉄斎**ら，多くの文人や学者たちが出入りした。現在の店舗は，1864（元治元）年に禁門の変の兵火に類焼した直後の再建。幕末期の典型的な町家遺構として貴重である。屋外に設けられたばったり床几は京都特有のもの。店内奥におかれている「和洋漢」の文字看板の上部には英文字が書かれ，明治初年のものとしては非常に珍しい。ちなみに，すぐ北側の和菓子店亀屋良永の寺町通に面した入口にかかる看板は作家武者小路実篤の筆で，また御池通側入口の看板は篆刻家山田正平の作品である。

　寺町通を引き返す。通りの西側に並ぶ店舗に注目。鳩居堂は1663（寛文3）年創業の老舗中の老舗である。親交のあった儒学者室鳩巣にちなんで店名としたという説が伝えられるほど，知識人とゆかりが深く，歴代当主も文化人として名高い。とくに7代目熊谷直孝は勤王家として有名。洋菓子店桂月堂は明治前期の創業で，店頭の木製看板は富岡鉄斎の書である。下部にフランス語が記された，当時としてはきわめてハイカラなもの

067　繁華街におわすみ仏を訪ねる

である。古書店其中堂に注目。店頭１階の上部に格子状の装飾をほどこし、さらに瓦葺の庇をつけてそのうえに飛鳥期の寺院を思わせるような高欄を配している。店内は高い天井ととおりぬけの土間となっている。

　寺町通を南にいくと、アーケードのある寺町京極商店街にはいる。商店街には、今も仏具や念珠・扇・京人形・骨董品など往時を彷彿させる昔からの商店が多い。個性的なディスプレイを楽しみながら四条通にでる。阪急電鉄の河原町駅には左へ、烏丸駅には右へ進む。

15 古都の洋風名建築を巡る

古都京都が，近・現代の洋風名建築の宝庫であることは意外に知られていない。近・現代の各期にわたる，戦災を免れた特色ある建造物が存在する。とりわけ四条通から烏丸通を経て，三条通から寺町通に至る道筋に名建築が集中する。

阪急烏丸駅
↓ 2
三井住友銀行
東京三菱銀行
UFJ銀行
丸紅ビル
↓ 4
北國銀行
みずほ銀行
↓ 6
京都芸術センター(旧明倫小学校)
↓ 8
中田株式会社
↓ 7
ウィングス京都
中京青年の家
(旧京都商工銀行本店)
六角堂(頂法寺)
↓ 8
三井住友銀行
次田商事(旧西村貿易店)
↓ 1
新風館(旧NTT)
↓ 2
三条通〈別表〉

　阪急京都線烏丸駅で下車してすぐの四条烏丸の交差点にたつと，西南をのぞく三方に，風格ある銀行の建物がそれぞれの表情で位置を占めている。東北角にたつ三井住友銀行(旧三井銀行)京都支店がもっとも古く，1914(大正3)年の建設。直線的・平面的なセセッションを多用して鈍重さをやわらげている。セセッションはその流行期間が短かったためもあって，現存する建物の数は少ない。この建物も創建当時のままではなく，1984(昭和59)年の改築に際し，正面のオーダー(列柱)を含め，角の部分など一部が保存されているにすぎない。

　四条通をはさんでその南にたつ東京三菱

〈別表〉三条通・京都市景観重要建築物
① 次田商事株式会社(旧西村貿易店)
② 中京郵便局
③ 京都府京都文化博物館別館(旧日本銀行京都支店)
④ 長谷川松寿堂
⑤ 居戸商店
⑥ 分銅屋
⑦ 五藤屋
⑧ 小畠商店
⑨ 日本生命保険京都三条ビル
⑩ 西村吉象堂
⑪ SACRAビル(旧不動貯金銀行京都三条支店)
⑫ 京都象嵌株式会社(旧家邊徳時計店)
⑬ 1928ビル(旧毎日新聞社京都支局)
⑭ 富田歯科医院

> ↓18
> 地下鉄京都市役所前駅
> ●約3時間●

銀行(旧三菱銀行)京都支店は、西日をさえぎるために窓が極端に少なくかつ小さく、一見して要塞を思わせる石張りの重厚な建物である。円柱も両端に2本だけという、やや平板な印象をみるものにあたえるが、これもじつは旧三井銀行との対比の妙を計算したうえでの設計である。なお、この建物は1925(大正14)年創建当時のままの姿である。

　交差点の西北にたつ UFJ 銀行(旧三和銀行)京都支店は、ファサード(正面)にコリント式のオーダーがたち並ぶ、極度に様式化された古典的な建物である。銀行にふさわしい重厚さと風格を感じさせるが、1952(昭和27)年の建築という。交差点の西南角に位置する丸紅ビル(丸紅京都支店)は、1938年の創建当時、京都で最大の本格的オフィスビルとして評判になった建物である。様式美を尊重する新古典主義から、機能性・合理性を重視する新しい建築思想に基づいた建造物への道程を示して貴重である。長谷部竹腰建築事務所の設計。

　烏丸通を北へたどると、赤煉瓦に白い石材をちりばめた北國銀行京都支店の建物が左手にみえてくる。日本近代建築界にあって一世を風靡した**辰野金吾**が、1916(大正5)年に設計した建物である。セセッションの影響をうけ、細部の意匠が直線で処理され、幾何学文様となっている。塔屋の部分が残されているのが目をひく。蛸薬師通をはさみ、北に隣接して同じ辰野式のみごとなみずほ銀行(旧第一勧業銀行)京都支店の建物がある。近年、改修がなり、再びその美しい姿をあらわしている。

　北國銀行の北をとおる蛸薬師通を左におれ、1筋西の室町通との交差点西南角にムラナカ理髪店の、一見コンクリート造り、じつは木造モルタル3階建ての建物がある。1928(昭和3)年の建築という。室町通に沿って南へ少しくだると、右手に濃いベージュ色で統一された、モダンな造りの建物が目にはいる。旧明倫小学校で、廃校となった現在は京都芸術センターとして活用されている。1931年の建設にあたり、住民の寄付による潤

洋風建築ミニ辞典　　　　　　　　　　コラム

近代以降，欧米から伝わった西洋の建築技術と建築物に関する基礎用語を下に示しておく。

○オーダー　古典様式における円柱の形式をいう。「列柱」と訳す。柱頭の装飾によって5様式に区分される。すなわち古代ギリシアのドーリア(ドリス)式・イオニア式・コリント式，および古代ローマに発生したトスカナ式・コンポジット式である。

○擬洋風建築　明治期に日本人の手で，洋風建築をなぞってたてられた建造物。あくまでも洋風をめざしながらも，十分に西欧の技法を取りいれきれていない特徴をもつ。

○古典様式　古代ギリシア・ローマ以来の伝統を重視した建築様式。その系譜はルネサンス様式からバロック様式を経て，現代建築にもうけつがれている。

○ゴシック様式　中世の西欧で盛んとなった建築様式で，尖塔やリブ・ヴォールト(肋骨アーチ)を特徴とする。

○コロニアル様式　伝統的建築様式の1つ。玄関ポーチを中心に左右対称に設計。室内中央にセンターホールを設け，各室がそれを囲む。正方形または長方形の建物に寄棟の大屋根をのせ，軒先に柱をたて，その下の空間に1階は回廊が，2階はヴェランダが建物の周囲の全体，あるいは三方を取りまく。代表例に新島襄旧邸や同志社大学アーモスト館など。

○スタッコ　漆喰に石の粉末を混入したもの。煉瓦壁に塗ると石張り仕上げを思わせる外観となる。

○セセッション(ゼツェッション)　古典的・歴史的様式にみられる，彫りの深い，鈍重なイメージを排除した構成で，直線を多用した平面的な建築様式，またはその造形運動のこと。日本では大正期に流行し，多くの建築物にその影響をあたえたが，その期間は短かった。

○辰野式　19世紀のイギリスで盛んとなったフリークラシックを応用して辰野金吾が創始した様式。赤煉瓦の外壁に白い石でアクセントをつけたところに特徴がある。この様式は辰野式，

または辰野式殿堂・辰野式ルネサンスとよばれ、人気を博した。東京駅など、各地に多くの建物が残されている。

○チューダー様式　16世紀イギリスのチューダー王朝時代に流行。ハーフティンバーとよばれる木骨構造を特色とし、三角屋根や赤煉瓦の外壁など重厚・華麗な建物である。代表例は大丸ヴィラ。

○ドーマーウィンドー　屋根裏部屋に光をとりいれるために屋根面につけられた窓。「屋根窓」と訳される。

○バットレス　建物を補強する目的で壁面から張りだして設けられた控え柱。

○ファサード　建物の外観である壁面。通常は玄関のある正面の立面をいう。

○ファサード保存　建物の外観を保って、内部を改修または新築する工法。近年、町並みの景観保存のために各地に普及。

○ペディメント　古典様式において、屋根の正面や玄関の上部、あるいは窓の上部におかれる屋根型(三角形)の飾り。日本建築の破風にあたる。

○マンサード　フランス屋根ともいう。「腰折屋根」「中折屋根」と訳される。上部がゆるい傾斜で、下部が急勾配という構造の屋根。フランスの建築家マンサールの考案という。

○ルネサンス様式　古代ギリシア神殿や古代ローマ建築を基準とした古典様式の1つ。オーダーとペディメントを基本的なモチーフとし、左右対称を基本とした重厚な外観が特徴。信用や安定が重視される銀行や官公庁関係の建造物に採用されることが多い。京都市内では京都市役所の建物がその代表例。

沢な資金が投じられただけあって、豪華な構造で、細部の装飾も華麗である。折上格天井を備えた広い作法室兼集会室などをみると、おしゃれなレトロ調高級ホテルといった趣である。ちなみに当地は、江戸時代に心学の中心的な道場であった明倫舎の跡地で、旧小学校名もそれに由来している。

　道を引き返して蛸薬師通を東へたどり、烏丸通をこえ、児

童公園を左横にみつつ歩く。つぎの高倉通と交差する東南角に中田株式会社がある。正面の3連アーチや壁のタイルは，1926(大正15)年建設当時のままで，茶褐色の色彩は周囲の景観に配慮して決められた。当時の日本最高の建築家武田五一と小笠原建築事務所の組み合わせによる設計である。

　蛸薬師通を西に戻って，再び児童公園の前にでる。右折して公園の西側を走る東洞院通にはいり，北へ。公園に隣接したウイングス京都中京青年の家の前にでる。建物は1908(明治41)年に，京都商工銀行本店としてたてられたもので，正面に柱をたて，コーナーストーンを強調。ペディメント(破風)を両脇にのせるなど，かなり派手なデザインである。もともと建物の規模が小さく，近くにある京都府京都文化博物館(旧日本銀行)やみずほ銀行(旧第一勧業銀行)に対抗するため，めだつ必要があったからである。青年の家の斜め向かいに，町家を改造した，若者に人気のピッツア専門店「バール＆トラットリアあるとれたんと」がある。正面の壁上方に，キンシ正宗と書かれた文字に酒屋だったときの名残りがうかがわれる。新旧の建物が時間をこえて違和感なく並立しているところが，京都という町の懐の深さだろう。

　さらに北へと歩き，六角通とまじわる四辻を左にまがると，すぐ南の通りの名のおこりともなった，通称六角堂，正しくは頂法寺の門前に着く。聖徳太子創建と伝える古刹の境内は，つねに参詣者で賑わっている。参拝したのち，しばし休憩。

　その後，三たび烏丸通に足を運び，北へ進んでいくと，花崗岩の外装がしぶい三井住友銀行京都中央支店(旧住友銀行京都支店)が，その堂々たる姿をあらわす。高い基壇のうえに6本ものイオニア式のオーダーが並ぶ，豪放・荘重な建物である。1938(昭和13)年の建設。前述の丸紅ビルと同じ長谷部竹腰建築事務所の設計。

　烏丸三条を左折し，次田商事株式会社(旧西村貿易店)をみる。1920(大正9)年にこの建物は，京都染織工芸が世界へ発進する基地として，当時の西村家当主総太郎によってたてられた。木

造で正面はタイル張り，ほかの部分はモルタル仕上げ，実質は3階建て。明治期の日本で多用されたマンサード屋根を採用。下部は急勾配だが，上部はゆるやかな傾斜をもつ。

　烏丸通に引き返し，北へ歩くとほどなく旧NTT京都中支店がある。平凡なビジネスビルの外観をしているが，細部にまで巧みな工夫がなされている。当時，オフィスビル設計の第一人者と謳われた吉田鉄郎の1926(大正15)年の作品である。ここはまた，平治の乱の舞台となった東三条殿の跡地でもある。現在は若者向きのファッションビル新風館となっている。

　三条通にはいる。この通りは東へ進むと東海道の発着地である三条大橋に至り，西に向かうと嵯峨・愛宕を経て丹波につうじる要路である。近世にはみやげ物屋や旅籠・両替商・問屋が軒を並べ，交通・物流の要地として殷賑をきわめた。明治になると，産業・金融・情報・文化・教育の諸機関が集まり，京都の都市機能の中心となり，近代化を象徴する洋風建築がつぎつぎとたてられた。しかしその結果，道幅の拡張が困難となり，市電の開通なった烏丸通や拡幅なった四条通に繁栄を奪われ，メインストリートの地位から転落。かえって開発の波に洗われることなく，往時の町並みがほぼそのままの姿で残された。

　室町通から寺町通間の三条通は，京都市によって「歴史的界隈景観地区」に指定され，さらに15棟の建造物を景観重要建築物に指定。通りにはいると，いわゆる辰野式の2つの建物が目につく。中京郵便局と京都府京都文化博物館別館である。郵便局の背後にある井上平楽寺書店のトスカナ式オーダーもみおとせない。

　日本生命保険京都三条ビルは辰野片岡事務所の設計で，屋根に辰野の特色がわずかにみられる石張りを多用した重厚な建物。1984(昭和59)年の改築に際し，柳馬場通側の外壁と塔屋部分を保存。SACRAビルは，1916(大正5)年に不動貯金銀行京都三条支店として創建。最近になってテナントビルに改装された。極度に簡素化されたネオ・ルネサンス様式の建物で，セセッションの影響が濃厚にみられる。大正初期の商業ビルの面影を残

す，希少価値の高い建物である。京都象嵌株式会社(旧家邊徳時計店)は，みるものすべてに奇怪な印象をあたえる，インパクトの強い建物である。1階壁面に3連のアーチとそのうえにある横長の飾り。2階には3つの窓とペディメントが設けられている。1890(明治23)年にたてられた擬洋風建築で，京都に現存するこの類の建物のうちでも，最古級にランクされる。右手にみえてくる黄色の建物は，1928(昭和3)年建設。旧毎日新聞社京都支局であったもので，最近テナントビル「1928ビル」に衣替えした。設計は武田五一で，星形のバルコニーは毎日新聞社の社章を模したものという。ここからはもう寺町通も近い。寺町通を北に向かい御池通にでて右折すれば地下鉄東西線京都市役所前駅である。

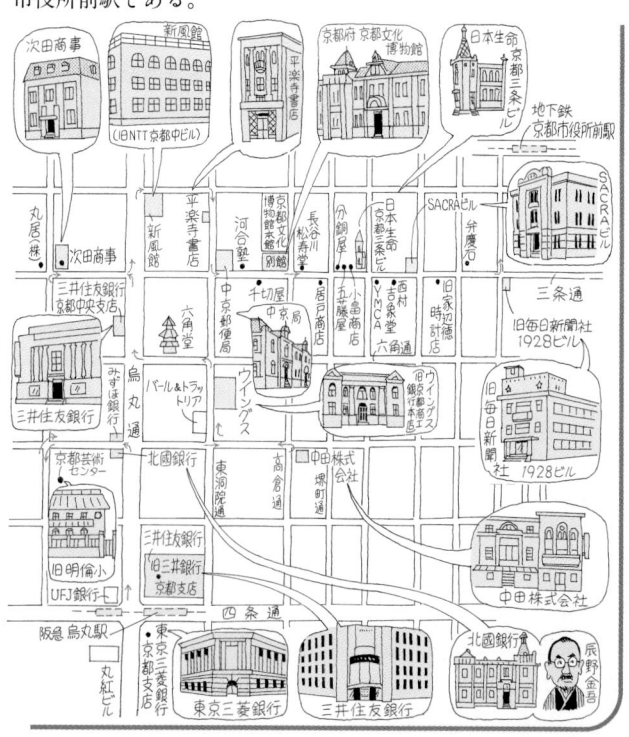

16 祇園祭・宵山に遊ぶ

祇園祭が日本三大祭の1つであり、祭礼が多い京都にあっても、最大規模の年中行事であることはよく知られている。宵山の見学をつうじて、その真の姿に迫ってみよう。

阪急大宮駅
↓ 8
油天神山
太子山
木賊山
芦刈山
↓ 6
四条傘鉾
蟷螂山
郭巨山
↓ 5
船鉾
岩戸山
伯牙山
↓ 8
放下鉾
南観音山
北観音山
八幡山
↓ 4
役行者山
鈴鹿山
黒主山
浄妙山
鯉山
橋弁慶山
山伏山
霰天神山
占出山
菊水鉾

京都の夏は祇園祭にはじまり、五山の送り火におわる、といわれる。祇園祭は、例年7月1日の吉符入を口火に、31日の疫神社夏越祭まで間断することなく、神事が厳粛に進められていく。そのハイライトが17日の山鉾巡行で、それに備えて13日から前夜の16日まで宵山（山鉾を各町会で展示する）が行われる。駒形提灯がともるなか、鉦や笛による優雅な祇園囃子が流れる辻々を、浴衣を着て、前掛や見送・東西の胴掛などで美しくかざられた山や鉾を、夜風に吹かれながらみて歩く人びとの姿は、京都の夏に欠かすことができない風物詩である。

阪急京都線大宮駅から四条通を東に、堀川通を渡って2筋目の油小路通を南へくだると、油天神山がみえてくる。朱塗りの社殿に天神、すなわち菅原道真の像がまつられている。前掛と胴掛は「雲龍文繻子地錦」、近年新調された見送は梅原竜三郎原画の「朝陽図綴織」である。そのすぐ南には聖徳太子をまつる太子山がある。見送は中国清朝の女官服で、胴掛がインド刺繡という国際色豊かな、豪華な作品である。知恵のお守りがいただける。

少し北に戻って仏光寺通との交差点を右におれる。まもなく木賊山の前にでる。わが子をさらわれ、信濃の山里でひとり、トクサを

| 鶏鉾
| 綾傘鉾
| 白楽天山
| ↓ 8
| 月鉾
| 函谷鉾
| 孟宗山
| 長刀鉾
| 保昌山
| ↓ 6
| 阪急烏丸駅・
| 地下鉄四条駅
| ●約5時間●

刈る翁の像がご神体となっている。悲しげな表情が印象的。桃山期、奈良仏師の作品という優品である。

つぎの西洞院通を左折。綾小路通を左にはいると、芦刈山と出会う。謡曲「芦刈」に取材、運慶の末裔康運の作で、1537(天文6)年の墨書が残る。ご神体の衣装のうち、天正銘のある小袖が、全山鉾で最古のもので重要文化財の指定をうけている。ほかに古衣装や旧の前掛や胴掛・見送など、貴重な染色品を今日に至るまで保存している。

四条通にでると四条傘鉾がおかれている。発祥は応仁の乱(1467〜77年)以前と伝えられる。1871(明治4)年以降は廃絶されていたのを、1965(昭和40)年に本体を復興、1968年には踊りと囃子を再現して完全復活をとげた。傘の垂りは染色作家が制作した絹製の「麗光鳳舞図」である。

四条通を北に渡り、西洞院通に進む。「かまきり山」の異名をとる蟷螂山が目をひく。山上のかまきりと御所車の車輪が動くからくりがほどこされ、人気が高い山である。四条通に戻り、東に向かう。中国の故事をもとにつくられた郭巨山がある。乳隠しと日覆障子の屋根に特色があり、前掛は19世紀のトルコで作製されたもの。花鳥画で知られる上村松篁下絵の胴掛など、新調の懸装品にも注目したい。

1筋東の新町通を右におれる。最初に船鉾に出会う。神功皇后の征戦説話にしたがって、鉾全体を軍船の形にして作製されている。舳先は宝暦年間(1751〜64)の作という金色の鷁、船尾は黒漆喰青貝螺鈿細工の飛龍文の舵で装飾され、様式化された屋根とあいまって豪壮華麗なその姿は、秀麗な懸装品とともに人気を博している。その南の岩戸山は、もちろん天の岩戸神話に由来する。ご神体は手力男命・天照大神などの3体。山と称するが、鉾と同様に車がついた曳山である。屋根のうえに、もう1体のご神体である伊弉諾命がおかれているのが珍し

い。

きた道を引き返す途中，綾小路通を左にまがると，伯牙山(はくがやま)の姿が目にはいる。中国の琴の名人伯牙の故事にちなんだ山である。宵山の際は，懸装品やご神体は，現存する京都最大の町家(まちや)として有名な杉本家(すぎもと)に展示されている(拝観は有料)。ほかの山や鉾が豪華さをきそうあまり，ややもすれば装飾の統一性に欠けるきらいがあるのにくらべ，山の趣旨から中国風にまとめられている。とくに前掛には明(みん)代の慶寿裂(けいじゅれつ)が用いられている。

新町通に戻って四条通を北にこえると，放下鉾(ほうかほこ)がみえる。大道芸を披露(ひろう)しながら仏法を説く僧を法下僧(ほうげそう)というが，天王座(てんのうざ)にこれをまつった鉾である。日・月・星の三光が下界を照らす形をした鉾先が，洲浜(すはま)に似ていることから別名「すはま鉾」とよばれている。1929(昭和４)年から生稚児(いきちご)のかわりに，稚児舞ができる唯一の操(あやつ)り稚児人形を乗せるようになり，人気を高めた。新しい下水引(したみずひき)は華厳(けごん)宗祖師絵伝を下絵にしたもので，豪華な綴織(つづれおり)である。また，1981年に新調された見送は麻の生地にろうけつ染めで仕上げた皆川泰蔵(みながわたいぞう)の「バクダッド」で異国情緒にあふれた優品である。

その北隣の南観音山(みなみかんのんやま)は楊柳(ようりゅう)観音と善財童子(ぜんざいどうじ)の像をまつり，一名を「下がり観音」という曳山で，巡行の最後尾をいく。諸病を防ぐ霊験(れいげん)があるといわれ，巡行の折には山の後ろにヤナギの大枝をたらす。旧前掛は「異无須織(いむすおり)」という17世紀ペルシア(現，イラン)の織物で，世界的にも現存する作品が希少という名品である。現在の見送は日本画家加山又造(かやままたぞう)下絵の「龍王渡海(りゅうおうとかい)」である。なお，ご神体の楊柳観音像を台座にしばりつけてかつぎまわる「あばれ観音」は有名である。

すぐ隣の北観音山は楊柳観音像と韋駄天(いだてん)像を奉安し，「上がり観音」ともよばれる曳山。見送の「紅地百子嬉遊図(べにじひゃくしきゆうず)」は中国明代17世紀の優品である。破風(はふ)や欄縁(らんえん)および柱の彫刻・金具細工が精巧で，懸装品とともに山の華麗さをよりいっそう引きたてている。北観音山に踵(きびす)を接して並ぶのが八幡山(はちまんやま)である。山のうえに町内の八幡宮を勧請(かんじょう)したもので，社殿は総金箔(きんぱく)という

豪華さである。鳥居には左甚五郎作と伝えるハトがかざられている。懸装品や工芸品の細部にも注意をはらってみてほしい。

　1筋東の室町通に足を運んでみよう。通りの最北の位置を占める役行者山は、なかば伝説的な人物で修験道の開祖とされている役行者(役小角)を中心に一言主命と葛城神の3体をご神体としたもの。水引は綴錦の「唐子遊戯図」、前掛は牡丹胡蝶文と雲龍文との3枚継ぎ。見送は綴錦「金地唐美人遊図」。角房の掛金具は黒漆塗板に二十八宿の金具を打ったもので、ほかに類をみない。

　少し烏丸通に足をのばすと、鈴鹿山がある。伊勢鈴鹿山で悪鬼を退治した鈴鹿権現を、瀬織津姫命という女人の姿であらわし、これをまつるが、巡行中、ご神体は能面をつけて顔を隠している。胴掛は中国清朝、17世紀の作品である。

　再び室町通に引き返して黒主山をみよう。六歌仙の1人、大伴黒主がサクラの花を眺めやっている姿がまつられている。前掛は明朝「萬暦帝龍王図」を復元・新調したもの。見送も17世紀の中国の作品を2種類もっており、毎年交互に使用している。六角通にさしかかる。少し東にはいり、浄妙山をみよう。『平家物語』のうち、以仁王の挙兵に伴う宇治川合戦の一場面をあらわした山である。三井寺の僧浄妙と一来法師の先陣争いの一瞬の動きを、人形組でみごとにとらえている。浄妙が着ていた黒革威肩白胴丸の鎧は重要文化財で、町会所に収蔵されている。現在の鎧はよく似ているが、新しくつくられたコピーで、胴掛が珍しくビロード製のためビロード山の異名をもつ。

　室町通をさらにくだると、鯉山にいきあたる。コイが竜門の滝をのぼって竜になるという、中国古来の「登竜門」伝説を表現した山で、木彫りの巨大なコイは左甚五郎の作という。山の全面をかざる懸装品は、16世紀フランドル地方(ベルギー)で本来は1枚の壁掛として織られた毛綴で、ホメロスの叙事詩『イリアス』の一場面、トロヤ王の勇姿を描いたものである。コイの彫刻とともに国の重要文化財に指定されている。

　橋弁慶山は蛸薬師通を少し東にはいったところにある。弁慶

と牛若丸が五条大橋のうえでたたかう姿を示したもので、人形2体には「永禄六(1563)年」の銘があり、貴重である。

　三たび室町通に戻り、山伏山をみる。ご神体が山伏の姿をしているためこの名がある。通称「八坂の塔」の法観寺が倒れかけた際に、法力でこれを修復したという浄蔵貴所が大峰入りするときの服装であるという。明治初年の神仏分離令以前の慣習が色濃く残された山である。

　さらに南へ進み、錦小路通と交差する場所にたつと、西に霰天神山が、東には占出山が見渡せる。永正年間(1504～21)、京で大火があったが、不時の霰がふり、猛火がしずまった。その折、霰とともに小さな天神像がふってきたという。その像をまつったのがこの山のおこりとされる。両側を透塀とし、若松12本を内側に並べ、社殿の屋根を大きくし、境内に榊一対と紅梅2本をたてるという一風かわった山である。占出山は神功皇后の征戦にまつわる伝承を示す。すなわち、肥前松浦の川辺で、皇后が裳の糸を釣糸としてアユを釣りあげたことをもって戦勝を予告する瑞兆とした、『日本書紀』の記事による。宵山では安産のお札を授与するが、そのお礼として女院や公家の夫人や姫君、大商人の妻君や娘たちから寄進された装束に、優美な名品が多いことで知られている。前掛および胴掛は日本三景を描いた秀品である。

　山伏山の南に接して菊水鉾がたてられている。かつて町内にあった名水「菊水井」にちなんで命名された。鉾先に金色の菊花をつけ、稚児人形は「枕慈童」の能装束である。1864(元治元)年の禁門の変で罹災し、長い間中絶していたが、1952(昭和27)年に復興された。以後、年々装飾を新調し、充実がはかられ、「昭和新鉾」の壮麗さを誇示している。

　四条通をこえ、室町通をさらに南下していくと、心なしか、人出が少なくなる。その一隅に鶏鉾以下、3基の山が並んでいる。鶏鉾は古代中国の伝説上の名君堯の逸話に基づいた鉾である。泰平の世が続き、訴訟に用いる太鼓(諫鼓)にニワトリが巣をつくったという故事にちなんでいる。水引は江戸中期を

祇園祭の基礎知識　　　　　　　　　　　コラム

　日本三大祭の1つ，祇園祭は1000年以上の歴史を有する。それをささえたのは京都の民衆であった。

○祇園祭の歴史　伝染性の病気は，この世に怨念を残して死去した人びとが，疫神となって祟るためと信じた都人は，その慰撫のため御霊会をもよおした。その最初は，863(貞観5)年に神泉苑で行われた。その際，日本六十余州を象徴する六十数本の鉾がたてられた。これが祇園会の鉾の起源という。

　以後，船岡山や羅城門など都の各所で御霊会が行われるようになった。とくに869年にはじめられた祇園感神院(現，八坂神社)のそれは，祇園御霊会または祇園会とよばれ，疫病流行時の臨時祭であったが，しだいに毎年恒例の祭となった。また朝廷主催の官祭であったが，運営は氏子圏の人びと，とりわけ後年に山鉾町とよばれる地域の人びとの手にゆだねられるようになった。中世には町衆とよばれる上層商工業者たちが，その経済力にまかせ山鉾をかざりたてて，今日のような華麗優美なものとし，その存在を誇示した。

　近代以降は祇園祭といい，毎年7月1日の吉符入からはじまり，31日の疫神社夏越祭でおわる。その間，ほぼ毎日のように行事がもたれるが，そのハイライトともいうべきなのが17日の山鉾巡行であり，美々しくよそおった32基の山鉾が都大路を練り歩く。巡行に備えて13日から16日まで各会所前には山鉾がたてられ，見物客に公開される。これを宵山という。この期間，各山鉾町では屏風祭や会所飾りがもたれる。

○会所飾り　会所とは町内の集会場であり，町内会の本部である。宵山になると，会所の前に山や鉾がたてられ，吊るされた駒形提灯がともされる。会所には山鉾のご神体や新旧の懸装品・金具類などの町共有の宝物がところせましと並べられ，町の美術館，あるいは宝物館といった趣を呈し，宵山をいちだんとはなやかに盛りあげている。これを会所飾りという。ほとんどの山や鉾の場合，拝観は無料(伯牙山は有料)。

○祇園囃子　コンコンチキチン，コンチキチンの雅やかな音色で知られる祇園囃子を奏でる楽器は，鉦と太鼓と笛だけである。鉦方は少年期から稽古をはじめ，長じて笛方や太鼓方となるのが一般的である。おおむね各山鉾の鉦方は8人，笛方が8人，太鼓方が2人というのが平均的な構成である。ただし，囃子方は鉾によって若干異なる。巡行の際は，交替要員を含めて約40人が鉾に乗る。囃子の曲想・曲趣は共通しているが，曲は7基の鉾・3基の曳山でそれぞれ微妙な違いがあり，およそ30曲ほどもあるという。例年，稽古は6月末からはじまる。

○屏風祭　宵山の期間中，各山鉾町（山や鉾をだす町）の家々では通りに面した部屋に毛氈などをしき，ときには紅殻格子をはずし，襖や障子などの間仕切りを取り払って，店の間から奥座敷までみとおせるようにする。生花や盆栽を並べ，日常は土蔵などに秘蔵されている各時代の屏風や書画・人形・陶磁器や漆器・衣装，さらに刀剣や甲冑類を室内に陳列し，宵山参観者を迎える。これを屏風祭といい，前述の会所飾りとともに江戸中期の宝暦年間には，この慣習は成立していたようである。

○鉾と山　巡行に参加するものに，台上に趣向をこらしてかつぎあげる山と，華麗壮大で車輪がついて人が曳く鉾がある。ただし，岩戸山や北観音山・南観音山は鉾とほぼ同型の「曳山」である。山および鉾の構造と各部の名称はつぎのとおり。山や鉾の前にかける装飾品を前掛，左右のそれを胴掛，後方のものを見送という。これらの織物類は遠く中国・ベルギー・イラン・インドなどから輸入。そのいくつかは重要文化財にもなっている。

○焼山　休み山ともよぶ。かつて存在し，古記録にも記載されているが，災害や町内の事情から現在は巡行に参加していない山鉾のことをいう。大船鉾・鷹山・布袋山の3基をさす。保存されているご神体や懸装品・金具類などは，宵山で展示される。

代表する画家円山応挙や松村呉春らの円山・四条派画家の下絵により，絢爛とした作風である。見送はトロヤ戦争を描いた豪華な毛綴で，16世紀のフランドル地方で製造された逸品で，国の重要文化財に指定されている。鶏鉾をすぎ，綾小路通を右にまがると，綾傘鉾がある。山鉾の古い形態を保つ傘鉾の1つである。巡行の際の大きな2つの傘と棒振り囃子に特色がある。後者は赤熊をかぶせた棒をもったものが，テンポの速い鉦や太鼓・笛にあわせて踊る。室町通のもっとも南に位置する山鉾が白楽天山である。中国唐朝の詩人白楽天と道林禅師との仏法に関する問答のありさまを表現した山で，2人が山上にたっている。前掛はトロヤ城陥落の光景を描いた，16世紀ベルギー製の綴織である。見送は18世紀フランスで織られたゴブラン織の「水辺の会話」で，1978(昭和53)年に新しく購入された。

　室町通を北へ引き返し，四条通を東に歩く。月鉾にのぼってみよう。ほかにものぼれる山や鉾は多いが，「動く美術館」とよばれるだけあって月鉾がもっとも美しい。鉾頭に18金製の新月を掲げ，天王座には月読命をまつる。屋根裏の「金地彩色草木図」は円山応挙の筆。天井周囲の「源氏五十四帖扇面散図」は，応挙と同時代の，町内に居住する富豪岩城九右衛門の作品。屋根裏全体に有職柄金箔押がほどこされ，軒下や4本の柱などの細部に至るまで精緻な装飾がなされているのをみれば，「鉾中随一」の評があることがうなずける。往時の町衆とよばれる上層町人たちがこと山鉾に関しては，おのれの財力にまかせていかに贅をこらしてきたかがよくわかる。優美な前掛は17世紀インド製のメダリオン絨毯である。月鉾の斜め向かいに函谷鉾が，そのあでやかな姿をみせている。中国・戦国時代，秦から追っ手をかけられた斉の孟嘗君が配下のものにニワトリの鳴き声をまねさせ，函谷関の門を開けさせ，脱出に成功したという，日本人にもよく知られた故事に由来する山である。インドや中国の緞通の3枚継ぎ胴掛や，近年の皆川泰蔵の見送「エジプト天空図」などすぐれた懸装品が多い。とくに『旧約聖書』創世記の一場面を描いた前掛は，16世紀ベルギーの綴織

壁掛である。

烏丸通を少し北にはいると，孟宗山がある。中国の三国時代，親孝行の息子が，母親の好物のタケノコをふり積もる雪の下から掘りあてたという逸話を表現。一名を筍山といい，ご神体は左肩に鍬をかつぎ，右手にタケノコをさげた姿をしている。見送は山鉾のうち，ただ1つ肉筆の水墨画で，作者は八坂神社の氏子でもあった竹内栖鳳である。長刀鉾は古くから「籤とらず」とよばれ，巡行の先頭を進むことが公認されている。生稚児を乗せ，稚児舞を舞うのも，今やこの鉾だけとなっている。鉾先に疫病や諸悪を払う長刀がかざられる。破風彫刻や欄縁金具および屋根裏の絵画にも精緻・華麗な装飾がほどこされている。前掛は「ペルシア華文緞通」，胴掛は中国製緞通「玉取獅子」，そして見送は明代の「雲龍文錦」の逸品揃い。

最後に長刀鉾からかなり南にある保昌山を訪ねてみよう。源頼光の四天王の1人，藤原保昌が，ひそかに想いをかける宮中の女官，のちに彼の妻となる和泉式部からたのまれ，紫宸殿の梅花をこっそりと手折ってきたという故事に由来する山である。ために一名を「花盗人山」とよばれ，多くの人びとに親しまれてきた。前掛と左右の胴掛が円山応挙の円熟期の下絵によるものとして名高い。水引とあわせて刺繍の優品である。

ここまでくれば阪急京都線烏丸駅，あるいは地下鉄烏丸線四条駅は目と鼻のさきである。

祇園祭の山鉾巡行

084

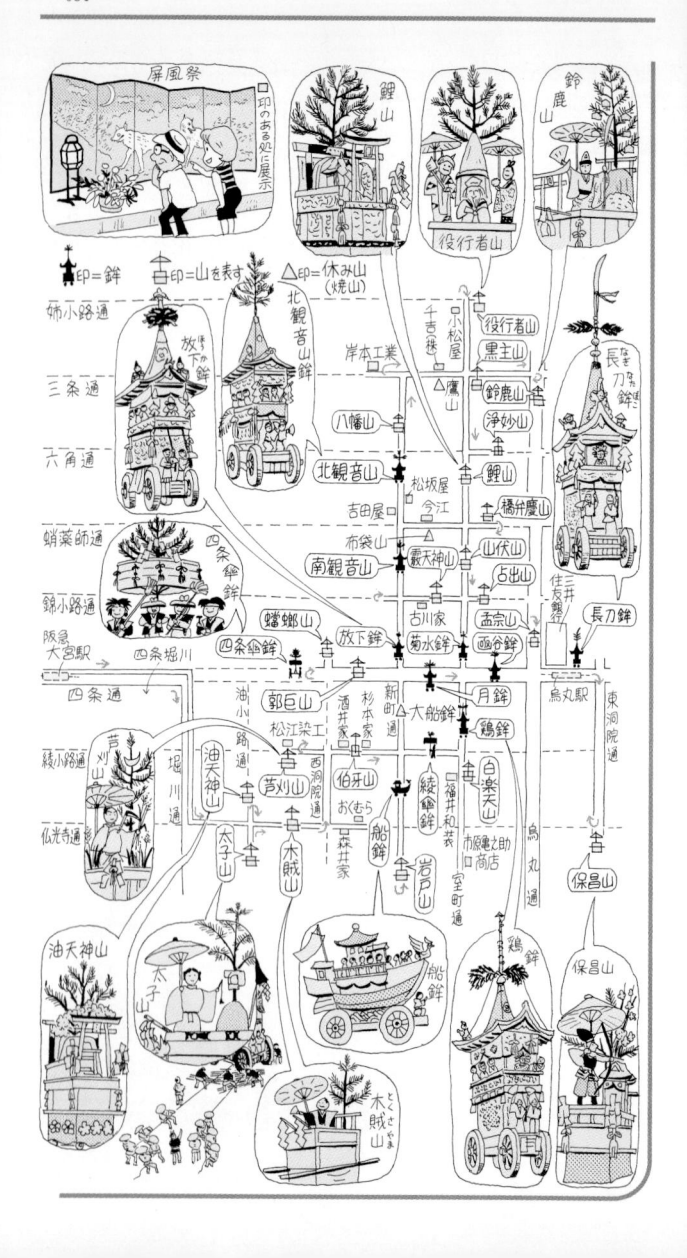

屏風祭
□印のある処に展示

鯉山
役行者山
鈴鹿山

✡印=鉾　♠印=山を表す　△印=休み山（焼山）

姉小路通
三条通
六角通
蛸薬師通
錦小路通
阪急大宮駅
四条通
綾小路通
仏光寺通

放下鉾
北観音山鉾
小松屋
千吉楼
岸本工業
鷹山
八幡山
北観音山
松坂屋
吉田家　今江
布袋山
南観音山
四条傘鉾
蟷螂山
四条堀川
四条麩屋鉾
放下鉾
油小路通
堀川通
郭巨山
松江染工
酒井家
芦刈山
西洞院通
油天神山
伯牙山
太子山
おくむら
京野菜
木賊山
船鉾
綾傘鉾
岩戸山
福井和装
市原亀之助商店
室町通
新町通
杉本家
大船鉾
月鉾
鶏鉾
白楽天山
菊水鉾
函谷鉾
孟宗山
長刀鉾
烏丸駅
東洞院通
保昌山

役行者山
黒主山
鈴鹿山
浄妙山
鯉山
橋弁慶山
山伏山
占出山
孟宗山
長刀鉾
三井越後屋

油天神山
太子
木賊山
とくさやま
船鉾
鶏鉾
保昌山

17 洛中のミステリー・ワールドを探る

松原通は京都市の中央部を東西につらぬき，平安京の五条大路にあたる。豊臣秀吉の京都改造により，その名を奪われ，現在名となった。だが，1000余年の都城の幹線らしく歴史の舞台としてしばしば登場し，また伝承の類にも富んでいる。

♀四条堀川
↓1
醒ケ井
↓3
観音寺
↓2
住吉神社
↓2
三善清行邸跡
↓5
山本亡羊読書室旧跡
↓3
五条天神宮
↓2
「親鸞聖人御入寂之地」碑
↓2
松原道祖神社
↓3
繁昌神社
↓4
新玉津島神社
↓2
俊成社
↓2
平等寺(因幡薬師)
↓3
花咲稲荷社
↓3

市バスを四条堀川で下車すると，すぐかたわらの和菓子屋の西側には往時の名水「醒ケ井」が復活され，清冽な水がわきている。四条通をこえて，堀川通の1筋東の醒ケ井通を南へくだる。せまい道路を歩き，仏光寺通を渡ると左に西面して観音寺がたっている。今は小さな堂だけだが，由緒のある寺院である。その南に同じく西面する住吉神社は，藤原俊成が勧請した社で，歌道の守護神として尊崇されている。松原通をくだり，醒泉小学校の敷地を囲む柵内に「三善清行邸跡」の石標がある。つぎの万寿寺通を左におれ，1筋目を右へまがり少し歩くと，右手に「贈正五位山本亡羊讀書室舊跡」の石標が土塀を背にたっている。亡羊の屋敷は幕末の禁門の変で類焼し，その後に再建された家屋には亡羊の子孫が現在も居住しており，亡羊の遺品や蔵書も散逸せずに保存されている。

松原通に引き返し，東に向かうと，右側に五条天神宮がある。平安建都以来，朝野の信仰を集め，当社を舞台とする伝承や説話・物語には枚挙にいとまがない。『義経記』では牛若丸が弁慶と争ったのは，五条大橋ではなくここであった

鉄輪井
↓ 2
夕顔塚
↓ 3
仏光寺
↓ 7
♀四条高倉
●約2時間半●

とする。西洞院通をこえていくと、商店街の一画に「親鸞聖人御入寂之地」ときざまれた自然石がおかれている。その東に民家の間にひっそりと鎮座する松原道祖神社は、小社ながら『宇治拾遺物語』巻1にも登場する古い歴史をもつ。そこからやや北の新町通松原の付近は十念ケ辻とよばれ、江戸時代、市中引回しの死刑囚がここに至ると、近くの浄国寺の僧から十念をさずけられた（南無阿弥陀仏の名号をとなえて仏縁を得させる）という。

道祖神社の前を走る新町通を北に進み、2辻目の仏光寺通を右にいくと、繁昌神社がある。この神社には『宇治拾遺物語』巻3に奇怪な物語が伝えられている。神社の東横をとおる室町通から再び南下し、松原通に戻り、左折して東へ足を運ぶ。すぐ右側に新玉津島神社に続く参道がある。天和(1681～84)のころに北村季吟が祠官をつとめたことで知られる社である。忙しく人や車が行き交う烏丸通を渡ると、歩道の片すみに押しつけられたかのように俊成社がある。よほど注意しないとみすごしてしまう。

さらに松原通を東に歩みを進めると、平等寺の門前にでる。北に少し引っこんだ格好のこの寺は、由緒が古く天皇の厄年には勅使の参拝があった。本尊薬師如来は嵯峨清涼寺の釈迦如来・信州善光寺の阿弥陀如来とともに日本三如来の1つ。「因幡薬師」の通称をもち、霊験譚で親しまれてきた。因幡薬師の東、T字形に交差する道を北にはいると、小さな社がある。江戸初期の俳諧師松永貞徳が自宅にまつった花咲稲荷社である。

松原通をさらに東へ、2筋目を右折すると、「謡曲伝示鉄輪跡」の石標がたち、西側のせまい路地奥に鉄輪井がある。夫にすてられた女が鉄輪を頭に生霊となって祟りをしたという謡曲「鉄輪」の主人公が使った名水で、江戸期まで井戸のかたわらには鉄輪があったという。鉄輪井の北に「源氏物語伝説五

条辺夕顔之墳」の石標がある。五輪塔がおかれ，夕顔塚とされている。江戸時代の好事家がたてた文学遺跡で，『都名所図会』巻2に挿画で紹介されている。現在は民家の敷地内にあって拝観できない。

夕顔塚の前の細い通りを北にぬけると，左手に巨刹が目にはいる。仏光寺である。道を少し戻って高倉通に東面する楼門から境内に進む。正面に2棟の広壮な伽藍が並ぶ。向かって左が阿弥陀堂(本堂)，右が大師堂(御影堂)である。どちらも出入り自由である。周辺に軒を連ねる塔頭子院のうち，光薗院の本尊阿弥陀如来立像(鎌倉期・国重文)の胎内から「建保七(1219)年」銘の造立結縁交名記が発見された。また大行院の阿弥陀如来立像(鎌倉期・国重文)巧匠法眼快慶の墨書銘が足柄にある。高倉通を北に進むと四条高倉のバス停留所の前にでる。

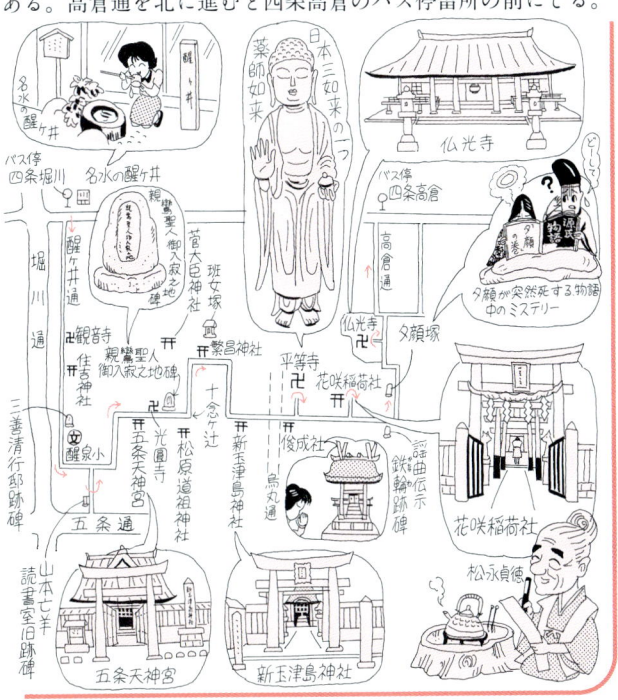

18 古くて新しい伝統建造物，京町家

紅殻格子に虫籠窓・駒寄せ柵・犬矢来……。京町家独特の景観。屋内外ともに歴史と風土に根ざした先人の知恵と工夫が随所にみられて楽しい。京町家を訪ねてみよう。

阪急大宮駅
　↓3
フランシスコの家
　↓12
空也堂
本能寺跡（旧本能寺小学校）
　↓5
野口家住宅
　↓7
秦家住宅
　↓10
菅大臣神社
　↓4
長江家住宅
　↓5
杉本家住宅
　↓8
四条京町家
くろちく百千足館
百足屋
　↓5
南蛮寺跡石標
　↓7
無名舎(旧吉田家住宅)
　↓3
六角館
　↓3
紫織庵

　外観がまったく同じ町家は，京都ではまずみられない。細部に工夫をこらし，それぞれに個性をきそっている。京町家には大別して通り庭と表屋造り，そして大塀造りの3つの基本的な形式がある。

　阪急京都線大宮駅から四条通を東に向かう。一帯は京町家ばかりでなく，史跡の宝庫といっていい。堀川通の1筋手前の岩上通を右におれると，すぐ右手に「フランシスコの家」の看板が掲げられ，軒先にキリシタン灯籠がおかれた建物の前にでる。1597(慶長2)年2月，長崎で処刑された26聖人のうちの24人が，前年7月にここで捕縛された。当時，ここにフランシスコ会が運営する教会や病院があった。通りをはさんで向かい側に「妙満寺址」の石標がたつ。現在，京都市北郊岩倉にある妙満寺の旧跡で，現町名も妙満寺町である。

　四条堀川の交差点を東北に渡り，堀川通を北に進む。2筋目の蛸薬師通を右へ。空也堂を右手に拝してつぎの油小路を右にまがると，旧本能小学校がある。有名な本能寺の旧地である。1582(天正10)年，織田信長が天下布武を目前にして家臣明智光秀の謀反にあい，49歳を一期に自刃した，あの本能寺の変の舞台で

> ↓ 5
> 大西清右衛門美術館
> ↓ 3
> 高松神明社
> ↓ 8
> 地下鉄烏丸線御池駅
>
> ●約6時間半●

ある。一帯には元本能寺町などゆかりある町名が多い。油小路通をさらに南下すると，通りの右側に京を代表する町家の1つ，**野口家住宅**がみえてくる。

四条通にでると，南側の商店街の一画にブリキのおもちゃ館がある。仏光寺通との交差点をややさがると，太子山町の**秦家住宅**の前にでる。近年まで漢方薬の卸・販売業を営んでいた。その名残りの屋根の大看板とガス灯が異彩を放っている。同家はまた，祇園祭の太子山の保管責任者である。さらに南へ向かい，高辻通にでる。左折し，日本の曹洞宗開祖道元示寂地の碑を左に拝しつつ**菅大臣神社**へ。境内北の紅梅殿神社は菅原道真の邸跡である。

新町通を北へたどると，1822(文政5)年以来，船鉾で有名な当地で呉服商を営む**長江家(袋屋)住宅**がある。さらに北へ進んでいき，綾小路通を左折する。お目当ては現存する京町家のうち，最大規模を誇る**杉本家住宅**である。祇園祭では伯牙山のお飾り所となる。四条通にでて西へ歩くと，四条京町家がある。京都市が取り組んでいる，京町家のいわばモデルハウスといった趣旨の建物である。軽食がとれ，みやげ物も売っている。

新町通を北に進む。数分でくろちく百千足館と百足屋が道をはさみ，東西に相対してたつ場所にでる。1993(平成5)年に京町家の本来の姿を細部にまでわたって復元，ちりめん細工を商うのがくろちく百千足館で，もとは呉服屋の町家を改装し，おばんざい専門の料理店となったのが百足屋である。格子戸をあけると，お竈さんのある台所まで一目でみとおせる。随所に古材を用いた風格ある店舗である。店名は所在する百足屋町からとっている。百足屋町には近世の豪商茶屋四郎次郎の邸宅があり，また林羅山の生家があった土地である。茶屋家は京都三長者の1人。徳川家康につかえ，朱印船貿易にも参画し，巨富を積んだ。なお，百足屋町は南観音山をだす鉾町であり，「山鉾町を守る百足屋町のまちづくり宣言」を発表し，景観の保全に

もつとめている。

　さらに北へ。つぎの筋を右にまがると，すぐそこに南蛮寺の跡を示す石標がある。なおも新町通を北に向かうと，左手に美しい紅殻格子の**無名舎**(旧吉田家住宅)の建物がみえてくる。屏風そのほかの展示品の質も高い。六角町のこの辺りは，越後屋三井家本家三井八郎兵衛(高利)が，1686(貞享3)年に伊勢松坂から上洛。この地に邸を構え，両替店を開いて三井家の本拠とした。また，同町は松坂屋発祥の地でもある。祇園祭では北観音山をだし，宵山にあたっては百足屋町と並んで屏風祭に

京町家ミニ辞典　　　　　　　　　　　　　　コラム

　京町家を理解するために，独特の用語を理解できるようにしておこう。以下は基本中の基本だ。
○犬矢来・駒寄せ　外部に設けられた竹製の柵を犬矢来という。建物の美観を保つための装置。駒寄せは，馬をつなぐためのものといい，正しくは馬塞ぎというが，実際は犬矢来と同じ目的をもつ。
○玄関の間　玄関をはいって，屋内の部屋にあがるための部屋。
○座敷　正式の接客の間。床や棚・書院が備えられ，仏壇がおかれる。瀟洒な数寄屋造の部屋が多い。座敷に面して小規模な庭が設けられる。便所や風呂場が配置され，その奥に土蔵や離れをたてる場合もある。
○式台　玄関のあがり口に設けられた施設。客を出迎えたり，見送る，座敷よりいちだんと低い板張りの部分。
○台所　居間と食事の間をかねる部屋。親しい客を奥にとおすあがり口でもあり，簡単な用事はここですますこともある。
○坪庭　四方を部屋や廊下に囲まれた小さな庭。坪庭は通風や採光に不可欠。京町家で暮らす人たちにとって，四季の変化を知る場ともなっている。
○通り庭　表から奥まで部屋と平行して続く土間。台所を「走り」といい，台所庭を「走り庭」，あるいは「台所土間」とよ

ぶ。「店庭」(店土間)とはくぐり戸や暖簾などで仕切られていて，そこから奥は家人以外はめったにはいることができない空間である。台所庭には竈や流し・井戸が1列に配され，炊事の空間となっている。ここから奥を「裏」ということもある。

○ばったり床几　店の正面に設けられた縁台で，上げ下げ自在のもの。昼はここに商品を並べて取引するが，閉店後は台をあげて脚部をたたみこんで，吊りあげておく。

○紅殻格子　インドのベンガル(現，バングラディシュ)特産の紅殻を防腐剤として塗った格子。紅殻は赤色をおび，酸化第二鉄を主成分とする。

○店　京町家の表に位置する，商取引の場。

○虫籠窓　大屋根と小屋根(庇屋根)の間にはさまれた壁の部分の漆喰の塗り込め連子格子の細長い窓。物置の空気抜きの窓として使用されたが，現在は単なる窓として利用されることが多い。

◎京町家の3基本形

○通り庭形式　京町家の基本形。通り庭に沿って表から店・台所・座敷の3室を1列に配置。土間および居室を1つの屋根(大棟)でおおう。

○表屋造り形式　通り庭形式の規模が拡大された形式。間口が2列に広がり，奥行が拡大して4室が並ぶ。店と奥の座敷や台所が分離したため，間に玄関を設けて両者を連絡する玄関棟が発生し，玄関庭を配する。規模拡大のため家屋の中央部の採光や通気などの環境条件が悪化し，その防止のため途中に小さな庭(坪庭)を築くことが多い。

○大塀造り形式　前記の2形式が，主屋が表通りに直接面しているのに対し，建物の周囲に高い塀を巡らしているのが特徴である。店が消えて表座敷となり，その奥または側面に玄関を設け，後方に居住棟をたてる。門からの路と前栽を備える。本来の京町家は職住併用建築であるが，居住専用の建物としてたてられたためこのような形式となった。ただし，玄関より奥は伝統的な京町家となんらかわらない。

参加する家が，無名舎など多くあることで知られる。

新町通が六角通とまじわる，その西南角にある六角館は，最近になって店舗の部分に手を加え，丹後縮緬を素材とした洋服の展示・販売がなされている。奥の住居部分は，吉田家の隠居所であった大正末年のままである。坪庭に池が設けられているのが珍しい。

六角通を北にこえると，左側に紫織庵がその姿をあらわす。ここは江戸後期に加賀・彦根両藩の典医となった荻野元凱が居を構えたところで，門前に彼の事績を記した駒札がたっている。明治初年まで，子孫が医業をついで門弟の教育につとめた。1926(大正15)年，井上家が購入し，改装して今日の姿となった。その後，川崎家の所有となり，同家の本宅兼迎賓館として使用されてきた。現在，「京のじゅばん＆町家の美術館」となって一般に公開されている。一帯の三条町は屛風祭でも評判が高く，また祇園祭では八幡山をだす。

新町通から左に道をとり三条通にはいる。釜座通との三叉路南側に，外観を犬矢来で装飾した大西清右衛門美術館がある。江戸初期からの400年間，大西家はこの地に住み，歴代当主は清右衛門を名乗り，千家十職の1つとして茶の湯の釜づくりに専念してきた。当館には初代から現在の16代目まで歴代の銘品を所蔵。企画にそって展示されている。

釜座通を北に向かい，1筋目の姉小路通を右折すると，民家にはさまれて小さな社が窮屈そうにしずまっている。高松神明社である。ここには醍醐天皇皇子 源高明の邸宅があった。源氏を賜姓され，正二位・左大臣に昇進した高明は，969(安和2)年，藤原氏の讒言にあい，大宰府に左遷された。その後，彼の女明子が住み，高松殿とよばれた。彼女は藤原道長の2人目の正室となり，当時の慣習にしたがって道長はこの邸にかよったのである。その後，焼失したが，鳥羽上皇が再建。1155(久寿2)年7月，後白河天皇がこの邸で践祚し，1157(保元2)年まで内裏であった(高松内裏)。保元の乱(1156年)では後白河方の拠点となった。平治の乱(1159年)で，源義朝軍に焼き

払われたが，鎮守社の当社だけが残った。北へ少し歩くと御池通にでる。東へ徒歩数分で地下鉄烏丸御池駅に着く。

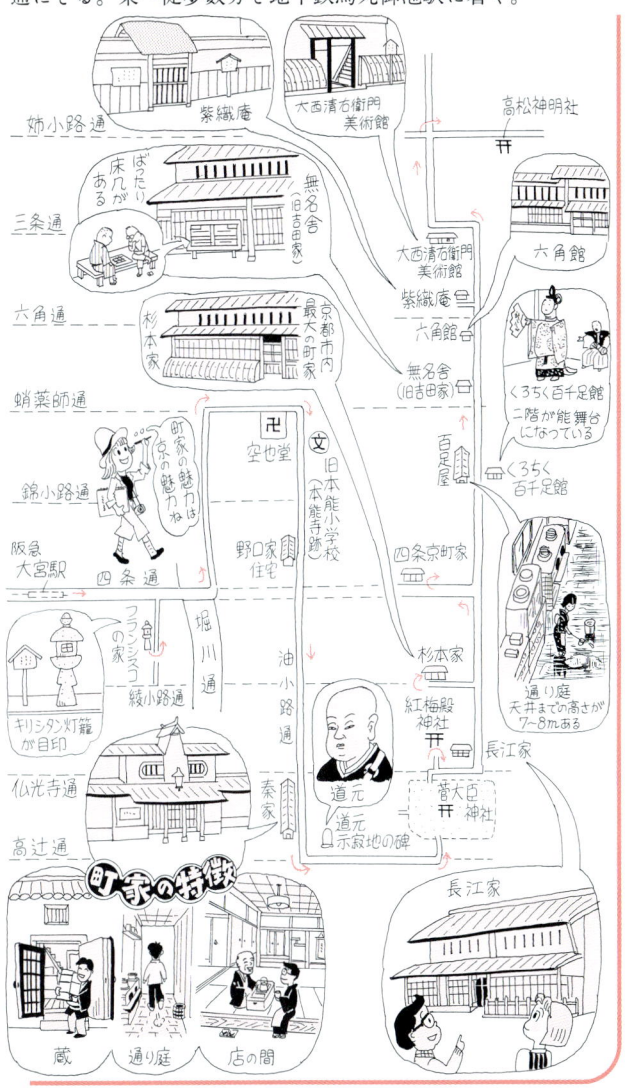

19 維新の鼓動が聞こえる三本木・高瀬川界隈

京都も歴史的な町並みや建物がしだいに姿を消し，石碑としてだけ街角に残る。それでも山紫水明処をはじめ，このコースには当時をしのぶ史跡が残り，ここを訪れると，路地の奥からひょっこり竜馬があらわれたり，新撰組に追われる志士たちの足音が聞こえてくるような，想像力をかきたてられる。

京阪丸太町駅
　↓5
頼山陽邸宅跡
　↓1
吉田屋跡（立命館草創之地）
　↓1
山紫水明処
　↓2
女紅場跡（旧電通会館）
　↓5
松菊園（木戸孝允邸跡）
　↓2
舎密局跡
　↓2
善導寺
　↓1
島津創業記念館
一之船入（角倉了以邸跡）
　↓2
大村益次郎寓居跡
桂小五郎・幾松寓居跡
　↓3
佐久間象山寓居跡
武市瑞山寓居跡
吉村寅太郎寓居跡
　↓3
池田屋騒動之址
　↓5

京阪鴨東線丸太町駅から，丸太町橋を渡り1筋目の路地の入口に頼山陽邸宅跡の石碑があり，ここを北にはいると三本木の閑静な住宅街がある。昔ながらの町家も残っており，しっとりとしたたたずまいである。三本木はもともと現在の御所の西南にあったが，江戸時代中頃の大火をきっかけに，防災の必要性から御苑の拡張が行われ，それに伴い現在地に移転させられた。ここは鴨川河畔に面し景観にすぐれていたため，旅館や料亭・お茶屋・芸者置屋が軒を並べ，遊里として賑わいをみせるようになる。料亭吉田屋は，幕末には勤王の志士の密会場所となった。桂小五郎（のちの木戸孝允）の愛人幾松も，ここの町芸者のひとりだったとか。吉田屋には地下にぬけ道が掘られ，幕吏に追われた桂小五郎は幾松の機転で，このぬけ道を伝って鴨川の河原にのがれた。吉田屋は旅館大和屋として，最近まで営業していたが，1997（平成9）

酢屋(坂本竜馬寓居跡)
↓ 2
瑞泉寺(豊臣秀次菩提寺)
↓ 5
土佐藩邸跡
↓ 5
坂本竜馬・中岡慎太郎遭難之地
↓ 5
阪急河原町駅

○約3時間○

年に取りこわされた。跡地の北のすみに、**立命館草創之地**の碑がある。中川小十郎が、吉田屋の後身である清輝楼の一室を借りて夜学の京都法政学校を開いたのが、立命館大学のはじまりである。

吉田屋の跡地を少し南にくだれば、朱子学者で史論家、文人の頼山陽が晩年をすごした**山紫水明処**が路地奥にひっそりとたっている。三本木から丸太町通にでると、しゃれた洋館の旧電通会館がある。この辺りはもともと九条家の別邸で、1872(明治5)年日本最初の女学校である**新英学校女紅場**の校舎がたてられ、華族や士族の女子に裁縫・手芸・英語の教育を行った。

ここより土手町通を南にくだれば、旅館**松菊園**がみえてくる。ここは**木戸孝允**の邸宅跡で、木戸が近衛家からその別邸をゆずりうけたもの。西南戦争に対処するために、京都に行在所をおいた**明治天皇**にしたがって、木戸も京都で天皇の補佐にあたったが、病に倒れてこの屋敷で療養した。明治天皇もここを訪れ、木戸を見舞っている。松菊園の裏手には木戸が病没した母屋が現在も残っており、明治天皇行幸の石碑がたっている。北側には、木戸の養子忠太郎が収集した達磨をおさめた達磨堂がある。松菊園は木戸の雅号「松菊」に由来する。

松菊園を南に歩けば、京都市立銅駝美術工芸高校がある。その前に「舎密局跡」の駒札がたつ。舎密局は東京遷都で打撃をうけた京都の再生をはかるため、京都府が殖産興業の手はじめとして設立したものである。舎密はオランダ語の「シェミストリ」(化学)に舎密の漢字をあてたもの。現在、ホテルフジタがたっている辺りは舎密局の製造所と石鹸場、氷糖場であった。ホテルフジタを左にみて南にいくと二条通にでる。この右手が幕末に**島田左近**が暗殺された場所である。その西隣が**善導寺**で

唐風の楼門がユニークである。境内には釈迦三尊石仏と，茶道具が彫られた善導寺型灯籠がある。

善導寺の南側に**島津創業記念館**がある。ここは仏具鋳造職人であった**島津源蔵**の自宅兼工房であった。彼は，2代目京都府知事槙村正直の知遇を得て舎密局にかようようになり，ドイツ人科学者ワグネルの薫陶をうけて理化学機器や精密機械の発明と製造にあたった。これが島津製作所のはじまりである。

この南から高瀬川が流れている。現在，高瀬舟が復元され係留されている。これを開削したのは嵯峨の豪商角倉了以である。高瀬川が流れだしている西側が了以の屋敷跡で，その石碑が橋のたもとに一之船入の石碑とともにたっている。

高瀬川の東側の通りが木屋町通である。高瀬舟で運ばれたのは材木などの生活物資であり，高瀬川沿いに多くの材木問屋や薪炭をあつかう店が軒を並べたので，この通りを木屋町とよぶようになった。木屋町通をゆっくりと南に歩くと，幕末に活躍した志士たちの寓居跡が目につく。木屋町通は，江戸時代中頃より，高瀬舟が運んできた物資をあつかう商人や船頭たちを相手にした飲食店や料亭・旅館が軒を並べるようになり，歓楽街に発展する。志士たちにとって「木を隠すには森に，人を隠すには町に」のたとえどおり，幕吏や新撰組の追及から身を隠すのに歓楽街は格好の場所であった。長州藩邸や土佐藩邸に隣接していたのも隠れ家をおく条件としてすぐれていた。また木屋町には，諸藩邸に出入りを許された御用商人が多く住み，志士たちは彼らの庇護をうけることも多かった。

一之船入から少し南に向かうと，料亭「さつき」がある。この辺りは，古い格式ある料亭やお座敷にまじって，アンティークな喫茶店や古美術店もめだつようになってきた。「さつき」は，官軍の参謀長として倒幕に活躍し，明治政府のもとで陸軍を創設した**大村益次郎**の寓居跡である。大村は兵庫・大坂を視察したあと，ここで狂信的攘夷論者の長州藩士に襲撃され，その傷がもとで敗血症をおこし2カ月後に死亡した。さらに古美術店をはさんで桂小五郎と幾松の寓居跡がある。現在は料亭

「幾松」とレストラン「維新館」になっている。桂小五郎と幾松が新婚生活を送ったところである。ここは長州藩邸の裏手になり，長州藩の控屋敷であった。玄関は当時のままである。2人の新婚の部屋であった「幾松の間」には，吊り天井やぬけ穴・とび穴・覗き穴などの仕掛けが保存されている。食事を希望すれば，この部屋を案内してもらえる。

御池通を渡って南に1分ほど歩くと，「**佐久間象山先生寓居跡**」の石碑がある。佐久間象山は，勝海舟や吉田松陰・橋本左内・**坂本竜馬**らを門下にもつなど，当代きっての蘭学者であった。14代将軍家茂の求めで入洛し，ここに居を定めた。開国と幕府寄りの立場をとり公武合体に奔走したので，攘夷派に憎まれ，この近くで乗馬のまま暗殺されている。三条小橋の「佐久間象山先生・大村益次郎先生遭難之碑」が人目をひく。

このすぐ南に金茶寮という料理旅館があり，入口に「**武市瑞山寓居跡**」の碑がたっている。土佐勤王党の頭目武市瑞山（半平太）が，他藩の志士たちや公家と倒幕運動のために入洛し，山内容堂に帰藩を命ぜられるまで，京都での活動の拠点にしている。さらにその南側は，天誅組の変で吉野に敗死した土佐藩士**吉村寅太郎**の寓居跡である。その石碑がすみにたっている。ここから三条小橋を渡り西に少し三条通を歩くと，明治屋の前に池田屋騒動之址の石碑がある。京都での蜂起の密議のために，池田屋に集まった尊攘派の志士たちを新撰組隊長**近藤勇**以下4人が襲撃し，20数人を殺傷し捕縛している。

池田屋跡から1筋南側にでると，古い商家がある。木工品をあきなう酢屋である。屋号は「酢屋」でも木屋町通に多い材木商で，酢屋の前は五之船入であった。ここは，坂本竜馬が近江屋で暗殺される直前まで，酢屋主人6代目中川嘉兵衛によって幕吏の追捕からかくまわれていたところで，建物は当時のものを復元している。海援隊京都本部がここにおかれた。海援隊員であった陸奥宗光もここに出入りし，のちに外務大臣となった陸奥はここを訪れ懐かしんだ。2階は竜馬が投宿していたところで，竜馬はこの2階から船入に向けてピストルの発射練習を

池田屋事件　　　　　　　　　　　　　　　　コラム

　1863(文久3)年8月18日の政変で,宮中から尊攘派の7公卿が追放され倒幕勢力が後退した。倒幕勢力は巻き返しをねらい,ひそかに武器をたくわえ京都守護松平容保襲撃と御所放火を計画していた。しかし,1864(元治元)年6月古高俊太郎の逮捕によって計画が露見した。尊攘派の志士たちは,所期のとおり実行か否かの打ち合わせのために池田屋に集合していた。この情報をつかんだ新撰組の近藤勇は,会津藩や所司代に連絡,ともに浪士狩りを行う手はずであった。土方ら隊員の大半を木屋町筋の探索に向かわせ,みずからは数名の隊員と河原町筋の旅館の探索に向かった。ついに近藤は池田屋の志士たちの密会をかぎつけ,沖田・藤堂ら4人で斬りこんだ。志士たちのすきをついたが,少人数のため激闘となり藤堂は重傷をおい沖田は喀血してしまった。木屋町筋から土方隊が池田屋にかけつけ,形勢は新撰組に有利になった。この戦闘で肥後浪士宮部鼎蔵,長州藩士吉田稔麿ら7人が斬殺され,それ以外の志士たちは捕縛されている。会津藩兵や所司代の兵が池田屋を包囲したのは,戦闘がおわってからである。この事件を知った長州藩は憤激し京都に攻めのぼる。これが禁門の変である。池田屋事件による倒幕派の痛手は大きく,これによって明治維新は少なくとも1年は遅れたといわれる。

したという。現在,2階はギャラリー「竜馬」になっている。
　再び木屋町通に戻り,ちょうど酢屋と高瀬川をはさんで反対の東側に瑞泉寺がある。ここは,豊臣秀吉の甥で,今から約400年前の1595(文禄4)年,三条河原で処刑された豊臣秀次の一族39人,および高野山で自刃させられた秀次の菩提寺である。高瀬川を開削した角倉了以がその菩提をともらって建立した。瑞泉寺を南に少し歩くと高瀬川の西側に旧立誠小学校がある。ここは土佐藩邸があったところで,玄関の両側には角倉了以翁顕彰碑と高瀬川の沿革解説板がある。土佐藩邸跡の石標がた

っている小道を河原町通に向かって西に歩けば、土佐稲荷がある。正式には岬神社といい、鴨川中州にあったものが江戸初期に備前島町の土佐藩邸内にうつされ、その片すみにたてまつられた。古くから京の町衆の信仰を集めていたので、遷座後も、土佐藩は参拝の町衆に藩邸内の通行を開放したという。坂本竜馬も信仰したと伝え、せまい境内には竜馬の銅像がある。

　河原町通にでて西側に渡ると、竜馬最期の地近江屋跡がある。京阪交通社の前に「坂本竜馬・中岡慎太郎遭難之地石碑」がたっている。近江屋は土佐藩京都屋敷御用達の醬油屋であった。竜馬が酢屋から近江屋に隠れ家をうつしたのも、土佐藩邸に隣接し土佐藩と縁が深かったからである。ここの2階で陸援隊の中岡慎太郎とともに刺客に襲われ落命している。近江屋は石碑より南側に位置し、京阪交通社の地は井筒屋跡で、重傷をおった中岡慎太郎はここにのがれている。ここから、河原町通を南にさがって阪急京都線河原町駅まで2～3分である。

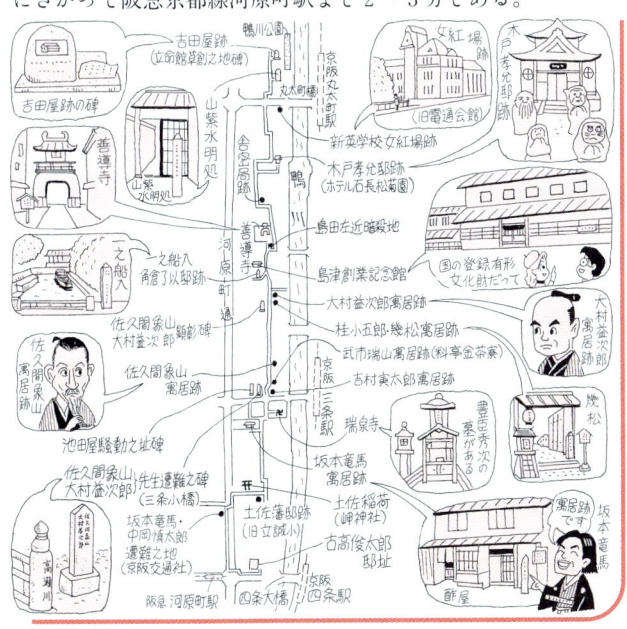

20 京都駅から四条まで下京の古社・古刹を歩く

東本願寺がある七条から四条寺町通にかけて,あまり知られていないが,由緒深い魅力ある古社・古刹が密集している。その一帯を歩いてみよう。

JR 京都駅
↓1
京都タワー
↓5
東本願寺
↓5
渉成園
↓2
文子天満宮
↓3
長講堂
↓1
蓮光寺
↓2
金光寺
↓1
市比売神社
↓3
白毫寺
↓1
新善光寺
↓1
上徳寺
↓1
本覚寺
↓5
朝日神明宮
石門心学修正舎跡
↓3
不動寺

　JR 京都駅におり,烏丸口をでると正面にたつ白い円筒形の塔が目にとびこんでくる。京都タワーである。地上100mに設けられた展望台にのぼって洛中を一望してみたい。北の東本願寺に向かう。日本最大の門徒を西本願寺と二分する巨刹にふさわしく豪壮な伽藍が軒を並べ,訪れるものを圧倒する。参拝ののち,京都三大門の1つ,御影堂門をでて,烏丸通を東に渡り,さらに東に歩くと,黒く塗られた渉成園の西門に到着する。ここから鴨川にかけての一帯は,源融の河原院の旧跡とされる。渉成園は東本願寺の別邸で,同寺の東方にあたるため東殿あるいは東園ともいう。門をはいってすぐに東本願寺門首一族の邸宅がある。園は池泉回遊式庭園で,石と建物が巧みに配置されて「十三景」を構成し,風雅なたたずまいをみせる。

　渉成園から再び外へでて道を北に進むと,文子天満宮の鳥居が左手にみえてくる。境内は本殿・社務所・末社が並び,こぢんまりとまとまっている。社前の道をさらに北へ向かい,やや広い道を横切り右へ進む。最初の辻を左折すると,山門右脇に「元六條御所長講堂」と彫られた大きな石標がたつ長講堂がある。後

> ↓ 3
> 京都市学校歴史博物館
> ↓ 3
> 空也寺
> ↓ 1
> 聖光寺
> ↓ 3
> 浄教寺
> ↓ 2
> 春長寺
> ↓ 2
> 八坂神社御旅所
> ↓ 3
> **阪急河原町駅**
> ●約4時間半●

白河法皇ゆかりの寺で、境内には法皇の御影堂がある。長講堂の北隣にある蓮光寺の小堂にまつられる地蔵尊像は空海作ともいい、六条河原の刑場におかれていたが、いつしか洪水で埋もれて忘れ去られてしまった。平清盛が馬でとおりかかると、急に馬が動かなくなった。付近を掘り返させると、この地蔵尊がでてきたという。そのため駒留地蔵、あるいは首斬地蔵という。墓地の奥中央には桃山期の武将**長曾我部盛親**の墓がある。

　蓮光寺の北をとおる細道を右にまがってすぐにある市中山と号する時宗寺院金光寺は、その東隣の**市比売神社**を鎮守社とし、堀川七条にあった東市に、承平年間(931〜938)、空也上人が建立した市堂がおこりと伝える。後年、空也の事績を慕って来訪した一遍上人に入門したのが、当時の住持者阿上人であり、このときに天台宗から時宗に転じて市屋道場と称された。本尊の阿弥陀如来立像(鎌倉期)のほか、一遍・作阿両上人像をまつり、寺宝に『遊行上人絵巻』(鎌倉期・国重文)を所蔵する。1591(天正19)年、豊臣秀吉の命による本願寺(現、西本願寺)造営の際、市比売神社とともにこの地にうつされたものである。市比売神社の本殿東側にある天之真名井は、旧地にあった名水を復活したものである。

　社前の道を引き返し、速成就院と号する白毫寺を訪ねる。真言律宗の単立寺院で、開基は奈良西大寺の忍性上人という名刹である。境内には聖徳太子像を奉安する太子堂がある。河原院の旧跡にちなみ、塩竈太子堂という。道をはさんで、信濃国善光寺の本尊阿弥陀如来の分身像をまつる新善光寺がたっている。せまい境内には来迎堂の額が掲げられた本堂と、その右手前に地蔵尊を奉安する小祠があるのみである。その斜め前、白毫寺の北に隣接する上徳寺の境内にまつられる地蔵尊は、

嗣子がいない夫婦に子宝をさずけるといわれ,世継地蔵の名でよばれて参拝者がたえない。墓地には,入口付近に徳川家康の側室で,家康没後に朝幕間の調停に手腕を発揮した阿茶局(上徳院)の墓がある。また中央に南面して,冠句の提唱者堀内雲鼓の墓碑がある。上徳寺の向かい側にある**本覚寺**は,源実朝夫人の本覚尼ゆかりの寺で,境内には江戸中期,「八文字屋本」で知られる浮世草子の出版で一世を風靡した八文字屋自笑の墓碑がある。

本覚寺をでて,広い五条通の横断歩道を北へ渡り右にいく。最初の辻を左折すると,すぐ右側に朝日神明宮が鎮座している。その北隣に石門心学講舎の1つ修正舎の跡地であることを示す石標がある。修正舎は下京の万寿寺からこの地に移転し,江戸後期には庶民の教育機関および貧民救済機関として活動。1965(昭和40)年ごろまで月1回の心学講話がもよおされていた。無住ながら学舎は残り町内会に使用されていたが,その後惜しくも撤去されて,現在は駐車場となっている。さらに北に進んでいくと右手に不動寺の小堂がある。青蓮山と号する真言宗東寺派の寺院。もと明王院といい,「松原不動」ともいう。持統天皇の代に建立された法相宗寺院と伝えられ,平安建都のとき,王城鎮護の目的で都の四方に経巻をおさめ,岩倉に埋めた,その1つという。そのため南岩倉山と号した。

不動寺前の四辻を右折し,さらにつぎの辻を左折すると**京都市学校歴史博物館**の前にでる。同博物館の前をとおる御幸町通を北に向かい,つぎの辻を右にまがると,人や車の雑踏で活気に満ちた寺町通にでる。この通りの高辻通から北の四条通までわずか数百mの間に,7つの寺院と2つの神社が存在している。近年,電化製品をあつかう大型店が進出し,東京の秋葉原や大阪の日本橋にも対抗する情報機器の一大商店街となっているが,それらの先端産業の店にはさまれて数珠や法衣・茶道具・表装具などをあきなう,門前町だった往時そのままの店も多い。まさに「伝統と先端が同居する街」なのである。

1590(天正18)年ごろから本格化した豊臣秀吉の洛中の再整備

にあたって，多くの寺院が集められ，この地域はいわゆる寺町の一画をになった。**空也寺**（くうやじ）は，972（天禄 3）年空也上人の開基と伝える浄土宗寺院。**聖光寺**（しょうこうじ）は天野屋利兵衛のモデル安田善右衛門好ящや大石良雄の母くま女の墓所でもある。なお同じ浄土宗寺院の法然寺が隣接してあったが，1964（昭和39）年，嵯峨に移転した。

聖光寺の北側一帯は円山公園にうつった大雲院の跡地である。**火除天満宮**（ひよけてんまんぐう）は，1597（慶長 2）年に大雲院の鎮守として，同院の開基貞安が建立。洛陽二十五天満宮の 1 つ。**浄教寺**（じょうきょうじ）は平重盛ゆかりの寺である。北隣の**春長寺**（しゅんちょうじ）は，織田信長の重臣で，本能寺の変で信長の嫡子信忠とともに戦死した村井貞勝が建立した寺で，墓地に彼の墓がある。喧騒をきわめる四条通にでて右にいく。通り南側の**八坂神社御旅所**（やさかおたびしょ）の前をとおって東に向かえば，阪急京都線河原町駅はすぐそこである。

21 四条大橋から柳原銀行記念資料館へ

京都の名所を代表する高瀬川(たかせ)。その清流は，今もたえることがない。しかし，四条通(しじょうどおり)から南のその姿は知られることが少ない。ゆっくり南へ川沿いを歩いてみよう。

京阪四条駅
　↓1
南座
　↓15（鴨川沿い）
松原橋
　↓12
扇塚
牛若の広場
　↓5
五条楽園
　↓1
源融の別邸河原院跡
　↓15
元和キリシタン殉教の
　地・六条河原
　↓10
松明殿稲荷神社
　↓10
柳原銀行記念資料館・
　銭座跡・桜田儀兵衛
　顕彰碑
　↓10
JR京都駅

●約5時間●

京阪本線四条駅(けいはん)で下車。四条大橋東詰めの3番出口をでると南座(みなみざ)が東南の角にある。南座は日本最古の劇場であり，元和(げんな)年間(1615～24)に四条河原(かわら)にたてられた芝居小屋7つのうちの1つとして，公認されたものである。毎年，12月に顔見世(かおみせ)興行が昼夜にわたり行われ，正面に掲げられる招き看板は京都の師走(しわす)を告げるものである。京都の人たちは師走の忙しいなかでも，この芝居をみて楽しんでいる。

南座近辺は京都でもっとも賑やかなところで，祇園社(ぎおんしゃ)を中心に祇園・宮川町(みやがわ)の花街(はなまち)がある。南座の西側の四条から松原までの鴨川東岸を宮川とよんでいた。祭りの鉾(ほこ)や山(やま)を洗った場所だからである。鴨川沿いに河原を歩くことも，車道と河原の間の遊歩道を歩くこともできるので，いずれかを選んで南下する。

南座から500mほど進んだところに松原橋がある(四条大橋から数えて3つ目の橋)。松原橋は牛若丸(うしわかまる)が弁慶(べんけい)と出会った橋とされ，童謡にもうたわれている五条の橋である。松原橋を渡り西へいくと高瀬川につきあたる。左折すると四条通とくらべて人どおりも少なく，料理旅館などがたち並び，京都らしい風情が味わえる。数百m歩くと五条通

に到達する。五条大橋の北西詰めに,「扇塚」が建立されている。その向かいには木屋町のコミュニティー「牛若の広場」と名づけられた小さな公園がある。五条通を南に渡ると橋の南西詰めに**五条楽園**の看板がみえる。ここを高瀬川沿いにくだると大木の下に,「この付近 源 融河原院跡」の石碑がたっている。源融は嵯峨天皇の皇子で左大臣をつとめた。その別邸河原院は,8町にわたる広大な邸宅で庭に鴨川から水を引きいれていたという。さらに約200mばかりくだった高瀬川の東側にお茶屋「三友」がある。辺り一帯は多くのお茶屋が暖簾をあげている。どのお茶屋も木造で玄関に水を打ち,磨きあげて美しくしている。正面通まで,しだいにお茶屋は少なくなる。江戸期には五条橋下・七条新地の2つの遊郭があったが,これらの郭が一体化する過程で,18世紀にその中間にあった六条村は遊郭拡大のために立ち退きを命じられ,崇仁地域の北部にうつっている。

　正面通までいき,正面橋を東に渡り50mくらい北へいくと**元和キリシタン殉教の地**の石碑が鴨川沿いにたてられている。

源融と河原院　　　　　　　　　　　　　　コラム

　一代の風流 貴公子源融は,鴨川の右岸六条の辺りに別邸河原院を構え,風雅の限りをつくしたという。陸奥国塩釜の景をこの地にうつし,難波江から潮水を取り寄せて連日塩を焼かせ,その煙を愛でたとされる。周辺の塩竈町および本塩竃町の名もここに由来する。融の没後,子の湛によって宇多上皇に献上され,その仙洞御所 東六条院となった。融の亡霊がでて上皇に怨言をのべたという。上皇の死後に寺とし,寺名もそのまま河原院としたが,たび重なる水害によって上京にうつり,祇陀林寺となり,のち廃絶した。東本願寺の渉成園がその跡地とされるが,確証はない。現在木屋町五条下ルの高瀬川にかかる五条小橋東詰めに「河原院源融邸跡」の石標がたつ。河原院の故事に基づいて世阿弥が謡曲「融」を書いている。

茶屋について　　　コラム

　遊郭には揚屋・置屋・お茶屋の3種類の家があり，揚屋は遊女をあげて遊興する家，置屋は遊女をかかえる家，茶屋は茶を飲ませる家であったが，茶屋がしだいに，揚屋・置屋より力をもつようになる。

　ここから鴨川の河原におりてみるのもよい。ここ**六条河原**は処刑地であった。元和年間にキリシタンがこの河原で処刑されたことを示した碑である。

　鴨川べりを七条通まで歩き，右折して七条大橋を渡った西南詰めに松明殿稲荷神社がある。非常に小さい神社で伏見稲荷大社の境外末社として天照大神や他の神々がまつられている。本殿には天智天皇・大友皇子像が安置されている。社伝によれば天暦年間(947～957)，勅命により燎祭が行われ，「炬火殿」の号をさずけられた。この神社には江戸時代に京都の貧困者を救うために活躍した木食正禅養阿の銘入りの手洗石と井戸がある。

　河原町通をさらに南下し，最初の信号を左奥にはいると**柳原銀行記念資料館**がある。同館は1899(明治32)年に崇仁被差別部落内に認可・設立された唯一の銀行柳原銀行であった。現在は本社家屋を活用した人権資料館となっている。柳原銀行は，差別のため資金を得られなかった地域産業や教育事業に融資を行うコミュニティーバンクの役割をはたした銀行であった。京都では現存する銀行で最古の木造建築である。もとは河原町通と塩小路通の交差点の南西角にたてられていた。崇仁コミュニティセンター(旧崇仁隣保館)の敷地に移築して，1997(平成9)年，地域の歴史や人権の大切さを伝える資料館としてオープンした。常設展と年2回の特別展が開かれている。

　このセンターの門をはいった右側に銭座場跡の碑がある。この一帯は，江戸時代に**銭座**があった場所で，貨幣鋳造のために使用された坩堝も発見されている。寛永通宝などの銭貨が鋳造

されていた。初期のものは1636(寛永13)年にはじまり、銅一文銭が鋳造されているが、ここでの鋳造は1700(元禄13)年であるから、後期のものである。さらに、崇仁地区を経済的に発展させ、学校建設や産業育成に貢献した**桜田儀兵衛**の顕彰碑がある。一帯は現在、**住宅地区改良法**に基づいて住宅の建設・高瀬川の付け替えなどの工事が進められている。南の東九条には在日朝鮮・韓国人が多く住み、おいしい朝鮮料理の店などもめだつ。

第Ⅱ部

京都洛中散歩事典

五条大橋の牛若丸と弁慶像(上)錦市場(下)

姉小路公知（あねがこうじきんとも） 1839～63年　　　　　　　　▶コース⑪

　幕末の公家。公前の子。尊攘急進派として活躍。1862(文久2)年12月に関東に下向して，幕府を相手に朝廷の権威高揚につとめた。長州藩の勢力を背景に国事に参画し，衆望をになった。翌年4月，勝海舟の介添えを得て摂海の防備巡検を行い，従来の攘夷論にやや動揺がみられたという。5月20日深更，朝議の帰りに猿ヶ辻で刺客に襲われ，重傷をおって帰宅後に絶命。死後，参議・左近衛中将を贈られた。犯人は薩摩藩の田中新兵衛とされたが，彼の自殺で真相は不明。墓は清浄華院にある。

油小路の変（あぶらのこうじのへん）　　　　　　　　　　　　　　　▶コース⑬

　その才知と弁舌を近藤勇に買われ，1864(元治元)年11月に門弟7人とともに新撰組に加入した伊東甲子太郎(本名・鈴木大蔵)は，新設された新撰組№3の参謀という重職に就任。しかし，本来尊皇攘夷主義の伊東と，あくまで佐幕主義の近藤では水に油であった。1867(慶応3)年3月，急逝した孝明天皇の陵の守衛につくという名目で，伊東らの一派は御陵衛士を拝命し，新撰組から分離。伊東派は高台寺塔頭月真院に常住したため世に高台寺党とよばれた。伊東らの行動を脱走とみなし，重大な組法度違反ととらえた新撰組副長土方歳三は，同年11月，伊東を七条醒ヶ井にあった近藤の妾宅に誘いだし，したたかに酒を飲ませ，その帰路を待ち伏せて殺害。遺骸を放置し，急を聞いてかけつけた高台寺党を襲撃して，さらに藤堂平助ら3人を殺害した。

安倍晴明（あべのせいめい） 921～1005年　　　　　　　　　　▶コース⑧

　平安中期の陰陽家。父は大膳大夫益材。古代の有力豪族安倍氏の末裔という。賀茂忠行・保憲父子に陰陽・天文両道を学び，才能を発揮。数々の奇跡を行ったと伝える。藤原道長の信頼を得て天文博士・従四位下に昇進。また讃岐守・主計権

散歩事典 111

織田信長・信忠の墓（阿弥陀寺）

文子天満宮

助・大膳大夫・左京権大夫を歴任。陰陽頭土御門家の祖。

阿弥陀寺　○京都市上京区寺町通上立売上ル鶴山町　▶コース⑤
　　　　　　○市バス出雲路神楽町下車、西南へ10分

　蓮台山と号する浄土宗鎮西派寺院。知恩寺の末寺。天文年間(1532〜55)に、生誉清玉が近江坂本に創建したのがおこり。その後、清玉が織田信長の帰依をうけて洛中に移転。1587(天正15)年、豊臣秀吉の命で現在地にうつる。本堂には本尊阿弥陀如来像のかたわらに織田信長・信忠父子の影像をまつる。墓所には、織田父子と2人に殉じた家臣の墓が並ぶ。ほかに江戸後期の儒者皆川淇園や俳人蝶夢らの墓がある。

文子天満宮　○京都市下京区間之町通花屋町下ル天神町400　▶コース⑳
　　　　　　○市バス河原町五条下車、西南へ10分

　菅原道真を祭神とする旧村社。洛陽天満宮二十五社の1つ。社伝によれば、道真が大宰府に配流されるにあたって、乳母の多治比文子に、みずからきざんだ自像をあたえ、文子が道真の没後に自宅に小祠をたててその像をまつったのがおこりという。『北野天神縁起』では、右京七条二坊に住む文子の夢枕に道真がたち「北野の右近の馬場に祠をたてて我をまつれ」との託宣があったが、資力も地位もないため5年の間、自宅にまつっていた。その後、北野にうつされたという。ただし、当地は『縁起』にいう文子の旧宅跡とは異なる。1602(慶長7)年、東本願寺創建のときに、その寺領地となる。今も宣如上人自筆の神号および名号が社宝として残されている。現在の社殿は明

治以後の再建。例祭は4月16日。学業・開運・児童の守り神としての信仰が篤い。なお北野天満宮の境内末社にも文子天満宮がある。

安養寺（あんようじ）

🏠京都市中京区新京極通蛸薬師下ル東側町
🚌市バス河原町三条下車，西南へ7分

▶コース⑭

八葉山と号する浄土宗西山禅林寺派の寺院。寺伝によれば，寛和年間(985〜987)に恵心僧都源信が大和国当麻郷にたてた華台院がおこりという。妹の安養尼が継承し，寺名を安養寺と改めた。その後，京都にうつった。天正年間(1573〜92)に現在地に移転。本尊阿弥陀如来立像の蓮座がさかさであることから「逆蓮華寺」の通称がある。伝承に，本尊造立の際に台座が3度もこわれたため，さかさにつくったところ無事完成。女人は業が深く成仏しがたいとされ，このような女人救済の仏とされた。江戸中期からはじまった「六阿弥陀巡り」の第5霊場である。

安楽庵策伝（あんらくあんさくでん） 1554〜1642年 ▶コース⑭

桃山〜江戸初期の僧。美濃の人。誓願寺第55世法主。諱は日快。安楽庵は号。若年から各地で布教し，多くの寺院を創建・復興した。1613(慶長18)年にこわれて誓願寺の法主となり，1619(元和5)年に紫衣を勅許される。1623年に誓願寺内に竹林院(現存せず)をたてて隠居，以後茶の湯や狂歌・俳諧などに日を送った。風雅をつうじて当代の文化人ら多数と交際。安楽流茶道を開く。所司代板倉重宗に贈った笑話集『醒睡笑』によって落語の祖とされる。著書にツバキの記録『百椿集』がある。墓は誓願寺墓地。

イギリス積み ▶コース⑨

英国イングランド地方で発達した煉瓦の積み方。煉瓦の長手ばかりが積まれる段と，小口だけが積まれる段が一段おきにみられる。これに対し，同じ段に長手と小口が順に積まれる積み

方をフランス積みという。フランス積みが華麗であるのに対し，イギリス積みは丈夫であるといわれる。

和泉式部（いずみしきぶ）　生没年不詳　　▶コース⑭

　平安中期の女流歌人。越前守大江雅致（えちぜんのかみおおえのまさむね）の女（むすめ）。最初は橘道貞（たちばなのみちさだ）の妻となり，小式部内侍（こしきぶのないし）を生む。一方で，冷泉天皇の皇子為尊（ためたか）・敦道（あつみち）の両親王とも愛しあうが，死別。上東門院藤原彰子（じょうとうもんいんふじわらのしょうし）につかえ，紫式部（むらさきしきぶ）や赤染衛門（あかぞめえもん）とも交流があった。その後，藤原保昌（やすまさ）と結婚し，その任地の丹後（たんご）に赴いた。著作に『和泉式部集』『和泉式部日記』がある。晩年は夫にも娘にも先立たれ，藤原道長（みちなが）からあたえられた法成寺東北院（ほうじょうじ）の小堂で，孤独のうちに亡くなったという。その不羈奔放（ふきほんぽう）な生涯は伝説化され，謡曲や伝承などの主題となって全国各地に生地や墓所・遺跡が伝えられている。中京区新京極（なかぎょうくしんきょうごく）の誠心院（じょうしんいん）に供養塔がある。

出雲井於神社（いずもいのうえじんじゃ）

⇒京都市左京区下鴨泉川町（さきょうくしもがもいずみがわちょう）
⇒京阪電鉄出町柳駅下車，西へ8分，または市バス下鴨神社前下車すぐ　　▶コース③

　建速須佐之男命（たけはやすさのおのみこと）をまつる下鴨神社の境内摂社。出雲氏が井泉を神格化してまつった神社が起源という。『延喜式（えんぎしき）』では下鴨社より上位の大社（たいしゃ）であった。出雲氏の衰微に伴い，現在の地にうつされた。もとの鎮座地（ちんざち）は不明。726（神亀3）年の「愛宕郡出雲郷計帳」にある出雲郷雲下里（うぶすながみ）の産土神。中世にはいって下鴨の地主神で開拓神でもある比良木社（ひらきしゃ）に包摂され，その異名ともなった。和歌の神として名高い岩本社とお祓（はら）いのご利益（りやく）があるとされる橋本社の2つの摂社がある。

板倉勝重（いたくらかつしげ）　1545〜1624年　　▶コース⑫

　初代京都所司代（きょうとしょしだい）（在任1601〜19）。徳川家康（いえやす）の臣，板倉好重（よししげ）の3男。若年で出家（しゅっけ）したが，父と兄の戦死で還俗（げんぞく）して家をつぐ。在任中は以心崇伝（いしんすうでん）らと協力し，幕政の京都支配に腐心（ふしん）。禁中並（きんちゅうならびに）公家諸法度（くげしょはっと）や紫衣勅許（しえちょっきょ）・諸宗諸本山法度などを制定し，二条（にじょう）城の造営や金座・銀座の整備など多方面に手腕を発揮し，

一条戻り橋を東からみる

所司代の権威を確立。供養塔が洛北の光悦寺にある。

板倉重宗 1586〜1656年 ▶コース⑫

　板倉勝重の嫡長子。初名は重統。徳川秀忠につかえ，1619（元和5）年，彼にしたがって上京し，そのまま父にかわって所司代に就任。秀忠の女和子の入内問題や紫衣事件，さらに後水尾天皇の譲位強行など山積する対朝廷問題の解決に苦心。21カ条の町触をだすなど，町政や訴訟に多大な功をあげて幕政の京都浸透に成功した。辞任後，下総関宿で5万4000石を賜った。父勝重とともに供養塔が光悦寺にたてられている。

一条戻り橋　●京都市上京区一条通堀川東入ル ▶コース⑧
　　　　　　●市バス一条戻り橋下車すぐ

　堀川にかかる一条大路のとおる橋。旧名は一条橋。浄蔵貴所がこの橋のうえで父三善清行の葬列に遭遇。一心不乱に祈ると清行が蘇生し，しばしの間言葉をかわしたという。この口碑によって戻り橋の名がついた。平安朝最大の陰陽師安倍晴明は，式神を願使していたが，家人の恐怖に配慮して，常はこの橋下に封じていたという。また渡辺綱の鬼女退治や安徳天皇誕生の際の橋占いにも登場し，怪奇譚にこと欠かない。古来，嫁入り行列はこの橋をとおらず，また出征兵士はこの橋を渡り生還を期したという。現在の橋は1952（昭和27）年の建設。長さ141m・幅4mの鉄橋である。いまだに婚礼関係の車はこのうえを走ることはない。

引接寺本堂(千本閻魔堂)

市比売神社
いちひめじんじゃ

●京都市下京区市姫通ドル寺町東入ル
本塩竈町593
●市バス七条河原町下車，西北へ5分

▶コース⑳

　795(延暦14)年，左大臣藤原冬嗣が，平安京の官営市場である東西両市の守護神として，宗像三女神を勧請したのがはじまりと伝える。ほかに下光比売命と神大市比売命をまつる。中世には隣接する金光寺に管理され，同寺の鎮守社としてあつかわれた。1591(天正19)年に，豊臣秀吉の命で当地に移転させられた。明治の神仏分離令で金光寺から独立。5月13日に近い日曜日に市比売祭が行われる。旧地の天之真名井は清和から後鳥羽まで歴代天皇誕生の際の産湯に用いられたという。

厳島神社
いつくしまじんじゃ

●京都市上京区京都御苑内
●地下鉄烏丸線丸太町駅下車，東へ8分

▶コース⑪

　祭神は宗像三女神で，祇園女御を合祀。平清盛が生母祇園女御(実母はその妹とする説が有力)のため勧請したのがおこりという。1771(明和8)年，現在地に遷座し，九条家の鎮守社とされた。石鳥居は笠木・島木とも唐破風型で，唐破風鳥居とよばれる珍しいものである。京都三珍鳥居の1つ。

引接寺
いんじょうじ

●京都市上京区千本鞍馬口ドル
閻魔前町34
●市バス千本鞍馬口下車，南へ2分

▶コース⑧

　通称を千本閻魔堂という高野山真言宗寺院。山号は光明山。本尊の閻魔像は定朝作という。叡山僧の定覚が寛仁年間(1017～21)に開き，大念仏踊をはじめた。これが閻魔堂大念

仏狂言のおこりである(例年5月1〜3日に上演)。蓮台野に葬送する際,諸人の妄夢をさますために当寺の鐘をついたという。現在も盂蘭盆会の時期,8月7〜15日の間,迎え鐘をつく参拝者で境内は賑わう。中世には庶民の信仰を集め,町堂としての役割をになった。境内の九重石塔(国重文)は,高さ6m,「至徳三(1386)年」の銘がある。紫式部の供養塔と伝える。また敷地に咲く普賢象桜は有名。茎が長くたれさがり,普賢菩薩が乗るゾウの鼻に似ることからこの名がある。

ヴォーリス,W・メレル　1880〜1964年　▶コース⑨

　アメリカ・カンザス州に生まれる。1905(明治38)年,キリスト教の布教と実践のために,24歳で滋賀県立商業学校の英語教師として来日した。この学校は2年で退職するが,その後も近江八幡にとどまり,84年の生涯をこの地でおえた。建築家志望だった彼は建築事務所を開設し,多くの建築作品を残した。日本で35年間に設計した物件は1000をこえ,代表作には大阪大丸心斎橋店,関西学院大学,神戸女学院をはじめ,各地の教会堂やミッションスクールなどがあげられる。清楚で堅牢なヴォーリスの建築物は,現代においても文化遺産として評価されている。彼はキリスト教の伝道や教育界での活躍のほか,社会事業にも関心が深く,1918(大正7)年には結核療養所として近江療養院(現,ヴォーリス記念病院)を開設した。また,メンソレータムで有名な近江兄弟社の創立者でもある。子爵令嬢の一柳満喜子と出会い結婚,1941(昭和16)年日本国籍を取得して一柳米来留と改名した。ヴォーリス夫妻は近江八幡市の「恒春園」に,近江兄弟社の創立以来の社員や家族とともに眠っている。

雨宝院
◯京都市上京区上立売通智恵光院西入ル
◯市バス今出川浄福寺下車,北へ8分　▶コース⑦

　北向山と号する真言宗寺院。本尊の聖天(歓喜天)にちなみ通称「西陣聖天」で名高い。821(弘仁12)年,空海が歓喜天像をきざみ,祈禱して嵯峨天皇の病を平癒した功により天皇の別

雨宝院　　　　応仁の乱勃発の石碑(上京区)

業を下賜され，雨宝堂を創建したのがおこりという。応仁の乱(1467〜77年)の兵火で荒廃。その後，天正年間(1573〜92)に現在地にうつった。弘法大師二十一カ所巡りの1つである大師堂には「汗かきの大師」の異名で知られる弘法大師像が安置されている。せまい境内には観音堂・稲荷堂・不動堂などの諸堂がたち並び，時雨の松や薄緑色の花をつけることで知られる歓喜桜が植えられている。

応仁の乱(応仁・文明の乱)　　　　▶コース⑩

1467〜77(応仁元〜文明9)年，将軍家の後継争い(足利義政の弟義視と実子義尚)，管領家畠山・斯波両氏の相続争いに細川勝元・山名宗全の権力争いが複雑にからみ，細川方(東軍)16万人，山名方(西軍)11万人と分かれた大乱となった。この乱の結果，戦場となった京都は荒廃し，将軍の権威は完全に失われた。下剋上の風潮が高まり，戦国時代がはじまった。

大久保利通　1830〜78年　　　　▶コース⑪

幕末・維新期の政治家。薩摩藩の下級武士の出。西郷隆盛らと精忠組を結成し，勤王活動に従事。藩主島津忠義の実父久光の信頼を得て，藩政に参画。薩長連合や王政復古に尽力。戊辰戦争では参謀となり，勝利に貢献。維新後は政府の中枢にはいり，辣腕をふるった。岩倉使節団に参加。征韓論には反対の立場をとり，長年の盟友西郷とたもとを分かった。参議兼内務卿として藩閥政府の中心となり，殖産興業政策を推進。不平

大村益次郎寓居跡(中京区)　　　　　　　　　　奥渓家下屋敷跡長屋門

士族の怨嗟のまととなり，西南戦争の翌年，東京の紀尾井坂で暗殺された。

大村益次郎　1824〜69年　　　　　　　　　　▶コース⑲

　周防国(現，山口県)の農村医の村田家に生まれた。通称は蔵六。儒学を広瀬淡窓に，蘭学を大坂の緒方洪庵の適塾に学んだ。帰郷後，医師を開業し，その後宇和島藩に兵学・医学書の翻訳と講義のために召しかかえられる。この宇和島藩での翻訳活動が西洋兵学の見識を深めさせることになる。その後，長州藩に召しかかえられ兵学を教授。幕府の第二次長州征伐の折には，参謀として長州藩を勝利に導く。その功で戊辰戦争では官軍の作戦責任者として彰義隊を破り，奥羽越列藩の抵抗を平定する。1869(明治2)年 兵部省設置に際して，兵部卿に任じられる。近代的な兵制の改革と確立のために大阪・兵庫を視察後，京都三条木屋町の投宿先で刺客に襲われ負傷する。その傷がもとで敗血症をおこし，2カ月後に死亡した。

尾形光琳　1658〜1716年　　　　　　　　　　▶コース⑥

　江戸中期の画家・工芸家。豪商雁金屋尾形宗謙の次男。名は惟富。号はほかにも多数。本阿弥光悦や俵屋宗達に私淑し，琳派(光琳様)とよばれる装飾性に富む画風を確立。茶道・和歌・蒔絵・陶芸などにも長じ，後世の画風や工芸意匠に大きな影響をあたえた。代表作に「燕子花図屏風」や「紅白梅図屏風」などの絵画や「八橋図硯箱」などの工芸品がある。

紙屋川桜橋上流のお土居(北区)

顔見世が行われる南座

奥渓家下屋敷跡
○京都市上京区天神筋通仁和寺街道
　下ル北町御前通西裏上ノ下立売上ル　▶コース②
○市バス大将軍下車、東へ8分

　奥渓家は九州の戦国大名大友宗麟の系譜を引くといい，初代中庵(本姓吉弘氏，代々に三を名乗った)は後水尾天皇中宮東福門院の侍医となる。一条烏丸に上屋敷を下賜されるが，上京にも下屋敷を構える。2代から8代までこの地で医業を営み，歴代仁和寺宮門跡の侍医をつとめた。往時は11間(約20m)もあった間口を誇る茅葺の長屋門のこの屋敷は，武者窓を設け，内部には仲間部屋や馬丁小屋が備えられている。門をくぐると，正面に2階建ての本宅があり，外観・内部ともに江戸期の医家の格式を今に伝え，現存する江戸期の医家の建物として貴重な存在である。

お土居　　　　　　　　　　　　　　　　　　　　▶コース②

　豊臣秀吉が京都の城下町化を企図した京都改造の一環として，1591(天正19)年，京の周囲に築かれた土塁。東の鴨川，西の紙屋川の内側に接して，北は鷹峯，南は九条まで全長約22.5km。高さ1.5～3.6m，基底部の厚さが約9mの盛土の頂部に竹を植え，幅4～8mの堀を設けた。洛中の軍事的防衛線の確立と洪水予防が目的であった。築造後，市街地の拡張とともに，土塁の破壊が進み，現存する部分はごくわずかである。国の史跡に指定され，北区大宮土居町から鷹峯旧土居町にかけて一部が復元されている。

尾上松之助　1876～1926年　▶コース③

　明治末・大正期の映画俳優。舞台俳優であったが、牧野省三に見いだされ、「算盤忠治」で映画デビューし、以後活動写真の旧劇(時代劇映画)で活躍。大きな目をむいて見得を切ったので「目玉の松ちゃん」の愛称で親しまれた。1000本記念の「荒木又右衛門」「忠臣蔵」に出演後、急逝。社会福祉につくした功績をたたえて、左京区出町柳の松竹下鴨撮影所跡の鴨川公園内に胸像がたてられた。

顔見世　▶コース㉑

　12月1日から26日まで、南座で行う歌舞伎興行。江戸時代には、芝居・狂言の役者や座付作者は11月から翌年の10月までの契約であった。11月の初めに新しい役者が顔をそろえて舞台で名乗り、口上をのべたので顔見世または面見世と称した。観客は牡蠣雑炊などを食べながら見物するのが恒例であった。

勝海舟　1823～99年　▶コース③

　幕末・明治期の政治家。下級幕臣御家人の子。名は義邦(のちに安芳)。通称麟太郎。海舟は号。蘭学を習得し、しだいに頭角をあらわす。軍艦奉行に昇進し、京都が政局の中心になるにおよび、将軍や老中など幕閣要人を京畿に軍艦で送迎した。第二次幕長戦争の停戦交渉も京で徳川慶喜に命じられ、帰京後復命。戊辰戦争に際しては、薩長を主体とする官軍の江戸城総攻撃を中止させ、慶喜の助命をこうなど鳥羽・伏見の戦いの処理に尽力。明治新政府の要職にもついた。墓は東京の洗足公園内にある。

上御霊神社　◐京都市上京区上御霊前通烏丸東入ル上御霊竪町495　◐地下鉄烏丸線鞍馬口駅、または市バス烏丸鞍馬口下車3分　▶コース⑩

　上御霊神社は、もともとこの地にあった付近住民の氏寺であ

上御霊神社本殿

った上出雲寺の鎮守社が前身で，平安遷都の際に大和国霊安寺御霊社から他戸親王と井上内親王の霊を遷座したのが起源といわれる。その後，早良親王(崇道天皇)など八所御霊をまつるようになった。この神社は皇室の産土神で，社殿の造営には内侍所の建物を下賜するのを例とした。5月に行われる上御霊祭は，平安時代悪疫退散のために行われた御霊会にはじまるといわれ，18日の還幸祭には，太鼓を先頭に各町内の鉾や神輿などが町内を巡行する。

紙屋川　　　　　　　　　　　　▶コース②

天神川の上流をいう。北区鷹峯北方の山中に源を発し，柏野を経由。南流して右京区太秦安井の西南で，御室川と合流。北野天満宮の西辺りから下流を天神川という。柏川およびそれがなまった替川や高陽川・仁和川・高橋川・荒見川・神谷川など別称も多い。平安京の西堀川に該当。紙屋川の称は川のほとりにあって，紙師を率いて紙を漉いた紙屋院に由来する。

鴨氏　　　　　　　　　　　　　▶コース③

古代京都に盤踞した豪族。賀茂氏とも書く。カモは神の意で，神事をつかさどる氏族をいう。大和国葛城に本拠をおいたが，賀茂建角身命が八咫烏に変身して神武天皇の東征を助けた伝承をもつなど，早くから大和政権に密着し，その発展に伴い京都盆地に進出。山城国愛宕郡賀茂郷を拠点とし，京都北部に土着した。下鴨・上賀茂両社の神事を担当し，勢威をふるった。

その後、鴨氏は朝廷に陰陽家としてつかえ、その地位を安倍氏とともに世襲した。

鴨 長明　1155〜1216年　　　　　　　　　▶コース③

　鎌倉前期の歌人。下鴨神社正禰宜の次男に生まれる。菊大夫ともよばれた。芸道、とくに和歌に精進し、勅撰和歌集の『千載集』や『新古今集』にも入集した。また琵琶にもすぐれた。のちに後鳥羽上皇の和歌所の寄人となる。上皇は下鴨社河合神社の禰宜に推したが同族の反対にあって実現しなかった。これに不満の長明は出家し、大原に隠れた。後年、日野外山にうつって方丈の庵を結び、著作に専念し、『方丈記』や『発心集』『無名抄』などをあらわす。中世隠者文学の祖として後世の評価は高い。なお自選家集として『鴨長明集』がある。

河合神社　◯京都市左京区下鴨泉川町59　　　　▶コース③
　　　　　　◯京阪電鉄出町柳駅下車、西北へ5分、
　　　　　　または市バス下鴨神社前下車すぐ

　下鴨神社の境内第一摂社。祭神は玉依姫命(本社祭神とは同名異神)。『延喜式』神名帳には名神大社に列せられ、「鴨川合坐小社宅神社」とある。社名の由来は、高野川と賀茂川の合流点に鎮座していることにある。略して河合神社という。創建年代は不詳。もとは秦氏がまつる神であったが、鴨氏の進出により、その奉祭するところとなったといい、また「小社宅」とは賀茂社の社家の意で、もとは社家の邸宅内に神をまつる小社であったともいう。現在、安産のご利益があるとされる。

観阿弥清次　1333〜84年　　　　　　　　　▶コース⑦

　南北朝期の能役者。能楽観世流の始祖。大和の猿楽を改良し、新芸能の能楽へと脱皮させた。嫡子の世阿弥とともに足利義満の庇護のもと、貴賤を問わず広い支持者を得た。みずからが出演するだけでなく、創作にも才覚を発揮。「卒都婆小町」や「嵯峨物狂(百万)」「自然居士」などは今も愛好され、上演されている。墓所は大徳寺の塔頭真珠庵にある。

菅大臣神社

➲京都市下京区西洞院通仏光寺下ル菅大臣町
➲市バス四条西洞院下車,南へ8分

▶コース⑱

　菅大臣天満宮ともいい,菅原道真以下3神をまつる。道真の生誕地であることを主張する天満宮は多いが,この地がその可能性がもっとも高い。当地は菅原氏代々の邸宅があり,菅家廊下と称された学塾もあったからである。現在の本殿は下鴨神社の旧殿をうつしたもので,典型的な流造。幣殿とともに八棟造である。新柿本社ほか,多くの摂社・末社がたち並ぶ境内には,道真が産湯を使ったとされる菅公誕生水という井戸が今も残る。往昔社地は広大で,仏光寺通をさかいに南北に分かれ,南にある当社を天神御所,または白梅殿社とよび,北の社を北菅大臣神社,または紅梅殿社とよぶ。北の社は道真の父是善を祭神とする。大宰府に左遷された際,「東風吹かば　匂ひをこせよ梅花　あるじなしとて春なわすれそ」とよんだのが紅梅殿社の地であったという。

観音寺

➲京都市上京区観音寺門前町841-7096
➲市バス北野天満宮前下車すぐ

▶コース②

　朝日山と号す真言宗泉涌寺派寺院。洛陽三十三所観音霊場第31番札所。本尊十一面観音像は菅原道真の念持仏と伝える。寺伝によれば806(延暦25)年,桓武天皇の勅願で創建。天暦年間(947〜957)に僧最珍が菅公の霊をうつし,まつったという。当初は東西両向きの2堂があったが,東向きの堂のみが残り,東向観音寺ともよばれる。

北野大茶湯

▶コース②

　1587(天正15)年10月1日,豊臣秀吉が島津氏を降伏させた九州征討の成功と聚楽第落成の祝賀をかねて,上京の北野天満宮境内の松原で挙行した大茶会。高札により参加を広くよびかけたため,当日は千数百軒の数寄屋茶屋がたち並んだ。拝殿の周囲に秀吉をはじめ,千利休・今井宗久・津田宗及の茶頭が主宰する茶席を設け,訪問するものを接待したという。拝殿

内部の中央には黄金の茶室をおき，秀吉秘蔵の茶道具を展観したと伝える。後年，浮田一蕙が「北野大茶会図」を描き，また茶会の様子は「北野大茶湯之記」にまとめられた。

北野天満宮 ▶コース②

◯京都市上京区御前通今出川上ル馬喰町
◯市バス北野天満宮前下車すぐ

祭神に菅原道真と吉祥女(道真夫人)・中将殿(長男)をまつる。天満宮・天満大自在天神・天満天神・火雷天神・北野天神・北野聖廟などとよばれる。大宰府に左遷され，その地で病没した菅原道真は，死後怨霊となったとされ，朝廷の畏怖の対象であった。その後，道真の託宣があり，紆余曲折の結果，天暦年間(947〜957)に現在地に社殿を設けたのがはじまりという。天満天神の勅号を賜り，歴代天皇の行幸があり，摂関以下の公卿の社参や祈願がたえなかった。中世には学問・文芸の神としてあがめられた。現存する社殿は，1607(慶長12)年に豊臣秀頼が片桐且元を奉行に任命して再興したもので，いずれも国宝か重要文化財。本殿を囲み，49もの摂末社がたち並ぶ。寺宝には，『紙本著色北野天神縁起』(国宝)など多数を所蔵。なお，境内の西側の梅苑は2000本余りの古木・若木が植えられている。

北村季吟 1624〜1705年 ▶コース⑰

江戸前期の歌人・俳人・和学者。近江国野洲郡出身。通称久助。父祖は曲直瀬流の医師で，季吟も医学を学ぶ。京にて松永貞徳に師事し，俳諧・和歌を修学。貞門七俳仙の1人。三条山伏山町(室町通蛸薬師下ル)に住居を構える。貞徳没後は飛鳥井雅章や清水谷実業に和歌・歌学を学ぶ。俳人として活躍し，松尾芭蕉や山口素堂らを門下から輩出した。とりわけ和学にすぐれ，『源氏物語湖月抄』や『枕草子春曙抄』などの古典注釈書を多くあらわした。晩年は新玉津島神社の祠官をつとめた。1689(元禄2)年，幕府の歌学方に招かれ江戸に赴き，法印の位をさずかった。

北野大茶湯の碑

北野天満宮楼門

北村美術館（きたむらびじゅつかん）
○京都市上京区河原町今出川南一筋目東入ル梶井町
○市バス河原町今出川下車、東南へ2分
▶コース④

　実業家北村謹次郎（きんじろう）が収集した、茶道具や墨跡（ぼくせき）・絵画・彫刻・陶磁器などを展示するため、1977(昭和52)年に開館。赤煉瓦（れんが）タイル張りの洗練された建物である。宮廷茶道文化の中心的存在であった梶井門跡（もんぜき）の旧地を十分に意識した「街中の茶の湯の美術館」である。所蔵品のうち、「与謝蕪村鳶烏図（よさぶそんとびからすず）」など、13点の重要文化財がある。春秋2回の特別展示は茶会のテーマに限定、茶室の雰囲気づくりがなされている。隣接する北村邸は、東山（ひがしやま）を借景とした庭園をもつ現代的な数寄屋造（すきやづくり）で、粋四君子苑（すいしくんしえん）と命名されている。園内には、石造阿弥陀如来坐像（あみだにょらいざぞう）（藤原期）や、「鶴（つる）の塔」という道元父母供養塔の宝篋印塔（ほうきょういんとう）（鎌倉期・国重文）などのみごとな石造物がおかれている。春秋に特別公開（不定期）され、美術館とともに内覧できる。

木戸孝允（桂小五郎）（きどたかよし・かつらこごろう）　1833～77年　▶コース⑲

　長州（ちょうしゅう）藩の藩医の子として生まれる。9歳で桂家の養子となる。松下村塾（しょうかそんじゅく）に入門、吉田松陰（しょういん）に師事する。江戸遊学後、水戸（と）藩尊攘派（そんじょうは）と交流をもつなかで尊攘運動に参加し、やがて、高杉晋作（しんさく）や久坂玄瑞（くさかげんずい）とともに尊攘派のリーダーになる。池田屋事件で九死に一生を得る。そのまま京都にとどまり再起をめざすが、禁門（きんもん）の変で長州藩が敗北すると但馬（たじま）にのがれる。1865(慶応元)（けいおう）年帰藩後、桂の身を案じた藩主の命で木戸姓を名乗る。

木戸孝允最期の家屋(現, 京都市職員会館「かもがわ」)

1866年坂本竜馬の斡旋で西郷隆盛らと薩長同盟の密約を結ぶ。維新後は五箇条誓文を起草し, 版籍奉還の中心となる。西郷隆盛らと参議に就任し政府の重鎮になるが, 開明急進派のリーダーとして実務派の大久保と対立することが多く政府内で孤立しがちであった。1877(明治10)年西南戦争が勃発すると, 明治天皇にしたがって入洛しその対応にあたったが病に倒れ,「西郷, もう大抵にせんか」という言葉を残して京都で病没する。

行願寺

➲京都市中京区寺町通竹屋町上ル行願寺門前町17
➲地下鉄東西線京都市役所前駅下車, 北へ10分

▶コース⑤

　霊麀山と号する天台宗延暦寺派の寺院。革堂の通称で知られる。西国三十三所観音霊場第19番札所。本尊は千手観音像で, 洛陽七所観音の1つ。開山の行円上人は豊後の人。狩猟を好み, 山野を跋渉していた。あるとき, 1頭の雌鹿を射殺したが, その腹より子鹿がうまれでるのをみて悔い改め, 仏門にはいった。1004(寛弘元)年, 上洛して加茂明神からさずかったという神木で千手観音像をきざみ, これをまつって1宇を建立したのが当寺の発祥という。上人はつねにシカの革衣を着て, 念仏したため革上人, あるいは革聖とよばれ, 寺は革堂と称された。西国観音霊場としての信仰を共通基盤として, 横川の聖にとって洛中の拠点となり, 中世には町堂として町衆自治の結集の場となった。移転を繰り返し, 1708(宝永5)年に現在

京都御苑堺町御門

仙洞御所の塀

地にうつる。現存する堂宇は文化年間(1804〜18)の再建。境内に高さ約3mの加茂明神塔と称する五輪塔(鎌倉期)がおかれている。宝物館には幽霊の絵馬がある。なお寿老神堂に安置される寿老神像は、「京都七福神」および「都七福神」の1つにあげられている。

京都御所（きょうとごしょ） ➡京都市上京区京都御苑内
➡地下鉄 烏丸線丸太町駅下車, 東へ3分　▶コース⑪

禁裏御所ともいい、広義には仙洞御所・大宮御所を含み、京都御苑全体をさす。現在の御所は1331(元徳3)年、光厳天皇が践祚、翌年に即位した里内裏の東洞院土御門殿の後身。以後、明治まで歴代天皇の居所となった。当初は1町四方(約1万m²)程度の規模であったが、織田信長(永禄度内裏)・豊臣秀吉(天正度内裏)・徳川家康(慶長度内裏)・徳川家光(寛永度内裏)らが造営、整備・拡充が進んだ。その後、再三火災で焼失。そのたびに再建され、現在の建物は1855(安政2)年完成のものである。正殿である紫宸殿(南殿)や天皇の日常の御座所である清涼殿をはじめ宜陽殿・春興殿・小御所・御学問所・御常御殿などの殿舎が並ぶ。

御所の東南には仙洞御所がある。1629(寛永6)年、後水尾上皇の御所として幕府が造進。火災にあい、小堀遠州作という池泉回遊式の鑑賞庭園のみが残る。仙洞御所と同じ区画に大宮御所がある。寛永年間(1624〜44)に幕府が後水尾天皇中宮東福門院(徳川和子)のために造営、寄進したもの。現在の建物は1867(慶応3)年の再建。

京都御所(仙洞御所をのぞく)は春4月上旬・秋10月中旬の各5日間、一般公開が行われる。ほかの期日、および仙洞御所の拝観は要予約(宮内庁京都事務所参観係 ☎075-211-1215)。

京都市学校歴史博物館

➡京都市下京区御幸町通仏光寺下ル橘町437
➡市バス四条河原町下車、西南へ5分

▶コース⑳

　小学校の統廃合に伴い、旧開智小学校の敷地と建物を再活用して1992(平成4)年に開設。京都市立学校が所蔵する書画や工芸品・書簡・写真・資料および教科書・教育器具・楽器などを収集・保管。常時展示し、一般に公開。各校の卒業生で、有名な作家や画家・陶芸家・書家らの芸術家や政治家・文化人らが母校に寄贈したみずからの作品を多く所蔵しているのが特色である。なお門は1901(明治34)年にたてられた高麗門。石塀も同時期に築かれた開智塀である。

京都市考古資料館

➡京都市上京区今出川通大宮東入ル元伊佐町265−1
➡市バス堀川今出川下車、西へ3分

▶コース⑦

　1979(昭和54)年11月に、もとの西陣織物館の建物をゆずられて開館。京都市埋蔵文化財研究所が発掘調査した考古資料や出土品の整理や分析・研究を行い、あわせて収蔵・展示を行う。建物自体は、本野精吾の設計により1915(大正4)年に完成した近代の名建築。装飾の少ない外観から「マッチ箱」とあだ名された。なお館の前には高さ2.8mの西陣碑がたつ。

京都所司代

▶コース⑫

　徳川幕府の職制の1つ。1601(慶長6)年に設置された西日本支配の最高機関。室町幕府の侍所長官(所司)の代官に由来。初代は板倉勝重(一説に、前年に家康が奥平信昌を任命したともいう)。朝廷の監察・京都町奉行の統括・京畿8カ国の天領の訴訟・西国大名の監視など職掌は多岐にわたる。役料1万石で、50人の与力・100人の同心が付属。2代板倉重宗のとき、幕府の京畿支配の体制が整備され、以後幕府の統治が浸透。

京都市学校歴史博物館

京都駅ごしにみる京都タワー

1668(寛文8)年，京都町奉行の設立に伴い京都市中の民政に関する権限を委譲した。

京都生活工藝館「無名舎」（旧吉田家住宅） ▶コース⑱

●京都市中京区新町通六角下ル六角町363
●阪急電鉄烏丸駅・地下鉄烏丸線四条駅下車，西北へ8分

吉田家は1909(明治42)年，南隣の百足屋町から現在地に移転。美しい紅殻格子やバッタリ床几を備えた外観を保つ。2階は虫籠窓であったが，1935(昭和10)年の改修に際して格子窓に改めた。その折，玄関も2階建てとした。この改修・改装は大正から昭和にかけて，町家の一般的動向に応じたもの。内部は典型的な表屋造である。主屋の背後に2棟の土蔵がたっている。建物の保存・維持のため，京都生活工藝館「無名舎」として法人化されている。

京都タワー ▶コース⑳

●京都市下京区烏丸通七条下ル東塩小路町721-1
●JR京都駅下車，北へ1分，または市バス京都駅前下車すぐ

JR京都駅の烏丸口正面にたつ，地下3階・地上9階建てビルの屋上にそびえる高さ131mの白い円筒形の塔。蠟燭とその台を模したもの。1964(昭和39)年の建設。最上階に展望台が設けられ，洛中が一望できる。本館ビルに食堂街・デパート・浴場などが収容され，京都駅の地下道にも直結。この塔の建設に際し，当初は古都の景観を破壊すると猛反対があった。

京都府京都文化博物館

◯京都市中京区三条高倉
◯阪急電鉄烏丸駅・地下鉄烏丸線
　四条駅下車，東北へ13分

▶コース⑮

　本館は京都の歴史を通覧できる歴史博物館として，あるいは現在京都で活躍している画家や陶芸家・彫刻家などの作品を常時展示している空間として，さらには映像文化を展示・公開する映像文化センターとして，あわせて3つの機能をになう総合文化施設の役割をはたしている。

　辰野式の別館は，辰野金吾と長野宇平治の設計。塔や屋根窓，アーチ形の入口など装飾が多いはなやかなフリークラシックの建物で，東京駅に並ぶ辰野式の傑作である。重要文化財。1906(明治39)年に，日本銀行(日銀)京都支店として建設され，社団法人平安博物館を経て，現在は京都府京都文化博物館別館として活用されている。博物館建設の際，内部は日銀時代のままに復元し，展示室となっている。

京都府立総合資料館

◯京都市左京区下鴨半木町1—4
◯地下鉄烏丸線北山駅，または市バス
　植物園北門前，または市バス北山駅前
　下車すぐ

▶コース③

　1963(昭和38)年11月に開館。おもに京都に関する資料や書籍を総合的に収集・保管することを目的に設置され，貸出しや展示などによって一般の研究にも資している。図書文献・古文書・行政文書・現物資料など多数を所蔵。なかでも，中世荘園史研究に不可欠とされる「東寺百合文書」や「革嶋家文書」などの古文書，風俗関係の吉川コレクション・古典楽器の佐竹コレクションなどはとくに有名。閲覧室や読書室・学習室・展示室を備え，展覧会や講習会をもよおしている。また目録や図録・資料なども編集発行し，研究者の利用に供している。なお中庭は，大小の石を用いて天橋立を模したものである。

京都府立堂本印象美術館

◯京都市北区平野上柳町26—3
◯市バス立命館大学前下車すぐ

▶コース①

金閣寺

　1966(昭和41)年に日本画家堂本印象が，外装から内装まで自分でデザインした，芸術家印象の一大モニュメントである。作家生存中に美術館をつくる例は少なく，この美術館の特徴である。財団法人で運営されてきたが，1991(平成3)年に京都府が寄贈をうけ，1992年4月から府立の美術館となっている。

京都町奉行　　　　　　　　　　　　　　　　　▶コース⑫

　徳川幕府の職制である遠国奉行の1つ。1668(寛文8)年成立。定員2人の複数奉行制をとり，俗に東西奉行と称された。月番交替で勤務。ともに役料600石で，与力20人，同心50人が付属。五畿内とその近国8カ国の勘定奉行，五畿内の寺社奉行および京都市内の民政や訴訟を管掌するなど，江戸幕府の三奉行に匹敵する，広範な権限を掌握。1722(享保7)年，国分けによって山城・大和・近江・丹波の4カ国に支配地をかぎられた。1867(慶応3)年，王政復古とともに廃止された。

清荒神
◯京都市上京区荒神口通寺町東入ル　荒神町122
◯市バス荒神口下車，西へ2分　　　　　　　▶コース⑤

　清荒神は通称で，正しくは常施無畏寺，または常施寺といい，護浄院とも称す。天台宗延暦寺派寺院。寺伝によれば，後小松天皇の勅命により摂津国勝尾山清澄寺から，三宝荒神を洛中醍ケ井高辻にうつした。さらに1600(慶長5)年，後陽成天皇が王城鎮護のため現在地に遷座。天皇自作の如来荒神尊7体を合祀し，竈の守護神とされた。境内にある不動堂の本尊不動

空也寺境内　　　　　　　　　　　　　　　　　　　　　　　　　　空也堂

明王像は慈覚大師円仁の作という。また弁天堂に安置される恵美須神像は、もと宮中に奉安されていたといい、京都七福神の1つ。

金閣寺　●京都市北区金閣寺町
　　　　　●市バス金閣寺前下車、西へ3分、
　　　　　　または金閣寺道下車、西へ5分　　　　▶コース①

　金閣寺は正式には臨済宗相国寺派の北山鹿苑寺という禅寺である。足利義満が、西園寺公経の山荘をゆずりうけて、1397(応永4)年に造営したものである。第1層が寝殿造、第2・3層は漆のうえから金箔が内外の壁にほどこされており、室町期から金閣の名でよばれている。第2層は武家造で潮音洞といわれ、第3層は中国風の禅宗仏殿造で究竟頂とよばれ、3つの様式を調和させた室町時代の代表的な建物である。屋根はすべて杮葺で、そのうえに中国の瑞鳥の鳳凰が輝いている。庭園は衣笠山を借景としたもので、室町時代の代表的な池泉回遊式兼舟遊式庭園である。国の特別史跡および特別名勝に指定されている。夕佳亭は江戸時代に茶道家金森宗和が好んだ数寄屋造の三畳敷きの茶席で、床柱のナンテンは有名である。露地には富士形手水鉢と宗和型灯籠がある。

空也寺　●京都市下京区寺町通仏光寺下ル
　　　　　　恵美須之町539
　　　　　●市バス四条河原町下車、南へ6分　　　▶コース⑳

　光勝山と号する浄土宗寺院。当初は天台宗。1591(天正19)年、豊臣秀吉の命で錦小路西洞院から現在地に移転。本堂に

華開院藤原仲子墓　　元和キリシタン殉教の碑

は本尊阿弥陀三尊像と空也上人像を安置する。釈迦堂にまつる釈迦如来像は藁縄でしばって祈ると瘧が治るという。拝観は事前に相談のこと(☎075-351-1857)。

空也堂
◯京都市中京区蛸薬師通堀川東入ル亀屋町288
◯市バス堀川蛸薬師下車，東へ3分
▶コース⑱

　紫雲山光勝寺と号し，正式には空也堂極楽院という天台宗空也派の寺院。本尊は空也像。寺伝によれば，空也に帰依した平定盛が北鞍馬に建立し，その子が寺観を整備したという。後年，三条櫛笥辺りに移転し，時宗寺院となって櫛笥道場，あるいは三条道場ともよばれた。天正年間(1573～92)に現在地にうつったが，たびたびの火災により，堂宇を焼失し，寺運も衰微。1634(寛永11)年，東福門院の援助を得て復興された。明治以降は天台宗に復帰。1788(天明8)年の大火以後も，再々火災にあい，現状は小さな仮堂を保つだけである。瓢をたたいて浄土和讃をとなえる空也堂鉢叩きで知られ，茶筅売りも名高い。京都市内の各地で行われる六斎念仏の始祖は空也とされ，かつては当寺がその免許状を授与していた。なお空也創始の空也念仏を，今もなお伝えている。

華開院
◯京都市上京区天神筋下立売下ル行衛町443
◯市バス北野中学前下車，東へ9分
▶コース②

　浄土宗清浄華院の末寺。寺伝によれば，1256(康元元)年，後深草天皇の皇子法達親王が開基とされ，『平安通志』には後

醍醐・光明・後光厳・後村上4帝の勅願所となり，禁裏内道場に準じたとある。当初は上京の華開院町にあったが，応仁の乱(1467～77年)で兵火にあい，1668(寛文8)年に現在地に移転した。歴代天皇の綸旨が寺宝として所蔵される。境内墓所には後円融天皇母后藤原仲子・後小松天皇母后藤原厳子ら皇室関係者，および足利8代将軍義政夫人日野富子の墓がある。なお本堂に奉安される本尊阿弥陀如来像は洛東真如堂の本尊と同木といい，慈覚大師の作と伝えられている。

元和キリシタン殉教の碑・六条河原　▶コース㉑

- 京都市下京区川端通 正面橋上ル
- 京阪電鉄七条駅下車，川端沿いに北へ4分

徳川家康はキリスト教の布教を許可しなかったが，貿易に熱心で宣教師の活躍を黙認していた。しかし1602(慶長7)年ごろからキリシタン弾圧をはじめ，直轄領から全国に広めていった。以心崇伝に禁教令を編ませ，京都の信徒を津軽に流した。さらに1619(元和5)年に52人が六条河原で火刑に処せられた。

六条河原は五条大橋以南，正面橋以北の鴨川の河原で，ここに元和キリシタン殉教の碑がある。中世より戦場や処刑場になることが多く，この地で石田三成・小西行長も処刑された。

光縁寺　▶コース⑬

- 京都市下京区綾小路大宮西入ル四条大宮町37
- 市バス壬生寺道下車，東南へ10分

満月山普照院と号する浄土宗知恩院派寺院。1613(慶長18)年，即玄上人の開基という。一説に天正年間(1573～92)の創建ともいう。本尊の阿弥陀如来立像は室町期の優品。本堂背後の墓地には，幕末・明治初期の画家中島来章の墓や山南敬介(助)以下20人をこえる新撰組隊士の墓がある。

光照院　▶コース⑥

- 京都市上京区新町通上立売上ル安楽小路町425
- 市バス上京区総合庁舎前下車，北へ8分

浄土宗知恩院派寺院。「常磐御所」と称する門跡尼寺。寺伝

では，1356(正平11)年に後伏見天皇皇女進子内親王が出家し，自本覚公と号して室町一条北に，天台・浄土・禅・律の4宗兼学の道場を建立したのが起源という。応仁の乱(1467〜77年)に罹災し，現在地にうつった。当地は後深草から後光厳の7代の天皇の御所となった持明院殿の跡地である。開山以来，皇室からはいった尼公が法統をつぎ，1789(寛政元)年に光格天皇から常磐御所の称号を賜った。1873(明治6)年，浄土宗に転じた。本堂(宸殿，昭和期)は優美な建物で，本尊の清涼寺式釈迦如来立像が安置されている。書院は旧桂宮御殿の一部を下賜されたもので，ゴヨウマツを配した枯山水庭園は一見の価値がある。寺宝に「お誕生人形」など，禁裏から下賜された人形や調度品に優品が多い。拝観は要予約(☎075-231-3538)。

興正寺　　　●京都市下京区醒ケ井通七条上ル 花園町70　　　　　　　　　　　　　　▶コース⑬
　　　　　　●市バス七条堀川下車すぐ

　円頓山と号する真宗興正派本山。文明年間(1469〜87)に仏光寺14世の経豪が住持職を弟経誉にゆずり，同志の42坊とともに本願寺蓮如に帰依し，蓮教の名をあたえられた。山科に寺を建立し，仏光寺の旧名興正寺(興隆正法寺)を称した。その後，本願寺とともに寺地を移転。1591(天正19)年に現在の地にうつった。承応年間(1652〜55)に本願寺と宗論上の対立から不和となり，1876(明治9)年に分離独立。1902年，出火で全山の諸堂を焼失した。現在の御影堂(大師堂)・阿弥陀堂以下の堂宇はその後の再建。

荒神橋　　　●京都市上京区荒神口通川端　　　　　▶コース④
　　　　　　●市バス荒神口下車，西へ3分

　幕末まで架橋されず，1867(慶応3)年に有事の際に鳳輦が川東に避難するため，西本願寺が寄進。そのため御幸橋あるいは勤王橋といわれた。現在の橋は，1914(大正3)年に架設されたもの。全長110m，車幅6.5mのコンクリート橋で，1981(昭和56)年に歩道を広げた。1953(昭和28)年に警官隊と学生デモ隊が，この橋上で乱闘となり，十数人が河原に転落し重軽傷をお

った, 荒神橋事件の現場でもある。橋の下に広がる荒神河原は, 古くは「近衛河原」, または「法成寺河原」とよばれ, 中世にはしばしば戦場となった。近世には印地打, 石合戦が行われ, ときには殺傷事件もおこったという。

荒神口は京都七口の1つであり, 吉田をとおって志賀(近江)に至る交通の要衝であった。現在の荒神口の名称以前は, 吉田口・志賀道口・今道口などとよばれていた。本格的な架橋以前は, 仮橋程度であったので, 牛車などの重い乗物の渡橋は禁じられていた。それらは河原におりて川を渡った。そのための車道が今も橋の西詰めに残っている。近年, 橋の上流30mほどのところに川渡りを楽しむようにと, 流れを横切る「亀の飛び石」が設けられた。

五条大橋 ➡京都市下京区河原町五条東
➡京阪電鉄五条駅, または市バス河原町五条下車すぐ ▶コース④

1589(天正17)年, 方広寺大仏殿建立に際し, 豊臣秀吉が旧来の五条大路にではなく, 六条坊門小路が鴨川を渡る地点に新しくかけさせた。従来の五条大橋(五条大路)は, 現在の松原橋(松原通)にあたる。1645(正保2)年に改修され, 当時の擬宝珠が今も用いられている。現在の橋は1959(昭和34)年に架設。橋の西詰めは新善光寺の跡地といい, 平敦盛の側室蓮華院が同寺にはいって尼となり, 暮らしの一助に扇を製造。禁裏にも献上し,「御影堂扇」とよばれたと伝えられ, それを記念して扇塚がたてられている。新善光寺は戦時下の強制疎開で滋賀県にうつり, 御影堂町の町名のみが残った。橋は全長67m, 幅35m。京都市内の橋のうち1日の車両の交通量がもっとも多い。

五条天神宮 ➡京都市下京区松原通西洞院西入ル天神前町
➡市バス西洞院松原下車すぐ ▶コース⑰

大己貴命・少彦名命・天照大神をまつる旧村社。社伝によれば, 平安遷都の際に空海が大和国宇陀郡から勧請し, 天使社と号したという。その後, 後鳥羽天皇のときに「五条天神

扇塚(下京区, 五条大橋西詰め)

五条楽園

宮」の勅称を賜ったと伝えるが, 社記を失って詳細は不明である。『宇治拾遺物語』や『源平盛衰記』『義経記』などの説話や物語に登場する。創祀以来, 農耕・医薬・禁厭(まじない)の神として信仰された。『徒然草』第203段にも「主上の御悩, 大方世中のさわがしき時は, 五条の天神に靫をかけらる」とあるように病魔退散の神とされた。室町期には一転して疫神そのものとされ, 1421(応永28)年4月に流罪の宣下がだされている(『看聞日記』)。近世には天明の大火および禁門の変に類焼し, 境内も大幅に縮小。現在は厄除けの神として尊崇され, 当社が配る宝船図は, 同種のもののうち, わが国最古のものである。

五条楽園(ごじょうらくえん)
→京都市下京区河原町五条東入ル
→市バス河原町五条下車, 東へ3分,
または京阪電鉄五条駅下車, 西へ3分
▶コース㉑

江戸中期, 五条から七条までの鴨川と高瀬川の間に, 「新地」として開発され, 成立した茶屋や遊郭を中心とした一大花街。五条新地・六条新地・七条新地は, それぞれ開発の時期は異なるものの, 宝暦年間(1751〜64)にはほぼ基本的な町造りを完成したらしい(『京町鑑』)。とくに五条新地を構成した遊郭地の3町を「五条橋下」と称した。島原を京都における唯一の遊郭と公認した徳川幕府は, これらの新興遊郭地を島原の支配下におき, その出稼ぎという形で営業を認めた。市内に近く, 安価で格式ばらない気安さがうけて繁盛し, 遊郭地の拡大が続き, 3新地の境界も消滅した。またより便利な北寄りに営業をうつすものが増加したため, しだいに五条に業者が集中し, い

つしか「五条楽園」の通称が生じた。

　明治以降も庶民的な歓楽街として発展をつづけ，その間に六条新地の名は消え，残った七条新地と五条橋下は大正にはいって合併し，改めて「七条新地」を名乗ることとなったが，あいかわらず「五条楽園」の名で親しまれた。合併の時点で，貸し座敷256戸，芸者24人，娼妓945人など，全国屈指の大遊郭となった。

近藤 勇（こんどう いさみ）　1834～68年　▶コース⑬

　新撰組局長。武蔵国多摩郡上石原の豪農宮川久次郎の3男。天然理心流試衛館道場主近藤周助の養子となり，道場をつぐ。1863(文久3)年に幕府が浪士隊を募集したとき，門弟を引きつれて応募。上洛後，浪士隊が江戸に帰ったのちも京にとどまり，京都守護職の支配下に属して新撰組を結成し，3局長の1人となる。その後新見錦・芹沢鴨の2局長を粛清し，組の全権を握った。副長の土方歳三の協力を得て隊規や人事を整えて隊を一本化。禁門の変や池田屋事件で活躍し，その存在を知られた。京洛の治安と幕権の維持に奮闘し，倒幕派浪士の取り締まりに奔走。大政奉還後，伏見にうつった。公用で竹田街道を通行中，旧御陵衛士の残党に狙撃されて重傷をおう。のち江戸へ戻り，1868(慶応4)年3月，甲陽鎮撫隊を組織し甲府に出撃するが，新政府軍との戦闘で敗走。その後も，関東各地に転戦するが，下総流山で投降し，4月江戸板橋で斬首され，京の三条河原で首をさらされた。

坂本 竜馬（さかもとりょうま）　1835～67年　▶コース⑲

　郷士出身の土佐藩士。坂本八平の末子として生まれ，長じて江戸に遊学し千葉周作の弟定吉の道場に入門，北辰一刀流免許皆伝の腕前となる。帰国後，武市瑞山の土佐勤王党に参加，しかし偏狭な攘夷思想とあいいれなくなり，脱藩して長崎の亀山に社中を組織し武器や船舶の販売と海運を行った。のち土佐藩の援助をうけ，これを海援隊に改組した。この間，勝海舟

佐久間象山寓居跡　　　　佐久間・大村遭難の碑

に師事し航海術を学ぶ。勝にみこまれて海軍操練所の塾頭になり活躍する。1866(慶応2)年薩長同盟成立の仲介的役割をはたすなど，倒幕運動を前進させた。「船中八策」を土佐藩執政の後藤象二郎に示し大政奉還・公議政体を唱導したが，維新直前の1867年11月中岡慎太郎とともに京都で暗殺された。

佐久間象山　1811～64年　　　　　▶コース⑲

信州松代藩士。名は啓で，象山は雅号。幼くして秀才の誉れ高く，朱子学から蘭学に転じ砲学や兵学を学んだ。勝海舟・吉田松陰・坂本竜馬・河井継之助ら幕末に活躍した俊英を門弟にもつなど当代きっての学者であった。14代将軍家茂にこわれて入洛し三条木屋町上ル大坂町に居宅を構えた。開国と西欧技術の導入をとなえ公武合体に奔走したため尊攘派から憎まれ，肥後浪士河上彦斎らによって，三条木屋町付近で暗殺された。

桜田儀兵衛　1832～93年　　　　　▶コース㉑

柳原庄内銭座跡村に生まれた。人柄は誠実・温厚で家業にはげみ，明治初期には財をなした。1873(明治6)年に柳原庄村戸長に推薦され，町村制施行とともに町長となり，1893年，病に倒れるまで町政に一身をなげうった。この間，下水の改修や小学校設置・貧困者の授産・勧業などの町の近代化につとめた。明治政府の身分制廃止の解放令にこたえて一般社会と対等に伍すべく町内の近代化と改善に腐心し，乏しい町の財政のなかで，

みずからの資産を投じてこれを遂行した。1879(明治12)年の大火にあたって、被災者に多額の義捐金をだした。1883年のコレラの流行に際しても、いち早く消毒を行い、町内への感染を防いだ。彼の死後、町内の人びとがその功績をたたえて碑をたてた(現、下京区下之町)。その思想と行動は明石民蔵たちにうけつがれ「自主改善運動」の出発点になった。

薩摩藩邸跡 ○京都市上京区烏丸今出川東入ル北側
○地下鉄烏丸線今出川駅下車すぐ ▶コース⑨

現在、同志社大学のキャンパスの主要部分を占めるこの一帯は、幕末に薩摩藩二本松屋敷のあったところである。薩摩藩は1862(文久2)年に、相国寺門前町のこの地に藩邸を設け、敷地5805坪(約1万9000㎡)の広大な地に、9棟の建物と多くの土蔵がたち並んでいた。この地を舞台に1866(慶応2)年坂本竜馬らの仲立ちにより、薩長の盟約が成立した。翌年、薩長両藩に倒幕の密勅がくだり、同日大政奉還となった。明治維新後、この薩摩藩邸跡は山本覚馬の所有となっていたが、山本はこの地を新島襄が設立した同志社英学校に提供し、1876(明治9)年同志社最初の校舎2棟がたてられた。その後校舎はつぎつぎとたてられ、今日の同志社大学へと発展した。

醒ケ井 ○下京区醒ケ井通五条下ル佐女牛井町
○市バス四条堀川下車すぐ ▶コース⑰

佐女牛井とも書く。天下一と称された名水で、源氏堀川館の井戸と伝える。村田珠光が井戸のかたわらに住み茶の湯に用い、将軍足利義政にも献じたという。以後、武野紹鷗や千利休も愛用。兵乱で枯渇し、織田有楽斎が復興したが、天明の大火で再び荒廃。第二次世界大戦中、堀川通の民家取りこわしのため破却された。現在は「佐女牛井址」碑がたつ。なお、醒ケ井通の名はこの井戸に由来する。

山紫水明処 ○京都市上京区東三本木通丸太町上ル南町
○京阪電鉄丸太町駅下車、西へ5分 ▶コース⑲

京都にうつり住んだ頼山陽の、最後の居宅水西荘の離れ屋で

山紫水明処(鴨川河原側)

同三本木通側

ある。朱子学者で文人の頼山陽は、京都で5回の引越しを行い、最後の居宅を東三本木に求めたが、それが水西荘である。鴨川の西沿いに位置したのでこのように名づけた。山陽は、亡くなる1832(天保3)年まで約5年間をここですごした。この水西荘の庭さき、鴨川に面したところにたてた小さな入母屋造の平屋が山紫水明処という書斎であった。茅葺の屋根に4畳半の書室と2畳の待室と水屋と廊下からなり、質素ななかにも、湿気に強い高価なクリ材を用い、山陽好みの意匠を随所にこらし、京都特有の蒸し暑さや底冷えをやわらげるこまやかな工夫がほどこされている。ここから鴨川を眺めると、流れの向こうに比叡山からはじまる東山の山並みをあおぐことができる。この眺めを「三都第一の景勝」と絶賛した山陽は、2つの漢詩から「山紫」と「水明」をとってこの書斎を山紫水明処と名づけた。また、ここから眺める東山を「東山布団着てねたる姿は、ふるめかし……」と表現し、中国の故事にならって「東山三十六峰」と名づけたという。山陽はここで著作にふけり、ときには親しい知人を招いて酒をくみかわし煎茶でもてなした。山陽の没後、水西荘は他家の所有となったが、山紫水明処は明治にはいって頼家が買い戻している。見学は事前に申し込むこと(☎ 075-561-0764)。

三時知恩寺

➡京都市上京区新町通上立売下ル上立売町4
➡市バス上京区総合庁舎前下車、北へ5分

▶コース⑥

浄土宗の単立寺院。入江御所とよばれ、代々皇女や摂関

家の息女がはいり，法脈をついだ門跡尼寺。応永年間(1394～1428)に後光厳天皇皇女見子(入江)内親王が入江殿を下賜され，寺院に改めて覚窓性善山尼(足利義満の女)を開山に迎え，知恩寺と号したのにはじまる。後柏原天皇は宮中での六時勤行のうち昼間三時(3回)を当寺で行うように定め，寺名を三時知恩寺と改めた。現在の堂宇は天明の大火で類焼したのち，恭礼門院の旧殿を賜って再建したもの。本堂には本尊の阿弥陀如来像を安置。拝観は要予約(☎075-451-2211)。

| 三条大橋 | ○京都市中京区河原町三条東
○市バス河原町三条，または京阪本線三条駅下車すぐ | ▶コース④ |

　三条通の鴨川にかかる橋。室町時代の造営にはじまるという。豊臣秀吉が奉行増田長盛に命じて，1590(天正18)年に大改修，現在の橋の原型をつくった。銅製の擬宝珠は天正時のものを残していたが，近年腐食が進み，模造品にかえられた。きざまれた文字は往古の工事の様子を今に伝える。江戸時代には幕府直轄の公儀橋で，東海道の始点(終点)となった。近代にはいって数次の改修を経て，現在の橋の姿となった。木製の裾隠しがついているため，主要部がコンクリート製であるにもかかわらず，古格をよく保っている。長さは74m・幅15m。

| 地蔵院 | ○京都市北区大将軍川端町2
○市バス北野白梅町下車，南へ10分 | ▶コース② |

　「椿寺」の異名で親しまれる地蔵院は，昆陽山と号する浄土宗知恩院派に属する寺院である。本尊は阿弥陀如来。726(神亀3)年，行基の創建と伝える。当初は衣笠山麓にあったが，1391(明徳2)年の，いわゆる明徳の乱で兵火にかかって焼失。足利義満が北山殿造営の余材で再建したという。1589(天正17)年，豊臣秀吉の命で当地に移転。1671(寛文11)年に浄土宗に改めた。朝鮮侵攻の折，加藤清正がもち帰ったという5色の八重椿があり，寺の異名の由来となった。赤穂浪士を援助したという天野屋利兵衛の墓がある。本堂南の観音堂にまつられる十一面観音立像は洛陽三十三所観音霊場第30番札所。

地蔵院天野屋利兵衛の墓

島田左近暗殺地(二条河原)

島(しま)左(さ)近(こん)　?～1600年　　▶コース④

名は勝(かつ)猛(たけ)がよく知られているが，清(きよ)興(おき)が正しいとされる。左近は通称。筒(つつ)井(い)氏につかえていたが，浪人して近(おう)江(み)に住む。石田三成に，その知行4万石のほぼ半分近い1万5000石をもって招かれ，仕官した話は有名。猛将の名が高く，謀才もあって三成に重用された。関ヶ原の戦いの前夜，蒲(が)生(もう)郷(さと)舎(いえ)とともに東軍の先(せん)鋒(ぽう)を奇襲，大破して西軍の士気を高めた。戦いの当日は東軍の主力と衝突し，自身も銃創をおいながら奮戦。乱戦のうちに倒れた。生存説もある。

島田左近　?～1862年　　▶コース⑲

九(く)条(じょう)家の家(か)令(れい)。出自は不明な点が多い。主人の前関白九条尚(ひさ)忠(ただ)が安(あん)政(せい)の大(たい)獄(ごく)に積極的に協力したので，井伊直(なお)弼(すけ)の腹心長(なが)野(の)主(しゅ)膳(ぜん)とともに，目明しの文吉を手先にして志士の弾圧と摘発を行った。井伊直弼の暗殺後，尊(そん)攘(じょう)派による大獄の協力者への報復として行われた「天(てん)誅(ちゅう)」の初の犠牲となり，善(ぜん)導(どう)寺(じ)横の妾(しょう)宅(たく)で薩摩藩士田中新兵衛らに襲われて二(に)条(じょう)河(が)原(わら)で落命している。その首は四条河原でさらされた。

島(しま)津(づ)源(げん)蔵(ぞう)　1839～94年　　▶コース⑲

島津源蔵(初代)は仏具鋳造職人であったが，明治初年の廃(はい)仏(ぶつ)毀(き)釈(しゃく)の嵐にあい，家業は壊滅的打撃をうけた。文明開化とともに西欧の進んだ科学技術が流入すると，京都府によって勧業場

島津創業記念資料館　　　　　　　　　　　　　　　島津創業碑

や舎密局・織工場がたてられ、近代化と京都復興をめざす息吹きにあふれていた木屋町二条(きやまちにじょう)に自宅をうつした。源蔵は、家業の再建よりも、みずから舎密局にかよいドイツ人科学者ワグネルに教えをこうて新技術の習得と理化学機器や精密機器の発明に専念した。京都府勧業場に隣接する自宅を研究室兼工房に改造して、精密機械の製造と修理を行う島津製作所を創業する。ここが現在の島津創業記念資料館である。源蔵は、ヨーロッパ製品にも見劣りしない精密機械をつぎつぎと世に送りだし、世間の注目を集めた。彼の名を不動にしたのは、京都府学務課長の依頼により仙洞御所で軽気球をとばすことに成功したことである。正規教育をうけなかった源蔵の才能は、当時一流の科学者からも高く評価された。「科学技術の普及を通じて人類社会に貢献する」という彼の精神は、彼の長男2代目源蔵(梅治郎(うめじろう))にうけつがれ、レントゲン機器やGSバッテリーとよばれる蓄電池の開発となって結実した。

島津創業(しまづそうぎょう)記念資料館(きねんしりょうかん)
- 京都市中京(なかぎょう)区木屋町二条(きやまちにじょう)下ル
- 市バス京都市役所前下車、東へ3分

▶コース⑲

　初代島津源蔵(げんぞう)が自宅を改造して研究所として使用した建物を、外観を創建当時のまま保存し、内部を博物館として改修してある。外観は伝統的な町家(まちや)風の建物ながら、窓にはステンドグラスがはめこまれ、なかなか洒落(しゃれ)ている。国産最古の顕微鏡や足踏み式旋盤(せんばん)、日本で最初に発行された理化学機器のカタログをはじめ、明治・大正期に製造された理化学機器、本業とは関係

葵祭

下鴨神社

なく源蔵が収集したパイプオルガンや暗箱式のカメラ・幻灯機,さらに2代目島津源蔵が製作した医療用X線装置や文書・書籍・写真など,多くの品が展示されている。また医療用X線装置にちなんでレントゲン博士の資料も展示してある。一企業の記念館にとどまらず,日本の科学技術発祥の歴史をたどることができる資料館としても貴重である。

島原 ●京都市下京区西新屋敷一帯 ▶コース⑬
●市バス島原口下車,西へ3分

下京の西部にあった旧遊郭。わが国で最初に公許された遊郭であったが,1958(昭和33)年の売春防止法の施行に伴い廃止され,現在は芸妓をおくだけの花街となっている。1640(寛永17)年,洛中二条馬場から六条三筋町を経て現在地にうつった。島原の地名は島原の乱に際して,一揆軍がこもった城郭に構造が似かよっていたからとも,移転が急であったのでその騒ぎが乱のごとくであったからともいう。丹波街道に接する交通上の要地であることもあいまって京洛第一の遊郭として盛名を謳われたが,江戸中期以後,祇園など洛中各所に娼妓をおくことが許されるようになると,漸次衰微に向かった。今も大門が往時の姿のままに残り,かたわらに「出口の柳」が風に吹かれ,また土塀に沿った,「さらば垣」とよばれる袖垣が続いている。大門をくぐると格子造の2階屋が道の両側に整然と並び,往時の趣を濃厚に伝えている。

下鴨神社
➡京都市左京区下鴨泉川町59
➡京阪電鉄出町柳駅下車,西北へ8分,
または市バス下鴨神社前下車すぐ
▶コース③

　正しくは賀茂御祖神社。賀茂建角身命・玉依姫命をまつる。上賀茂神社とあわせて賀茂社と総称。地勢からみて当社を下社,上賀茂神社を上社といい,上下で一社の観をなす。延喜式内名神大社。賀茂建角身命は上賀茂神社の祭神賀茂別雷神の外祖父,玉依姫命はその母とされ,それぞれ西と東の本殿にまつる。創建は750(天平勝宝2)年ごろという。当初は地方神として地位も低かったが,秦氏と協力関係を結んだ鴨氏の勢力が成長するにつれ,尊崇されるようになった。平安建都後は上社と並んで山城国一宮,王城鎮護の霊場とされて朝廷から伊勢神宮につぐ尊崇を得た。明治になって官幣大社に列せられた。第二次世界大戦後は国家の保護下から離れたが,今なお多くの人びとの参拝がたえない。樹木が鬱蒼と生いしげる糺の森に鎮座し,国宝の東西両本殿および53棟の重要文化財の殿舎を含めて74棟の建造物がたち並ぶ。いずれも江戸期のもの。神事・祭礼は多く,おもなものは以下のとおりである。

蹴鞠始(祭)	1月15日	御粥祭	1月15日
歩射神事	5月5日	御蔭祭	5月12日
葵祭	5月15日	御手洗祭	7月土用丑日

　なお下鴨社の境内や糺の森は,「班女」や「加茂物狂」など謡曲の舞台となっている。

下御霊神社
➡京都市中京区寺町通丸太町下ル
　下御霊前町324
➡市バス河原町丸太町下車,西へ5分
▶コース⑤

　謀反の疑いをかけられ憤死した早良親王以下の八所御霊(宇賀御霊大神)をまつる。もとは一条北・京極東にあった下出雲寺の鎮守社として,839(承和6)年に仁明天皇が創建。中世に社地を転々としたが,1589(天正17)年に豊臣秀吉の命で現在地にうつる。京都御所の産土神として上御霊神社とともに尊崇され,とりわけ霊元天皇の篤い崇敬をうけた。霊元天皇

石像寺本堂

宸翰御祈願文(江戸期・国重文)を所蔵。現在の本殿は1788(天明8)年造営の宮中内侍所旧殿を移築したもの。なお相殿には霊元天皇をまつる。また，境内摂社の垂加社は江戸時代の儒者で，垂加神道をとなえた山崎闇斎をまつる。例祭は8月18日。神幸祭は5月1日，還幸祭は18日で，御霊祭とよばれている。

石像寺 ▶コース⑧

◯京都市上京区千本通上立売上ル花車町503
◯市バス乾隆校前下車すぐ

正しくは家隆山光明遍照院石像寺。山号は鎌倉初期の歌人藤原家隆の邸跡にたつことからついたという。浄土宗知恩院派に属する。弘法大師空海の開基といい，当初真言宗であったが，後年に俊乗坊重源が再興して浄土宗に改めたという。中世の兵乱で荒廃し，1614(慶長19)年に西蓮社巌誉上人が復興し，現在に至っている。本堂に安置される石造地蔵菩薩像は，空海が唐土からもち帰った石を自身で彫ったものという。種々の苦を抜きとるご利益があることから苦抜地蔵とよばれ，いつしかなまって釘抜地蔵となったという。

弘治年間(1555～58)，京都の商人紀ノ国屋道林が両手の痛みに苦しんでいた。平癒祈願の満願の夜，地蔵尊が夢にあらわれ，汝の痛みは前世で人を恨んで人形の両手に八寸釘を打ち込んだ，その因果応報であると告げ，その釘をぬいて苦しみをなくしてやろうといい，2本の釘を示した。はっとめざめると不思議にも両手の痛みは消えさっていた。以後，祈願成就したものは釘抜きと八寸釘を小絵馬にして奉納するならいとなったという。

成願寺観音堂

本堂背後の小祠に安置されている，花崗岩製の阿弥陀三尊像(国重文)は鎌倉期の流麗な石仏である。なお境内墓地には藤原定家や同家隆・寂蓮法師(俗名藤原定長)の供養塔がある。すみには空海が加持祈禱に使ったと伝える弘法加持水がある。

住宅地区改良法　　　　　　　　　　▶コース㉑

1960(昭和35)年施行の法律。不良とされる住宅が密集する地区の住環境を改善するために「健康で文化的な生活を営むに足りる」住宅の集団建設を行うなどの手法で，当該地区の環境の整備改善をはかり，「住宅地区改良事業」の土地・建物の収用を行い，また，改良事業地区として指定し，指定地区内の新築・増築を制限するなど，日本の都市更新手法のうちでも「もっとも強力な手法」であるといわれる。崇仁はその全地域が住宅地区改良事業を行う「地区」として指定をうけている。

出世稲荷神社
◯京都市中京区千本通竹屋町ドル聚楽町851　　　　　　　　　　▶コース⑫
◯市バス出世稲荷前下車すぐ

聚楽第が破却されたあと，そこにあった社を，1663(寛文3)年にこの地にうつしたと伝える。豊臣秀吉の出世にちなみ社名としたという。祭神は倉稲魂命以下4柱。本堂天井に堂本印象の筆になる「昇り龍図」がある。境内には尾上松之助や牧野省三らが寄進した鳥居や新門辰五郎寄進の狛犬がある。

浄教寺

俊成社

● 京都市下京区烏丸通松原下ル東側
　俊成町
● 市バス烏丸松原下車すぐ

▶ コース⑰

　藤原俊成をまつる社。当地は烏丸通をはさんで玉津島町とともに彼の邸跡と伝えられ、これにちなんで創祀された。ただし、その時期は不詳である。もとは民家の間にあったが、烏丸通の拡幅工事に伴い、現在は歩道に面している。毎年11月28日の忌日にはお火焚祭がもよおされる。

春長寺

● 京都市下京区寺町通四条下ル
　貞安前之町
● 市バス四条河原町下車、南へ3分

▶ コース⑳

　松林山貞勝院と号する浄土宗寺院。本尊は阿弥陀如来。1574(天正2)年、織田信長の重臣で、京都所司代をつとめた村井貞勝の三条京極にあった邸内に建立。1582年、貞勝が信長の嫡子信忠に殉じて本能寺の変で戦死したため、その菩提をとむらうため現在の地にうつった。寺名は貞勝の号春長軒による。貞勝の画像を所蔵し、墓地には彼の墓が残る。

成願寺

● 京都市上京区一条通御前西入ル西町
● 市バス北野白梅町下車、東南へ10分

▶ コース㉒

　大広山と号する浄土宗知恩院派寺院。1578(天正6)年、実誉上人によって創建。現在の堂宇は天明の大火以後の再建。本堂に安置される本尊ともう1体の阿弥陀如来坐像は平安後期～鎌倉期の優品。山門のかたわらにある観音堂には、廃寺となった長宝寺の遺仏と伝えられる優美な仏像が数多く収蔵され

ている。近年,境内墓地からキリシタン墓碑が2基発見された。公開寺院ではないので,拝観の場合は事前に連絡が必要(☎075-462-2666)。

浄教寺(じょうきょうじ)

●京都市下京区寺町通四条下ル貞安前之町620
●市バス四条河原町下車,南へ4分

▶コース⑳

　多聞山灯籠堂と号する浄土宗寺院。承安年間(1171〜75)の初め、平重盛が東山小松谷の自邸に、48間の聖舎を建立。48体の阿弥陀仏を安置し、48基の灯籠を掲げて灯籠堂と称したのにはじまるという。そのため本堂には本尊阿弥陀三尊像と平重盛像が安置されている。境内には平重盛顕彰の碑がたつ。また重盛遺愛の品とも伝えられる琵琶が秘蔵されている。拝観は事前に相談のこと(☎075-351-2913)。

聖光寺(しょうこうじ)

●京都市下京区寺町通綾小路下ル中之町584
●市バス四条河原町下車,南へ5分

▶コース⑳

　錦綾山曼陀羅院と号する浄土宗寺院。浄土宗2祖聖光房弁阿の庵を1197(建久8)年、仏師康慶が寺に改めたものという。清海曼荼羅・清涼寺式釈迦如来立像をまつる。天野屋利兵衛のモデルとされる安田善右衛門match時や大石良雄の母くま女の墓および映画スター嵐寛寿郎の墓がある。拝観は事前に相談のこと(☎075-351-7584)。

相国寺(しょうこくじ)

●京都市上京区今出川通烏丸東入ル相国寺門前町701
●地下鉄烏丸線今出川駅下車,東へ5分

▶コース⑩

　臨済宗相国寺派の総本山。100余の末寺を有する。足利義満が建立を発願、夢窓疎石を開山として1392(明徳3)年から10年をかけて完成した。その後何度か兵火を含め火災にあい、とりわけ応仁の乱(1467〜77年)では東軍がここによったため、兵火で灰燼に帰した。相国寺は室町幕府の東隣に位置したため将軍家と関わりが深く、実質的に禅院の最高峰となった。塔頭もしだいに数を増し、その多くは将軍の御影堂に指定され、鹿苑

相国寺法堂

院(義満)，慈照院(義政)のように将軍の法名をもって塔頭名とした。こうした特権的な地位を背景に，五山文化の中心として栄え，当時著名な文学僧を輩出し，また雪舟などの画僧も相国寺に学んだ。特別拝観：春期3月24日～6月4日，秋期9月15日～12月8日。

清浄華院 ▶コース⑤

➲京都市上京区寺町通広小路上ル北之辺町395
➲市バス府立医大病院前下車，西北へ6分

　浄土宗四箇本山の1つ。山号・寺号はもたず，浄華(花)院と略す。860(貞観2)年，清和天皇が天台・真言・仏心・戒律の4宗兼学道場として，円仁を開山とし宮中に創設。後白河・高倉両院が法然に帰依して浄土宗に改め，法然を中興開祖とする。その後，寺地は転々としたが，1585(天正13)年に現在地にうつった。古来皇室や禁裏とは密接な関係にあり，本堂(御影堂)には本尊の法然上人像のほか清和・村上両天皇像および歴代天皇の位牌を安置。また，墓所には江戸期の皇族31人，万里小路・正親町・姉小路・山科など公家諸家の墓がある。寺紋も葉菊紋。不動堂に奉祀される不動明王像は「身代り不動」の名でつとに知られ，その由緒を描いた『紙本著色泣不動縁起』(室町期・国重文)を所蔵。寺宝に阿弥陀三尊像(南宋・国重文)などがある。

渉成園庭園　　　　　　　　　　　　　　　　上徳寺阿茶局の墓

誠心院

●京都市中京区新京極通六角下ル
　中筋町487
●市バス河原町三条下車，西南へ6分

▶コース⑭

　通称「和泉式部寺」で名高い。正しくは華岳山誠心院と号する真言宗泉涌寺派の寺院。藤原道長が，和泉式部に法成寺東北院の小堂をあたえたのが淵源という。本尊阿弥陀如来像は道長の女彰子からの賜仏と伝えられる。院号は式部の法名。のちに一条小川にあった誓願寺のかたわらにうつり，天正年間(1573〜92)に豊臣秀吉の町割により，誓願寺とともに現在地に移転。本堂には和泉式部像・藤原道長像を奉安。なお境内に「正和二(1313)年」の銘がきざまれた巨大な石造宝篋印塔があり，和泉式部の墓碑，あるいは供養塔ともいう。また江戸中期に活躍した俳人池西言水(紫藤軒)の墓と句碑がある。

渉成園

●京都市下京区下数珠屋町通間之町
　東入ル東玉水町
●市バス烏丸七条下車，東へ5分，
　または市バス七条河原町下車，西へ5分

▶コース⑳

　東本願寺の飛地境内。1641(寛永18)年，宣如上人が徳川3代将軍家光から寄進された。宣如は隠居後にこの地に住み，高瀬川の水を引いて作庭にはげみ，1657(明暦3)年に池泉回遊式庭園を完成。その際，石川丈山らの助言・協力を得たという。以後，歴代門首の隠居所となった。火災で何度か焼失し園内の建物は明治以降の再建。また御車寄は宮中より下賜されたものである。およそ3500m²の広さの敷地に，印月池を中心に建

上品蓮台寺境内

物や岩石を巧みに配置した大名庭園風の園である。庭園の周囲にカラタチ(枳殻)を植えたので枳殻邸ともいう。

上善寺 ▶コース⑤

○京都市北区鞍馬口通寺町東入ル
　上善寺門前町338
○地下鉄烏丸線鞍馬口駅下車、東へ10分

千松山遍照院と号す浄土宗寺院。863(貞観5)年、円仁が千本今出川に天台密教の道場として創建したという。一時寺勢が衰微したが、文明年間(1469～87)に春谷盛信によって再興され、浄土宗に改宗して勅願所の宣旨を賜った。1594(文禄3)年、現在地に移転し、鎮西派の巨刹として栄えた。本尊阿弥陀如来坐像は伝行基作。地蔵堂に安置される地蔵菩薩像は、深泥池のほとりにあったものをうつしたもので、「深泥池地蔵」とよばれ、京都六地蔵巡りの1つ。境内墓地には今出川(菊亭)家歴代の墓のほか、禁門の変で戦死した長州藩士入江九一ら9人の墓がある。

上徳寺 ▶コース⑳

○京都市下京区富小路通五条下ル
　本塩竈町556
○市バス河原町五条下車、西南へ5分

塩竈山霊光院と号する浄土宗寺院。本尊は阿弥陀如来。寺伝によれば1603(慶長8)年、徳川家康の帰依を得て伝誉一阿が開く。家康の寵をうけた阿茶局と家康との間の女である泰誉院が、みずからと生母の後生を願って土地を寄進し、寺域を拡張し堂宇を整備。寺名は生母の法号にちなんだという。墓地は低地になっており、源融の河原院の池の跡という。天明・

白峰神社拝殿(手前)と本殿

元治両度の大火で焼失し,現在の諸堂は明治期の再建である。境内の地蔵堂には祈れば世継に恵まれるという世継地蔵がまつられている。

上品蓮台寺

●京都市北区紫野十二坊町33—1
●市バス千本北大路下車,南へ5分
▶コース⑧

　蓮華金宝山と号する新義真言宗智山派別格本山。一名を九品三昧院という。本尊は塑像の延命地蔵菩薩(秘仏)。創建については諸説あり,不明。寺伝によれば聖徳太子が創建し,一時衰微後に宇多天皇が再興したという。村上天皇から寺号の勅額を下賜され,真言道場として栄えた。中世に寺運は衰えたが,文禄年間(1592〜96)に紀伊根来寺の性盛が復興し,以来智山派寺院となる。往時は12の子院を有し「十二坊」とよばれたが,現在は3院を残すのみである。寺宝として「紙本著色絵因果経」(天平期・国宝)のほか,「絹本著色六地蔵像」「絹本著色文殊菩薩像」(ともに国重文)などがある。境内墓地に仏師定朝の墓や空海の母阿刀氏の塔という五輪塔,および源頼光のものと伝える頼光塚や金工家後藤家歴代の墓がある。

式子内親王　?〜1201年　▶コース⑧

　鎌倉初期の歌人。後白河天皇第3皇女。母は藤原成子。1159(平治元)年,賀茂斎院となり,病のため退下するまで11年間その任にあった。藤原俊成に歌を学ぶ。当代一流の女流歌人で,『千載集』や『新古今集』などの勅撰和歌集にも歌がとられている。家集に『式子内親王集』がある。墓は般舟院陵にある。

新英学校女紅場跡の碑

新英学校女紅場跡にたつ旧電通会館

藤原定家の恋の妄執が葛となってまといついたという伝承が謡曲「定家」で知られている。いわゆる「定家葛」であるが，もとより後世の虚構である。

白雲神社（しらくもじんじゃ）
◯京都市上京区京都御苑内
◯市バス烏丸下長者町下車，東へ6分
▶コース⑪

宗像三女神のうち市杵島姫命をまつる。西園寺公経が造営した北山殿の妙音堂に安置されていたが，1769(明和6)年に西園寺邸の移転に伴い，現在地にうつった。東京遷都により，西園寺邸が取り払われたのちも，地元有志により社名を現称に改めて存続。市杵島姫命を弁財天にあてたことから「御所の弁天さん」と親しまれている。

白峰神社（しらみねじんじゃ）
◯京都市上京区今出川通堀川東入ル飛鳥井町261
◯市バス堀川今出川下車すぐ
▶コース⑧

1868(明治元)年，明治天皇が父孝明天皇の遺志をついで，讃岐国白峰陵から崇徳天皇の霊を，飛鳥井家の旧邸のあったこの地にうつした。さらに1873年に，恵美押勝の乱に敗北して淡路に流された淳仁天皇の霊を合祀。本殿以下，拝殿・斎館・勅使館・社務所がある。例祭は崇徳死去の9月20日，および4月第2日曜日。なお，本殿東側に3末社の祠が並ぶ。もっとも手前，南の地主社は蹴鞠道の宗家飛鳥井家のもと鎮守社で，蹴鞠の神鞠精大明神ほか4柱の神々をまつる。またその北隣の伴緒社は，保元の乱(1156年)の際に，崇徳に味方した源為義・為朝父子をまつっている。社宝として，「絹本著色崇徳上皇

像」(鎌倉期・国重文)などを所蔵。

新英学校女紅場　　　　　　　　　　　　　　▶コース⑤⑲

　1872(明治5)年日本初の女子教育機関として設立。鴨川河畔の九条家別邸を校舎に改めて、華族や士族の女子に裁縫・手芸・英語を教授した。女紅場の「紅」は、工・巧・功を意味し、糸の紡ぎ・機織・裁縫など、女性の生活をささえるための技術のことで、女紅場とはその教育の場であった。東京遷都による京都の衰退を危惧した京都府は、他府県に先駆けて近代産業と教育の振興に着手した。とくに第2代京都府知事槇村正直は京都に残った人材や外国人教師、上京した公家の屋敷跡を巧みに活用。長州藩邸跡に京都府勧業場を、教育施設の第1号として柳池小学校、翌年には独逸学校、さらにフランス学校と英学校を開設、土手町丸太町の九条家別邸跡には新英学校女紅場を開設し、これらを欧学舎と総称した。

　新英学校女紅場の開校当初の教員には、安政の大獄で獄死した梅田雲浜の妻千代と娘ぬい、のちに新島襄夫人となる山本八重(京都府顧問山本覚馬の妹)がいた。その後、女紅場は「女学校」と改称し、1901(明治34)年には、御所東側の松蔭町に移転した。やがてこれが京都府立第一高等女学校となる。第二次世界大戦後、京都府立鴨沂高等学校となって現在に至っている。鴨沂高校の正門は九条家別邸から移築されたものである。その後、各種の女紅場が設置され、各小学校区に市中女紅場が設けられ、祇園・島原・先斗町・北野上七軒などの花街には遊所女紅場がたてられ、勧業女紅場も設置された。明治初期の学監ダビット・マレーも「ほかの市府の模範となすべきもの」と京都の女紅場教育を高く評価するほど先進的なものであった。

神泉苑

●京都市中京区御池通神泉苑町東入ル門前町167
●市バス神泉苑前下車すぐ、または京都バス神泉苑下車すぐ

▶コース⑫

　平安建都の際に大内裏の南に造営された禁苑。放生池の中

新撰組壬生屯所(八木家住宅)

同旧前川家住宅出窓

島に善女竜王をまつる。二条・三条大路間の南北4町, 大宮・壬生大路間の東西2町を占有。池畔には乾臨閣や左右の楼閣・釣殿・滝殿などがたち並んだ。800(延暦19)年の桓武天皇の行幸以来, 平城・嵯峨・淳和など歴代天皇が, 頻繁に行幸し, 遊宴した。856(斉衡3)年以降, 祈雨の修法の霊場となった。さらに869(貞観11)年には疫病退散の御霊会が行われ, これが祇園会の嚆矢とされている。中世の兵乱で荒廃をきわめ, 二条城建設に伴い多くの地をさかれたため, 規模は往時の8分の1以下に縮小されて, その面影は失われた。現在の苑は1607(慶長12)年, 真言宗東寺派の寺院として再興されたもの。本尊は聖観音菩薩。境内は国史跡。毎年5月1日から4日までの大祭で神泉苑狂言が行われる。壬生狂言の流れをくむ無言狂言で, 演目はおよそ30。

新撰組　　　　　　　　　　　　▶コース⑬

　清河八郎の献策で結成された幕府浪士組は1863(文久3)年2月に上京。翌月, 浪士組は幕命により江戸に戻るが, 芹沢鴨や近藤勇ら十数人が残留し, 京都守護職に属し, 新撰組と称した。隊の主導権を巡って対立がおこったが, 暴虐な芹沢らを粛清して近藤・土方歳三が全権を掌握。峻厳な隊規を定め, 治安部隊としてその戦闘能力を評価された。とくに池田屋事件では維新を1年遅らせたといわれる。京の陣屋は壬生の八木邸から西本願寺境内に, さらに不動堂村へとうつった。鳥羽・伏見の戦いで事実上崩壊。その後, 近藤がとらえられて処刑され

新撰組壬生屯所

○京都市中京区坊城通綾小路東南角
○市バス壬生寺道下車,南へ3分

▶コース⑬

　江戸に帰らず京に残留した浪士隊の一部は,壬生の郷士八木家に滞在して「新撰組宿所」の標札を掲げた。1963(文久3)年9月の深夜,近藤勇一派が泥酔した局長芹沢鴨の寝込みを襲い,芹沢ら4人を斬殺,隊の全権を握る。今も同家の鴨居にそのときの刀痕が残る。なお同家は近世郷士屋敷としても貴重な遺構である。八木家が幹部宿舎で,八木家と通りをはさんでたつ旧前川家(非公開)は一般隊士の宿舎であった。ともに壬生屯所あるいは壬生屋敷と称された。池田屋事件露見のきっかけとなった,古高俊太郎が密謀を白状した蔵は敷地内に保存されている。建物の外観はほぼ当時の様子を保っている。

新徳寺

○京都市中京区壬生賀陽御所町48
○市バス壬生寺道下車,南へ3分

▶コース⑬

　臨済宗永源寺派の寺院。本尊は准胝観音菩薩。清河八郎がこの寺の本堂に上洛した幕府の浪士組の全員を招集し,勤王の素志をあきらかにした。つまりは幕府の費用と手間で,天皇の親衛隊をつくる企てであった。そのため彼は幕府の怒りを買い,江戸下向後まもなく暗殺された。京に残留した浪士が結成したのが新撰組である。なお当寺は万年寺の跡地にたてられたもので,その遺仏として通称「屋根葺地蔵」が奉安されている。

瑞泉寺

○京都市中京区木屋町通三条下ル石屋町144
○京阪電鉄三条駅下車,西へ5分

▶コース⑲

　浄土宗西山禅林寺派に属し,山号は慈舟山。関白豊臣秀次とその一族の菩提寺。
　豊臣秀次は,秀頼誕生後しだいに秀吉に疎まれ,1595(文禄4)年高野山で切腹させられた。その直後,秀次の子どもと妻妾,彼女らにつかえた女官たちは,市中を引きまわされたのち,鴨川の三条河原で処刑された。遺体は処刑場横に掘られた大穴

瑞泉寺

に投げ込まれ、なかにはまだ息のあるものも埋められたという。大穴は土盛りされ「秀次悪逆塚」の石碑がたてられた。数年後、高瀬川開削中の角倉了以がおびただしい人骨を掘りあてた。洪水で荒廃した塚を目にし、了以は悪逆の2文字を削り、塚を修復してそのうえに堂をたてた。浄土宗西山派の僧と相談し、この堂を秀次の法名から2文字をとって瑞泉寺と名づけた。山号は、水運事業をライフワークとする角倉了以にちなんで慈舟山とされた。その後、寺は一時荒廃したが、17世紀後半角倉家から巨木の寄進があり、ほぼ現在の瑞泉寺の規模に近い堂宇が完成した。境内には、秀次の首をおさめた石櫃と一族の墓、その横の地蔵堂には、処刑された39人を供養する引導地蔵尊がある。また、秀次のあとを追って切腹した家臣10人とあわせて49人の姿に似せた京人形が並べられている。塚のうえにたつ本堂には、角倉了以・素庵親子の像が安置してある。

末川記念会館
- 京都市北区等持院北町56-1
- 市バス立命館大学前下車すぐ

▶コース①

1983(昭和58)年に故末川博立命館大学名誉総長の偉業・遺徳をしのぶとともに、彼の打ちたてた平和と民主主義の教学理念を発展させる施設として校友・教職員・各会の有力者の協力を得て建設された。1階は末川博名誉総長の学問的社会的業績・遺品を展示してあるメモリアルルーム、および毎週開講している土曜講座の会館ホールがある。2階は京都裁判所から移設した松本記念ホール陪審法廷と会議室とを併設している。京都では1933(昭和8)年から15年間陪審裁判が行われ、その法廷

を伝える貴重な文化遺産として保存したもの。今後の市民参加の社会のあり方を考えていくうえで陪審制度はさけてとおれないテーマである。3階は資料室となっている。

菅原道真 845〜903年 ▶コース②

平安前期の政治家・文章博士。参議菅原是善の子。阿衡事件で宇多天皇に信頼され、その抜擢をうけて昇進。寛平の治をささえた。894(寛平6)年に遣唐大使に任命されたが、建議して遣唐使を廃止。醍醐天皇の治世でも右大臣として活躍。901(延喜元)年、政敵の左大臣藤原時平によって、女婿斉世親王を擁立する陰謀ありと讒言されて、大宰権帥に左遷された(昌泰の変)。翌々年、配流先で病没。学問・詩文にすぐれ、『菅家文草』『菅家後草』などの詩文集のほか、『類聚国史』『日本三代実録』を編纂。没後、怨霊となったと信じられ、鎮魂のため天満大自在威徳天神として北野にまつられた。道真信仰は天神信仰となり、中世以降、庶民の間に学問が広がるにつれて学問神とされ、一方では渡唐天神説話がうまれた。全国に散在する天満宮と天神社は、ほぼ1万。

杉本家住宅 ➡京都市下京区新町通綾小路西入ル矢田町116 ▶コース⑱
➡市バス四条西洞院下車、東南へ6分

1743(寛保3)年、「奈良屋」の屋号で呉服商を開業。1767(明和4)年以来、店舗を現在地に構え、ここで仕入れた京呉服を四条烏丸下ルの販売店から江戸や関東各地に供給しはじめた。京都を代表する豪商に成長。現存する家屋は、1864(元治元)年の禁門の変に際して類焼したのち、1870(明治3)年に再建されたもの。江戸期以来の大店の格式と特徴をよく保ち、表屋造の大規模町家の典型を示す。建物の細部にわたり、高度の技術に裏づけられた精緻な意匠がみられる。土蔵3棟は、禁門の変に焼失を免れた。1992(平成4)年に財団法人奈良屋記念杉本家保存会が発足し、杉本家の建造物および所蔵の文書や什器・祭具などの維持・管理にあたることとなった。拝観は要予約(☎075

崇徳天皇　1119〜64年／在位1123〜41年　▶コース⑧

　平安末期の天皇。鳥羽天皇の第1皇子。母は待賢門院藤原璋子。崇徳が鳥羽の祖父白河の子であることは公然の秘密で，そのために鳥羽に疎まれ，鳥羽院政下では圧迫されて実権をもてず，しだいに鳥羽と不和となり対立するようになった。鳥羽の死の直後に，藤原頼長のすすめで挙兵するが敗北(保元の乱)。讃岐国松山に配流され，その地で恨みをいだいて死去。死後，怨霊となったと恐れられた。陵は香川県坂出市青海町にある白峰陵。

角屋　❶京都市下京区西新屋敷揚屋町32　▶コース⑬
　　　　❷市バス島原口下車，西へ5分

　旧島原遊郭の揚屋の1つ。揚屋とは客をあげて遊ばせるところで，太夫や遊女はかかえない。木造2階建て・桟瓦葺，表が格子造の角屋は往時の揚屋建築の唯一の遺構。武家造に書院造・数寄屋造を加味した建物は，その大半が重要文化財である。建築年代は明確ではないが，主屋の一部は寛永年間(1624〜44)にさかのぼるという。その後，増築を重ねて今の姿となった。近年「角屋もてなしの文化美術館」として台所や座敷が一般公開されている。2階の見学は事前に予約(☎075-351-0024)。

世阿弥元清　1363〜1443年　▶コース⑦

　室町前期の能役者。観阿弥清次の嫡子。2世観世大夫。父にしたがって，大和から上京。1374(応安7)年，新熊野での演能を観劇した足利義満の庇護を得てその才能をのばした。二条良基ら多くの文化人と交流があり，和歌などの貴族芸能を吸収して猿楽をより洗練された幽玄の芸能へと大成させた。創作にもすぐれ，今も上演される多くの名作を書いた。『風姿花伝』や『花鏡』『能作書』などの芸論書・思想書も多い。足利義持や義教に疎外され，1432(永享4)年に佐渡に配流されるなど，晩年は不遇であった。

誓願寺

　●京都市中京区新京極通三条下ル桜之町453
　●市バス河原町三条下車,西南へ6分
　▶コース⑭

　深草山と号する浄土宗西山深草派総本山。円光大師法然25霊場の1つ。本尊は阿弥陀如来立像。寺伝によれば,天智天皇の勅願所として奈良に創建され,のちに紀伊郡深草(現,伏見区)にうつり,平安遷都に伴い上京区元誓願寺通小川に移転したという。はじめは三論宗であったが,21世蔵俊が法然に帰依し,彼を22世中興祖に迎えて浄土宗に転宗。西山派開祖証空の弟子で,深草真宗院の円空立信が入寺して西山深草派の総本山となる。1591(天正19)年,現在地にうつり,豊臣秀吉の側室松ノ丸殿京極竜子の援助で,本堂以下の諸堂宇が整備された。盛時には現在の数倍におよぶ寺域を占め,18の塔頭を含めた堂塔伽藍が壮大さを誇示する,洛中屈指の巨刹であった。不断念仏の道場として知られ,1619(元和5)年,55世安楽庵策伝が紫衣を勅許されて隆盛の極みに達した。その後,あいついで火災にあい,寺運は漸次衰退に向かった。

　1864(元治元)年の禁門の変の兵火に類焼し,堂塔とともに本尊も焼失。現在の本尊は,1869(明治2)年,石清水八幡宮の本地仏阿弥陀如来像を勧請遷座したもの。1872年,境内6000坪余(約1万9800m²)の約8割におよぶ4800坪(約1万5840m²)を上地され,塔頭のうち15院が廃絶または転出を強制され,いっそう寺観はさびれた。数度の罹災に,多くの寺宝が失われたが,『絹本著色誓願寺縁起』3幅や木造毘沙門天立像(ともに国重文)など,なお重文級の美術品を所蔵する。門前に街頭連絡板として石柱月下氷人石「迷子道しるべ」が,門内には扇塚がたつ。東北にある墓地には解剖供養碑,安楽庵策伝や山脇東洋とその一門などの墓がある。11月上旬に策伝忌がもよおされる。墓所参拝は要予約(☎075-221-0958)。

晴明神社

　●京都市上京区堀川通一条上ル晴明町
　●市バス一条戻り橋下車,西北へ3分
　▶コース⑧

　平安中期の陰陽家安倍晴明を主神とし,あわせて倉稲魂

誓願寺墓地の解剖供養碑

晴明神社本殿

命をまつる。社伝によれば、1007(寛弘4)年、一条天皇の命で晴明の旧邸跡に創建されたというが、晴明の邸はここではなく、さらに西南にあった。境内には晴明の霊力でわきだしたという「晴明水」がある。飲めばどんな難病でもたちどころに快癒するという。9月22・23日に晴明神社祭が行われる。

銭　座　　　　　　　　　　　　　　　　　▶コース㉑

　銭座とは、銭貨の鋳造を行ったところ。1698(元禄11)年に京都の糸割符仲間(江戸初期にポルトガル商人による中国産生糸貿易独占を排除するため、輸入生糸購入の特権をあたえられた)は銭貨鋳造の許可を奉行所に申して、妙法院領の七条高瀬川沿いで、1700年2月13日から、寛永通宝の鋳造をはじめた。その後、作業場は増加し31軒となった。1705(宝永2)年に、さらに480坪を払い下げられ、敷地を拡張した。1708年、宝永通宝の鋳造を行ったが不評で、1709年これを停止し、1714(正徳4)年には敷地も手放した。1731(享保16)年、天部村年寄の源左衛門と六条村年寄の與三兵衛は京都糸割符仲間の手放した銭座場跡に新しい集落を開発し、やがて銭座跡村とよばれた。現在の崇仁学区の南部にあたる。

千家十職　　　　　　　　　　　　　　　　▶コース⑧

　表・裏・武者小路の三千家が指定した茶道具作家の十人十職の家系の総称。利休以来、歴代家元の趣向にあった道具をつくる職人の家筋がしだいに固定されていき、近代にはいって

千家十職の名でよばれるようになった。十家とは陶工楽吉左衛門・釜師大西清右衛門・塗師中村宗哲・指物師駒沢利斎・金物師中川浄益・袋師土田友湖・表具師奥村吉兵衛・一閑張細工師飛来一閑・柄杓師黒田正玄・土風炉師永楽善五郎である。

善導寺

➡京都市中京区木屋町二条上ル生洲町
➡市バス京都市役所前下車、東へ3分

▶コース⑲

浄土宗鎮西派知恩院に属し山号は終南山。戦国末期の1567(永禄10)年に、筑後の僧清善上人によって六角堂近くにたてられたが、1788(天明8)年の大火で焼失し、この地にうつった。小さいながらも山門(竜宮門)に特色があり、ほかにも見どころの多い寺である。本堂の右手に茶道具が彫られた石灯籠がたっている。これが茶人あこがれの善導寺型灯籠である。庫裏の手前の芝の植込みのなかに釈迦三尊石仏がある。小さいながら優美な石仏で、鎌倉期の作、重要文化財に指定されている。

千利休　1522〜91年

▶コース⑥

織豊期の茶人。堺の納屋衆の出。草庵茶室と侘茶をもととする茶の湯の大成者。織田信長・豊臣秀吉につかえた。禁中茶会に伺候するため宗易の居士号を賜り、文字どおり天下一の茶匠とされた。大徳寺三門金毛閣の上層を増築寄進した際に自像を安置。これが秀吉の怒りを買い、切腹を命じられた。

千本釈迦堂

➡京都市上京区五辻通七本松東入ル溝前町1305
➡市バス上七軒下車、北へ3分

▶コース⑧

正しくは瑞応山大報恩寺と号する真言宗智山派の寺院。本尊は釈迦如来坐像(鎌倉期・国重文)。1221(承久3)年、求法上人義空が小堂をたて、釈迦とその十大弟子の像をまつったのがおこり。1227(安貞元)年に大堂を建立。倶舎・天台・真言3宗兼学の道場となり、広大な境内に堂塔伽藍がたち並び、寺運は隆盛を迎えた。1363(貞治2)年、足利尊氏の命ではじめられた涅槃講は、現在も2月15日に遺教経会として続けられている。中世に兵火で多くの堂塔が焼失したが、本堂(鎌倉期)

善導寺竜宮門

同釈迦三尊石仏

のみが現存，京都市内最古の仏堂遺構で国宝。往時は嵯峨清涼寺とともに釈迦信仰の中心として朝野の尊崇を集めた。寺宝に快慶作の十大弟子立像・定慶作木造六観音菩薩像(ともに鎌倉期・国重文)など仏教彫刻に優品が多く，霊宝殿に安置されている。年中行事として千本釈迦念仏(3月22日)・千本釈迦堂花供養(5月5日)・六道詣り(8月8〜12日)などがある。

なお本堂前，東の塀ぎわにある石造宝篋印塔はおかめ塚とよばれる。本堂創建に際して，大工棟梁高次が柱の寸法を切りあやまって困惑しているとき，妻の亀女の知恵で解決し，無事に工事を完了することができた。事の真相が世間にもれては夫の恥と思い，亀女は上棟式を前に自害した。この塔は夫高次が本堂の安全および妻の冥福を祈ってたてたものと伝える。

染殿院

▶コース⑭

➡京都市中京区新京極通四条上ル中之町562
➡市バス四条高倉下車，東へ3分

もと金蓮寺塔頭。十住心院，または敬礼寺と称した。本尊地蔵菩薩立像は「染殿地蔵」の通称で知られ，等身を上まわる裸形の巨像で，空海作とされる秘仏である。また，空海がここで『十住心論』をあらわしたともいう。文徳天皇女御藤原明子(染殿皇后)は本像に深く帰依し，清和天皇を出産。藤原北家の発展の礎を築いたといい，安産守護の信仰がうまれた。近年は，その名から染色業者の尊崇をも集めている。西芳寺(苔寺)庭園の造営にあたり，本像が僧に化身して夢窓国師に助力したという霊験譚が伝えられている。

大将軍八神社

➡京都市上京区一条通御前西入ル西町3
➡市バス北野白梅町下車、東南へ10分
▶コース②

　方除け・厄除けの神として知られる。祭神は素戔嗚命とその5男3女を主に、聖武・桓武両天皇を合祀する。社伝によれば平安遷都にあたり、桓武が大和国春日から勧請し、京の四方においた大将軍社の1つという。大将軍とは太白(宵の明星・金星)の精で、陰陽道では西方を担当する神である。神道と習合して素戔嗚命、仏教と習合して牛頭天王となる。現在の社殿は1933(昭和8)年に再建されたもので、本殿と拝殿が連絡される権現造である。平安末以降、陰陽道の発展と大将軍信仰の高まりに伴って多くの神像が奉納され、社宝とされている(いずれも国重文)。例祭は10月23日。

大聖寺

➡京都市上京区烏丸通上立売下ル御所八幡町109
➡市バス烏丸今出川下車、北へ4分
▶コース⑥

　岳松山と号する臨済宗系の単立寺院。「御寺御所」と称する門跡尼院。1368(貞治7)年に出家した無相定円禅尼(光厳院妃)のために、足利義満が室町殿の敷地内に安禅所としてたてた岡松殿が起源。禅尼の没後、寺院として大聖寺と号し、開山に後円融天皇皇女理栄宮(悟心尼)を招聘した。如大無着尼が開いた景愛寺を兼管。その後、寺地は転々としたが、1697(元禄10)年に当初の地に戻った。正親町天皇の皇女が入寺したとき、比丘尼御所(門跡尼院)第1位の綸旨をうけた。以後、光格

高瀬川一之船入・角倉了以邸跡

同復元高瀬舟

天皇の皇女に至るまで代々の皇女が入寺した。現在も御所言葉を使用する。現在の本堂は東京の青山御所から移築したもので，本尊釈迦如来像および観音・地蔵両菩薩像を安置している。書院は「宮御殿」ともいい，中御門天皇の皇女が住持のとき，宮中から下賜されたものという。寺宝には歴代天皇の宸翰のほか，「絹本著色一翁院豪像」「無外如大自筆譲状」(江戸期・国重文)などがある。また「新婚雛」の名でよばれる，江戸中期の有職雛があり，往時の若い公家の服装を正確に写したものという。拝観は要予約(☎075-441-1006)。

高瀬川　　　　　　　　　　　　　　　　　▶コース⑲㉑

　高瀬川は角倉了以によって開削された。彼は大仏殿の再建をめざす豊臣秀頼から建築資材運搬の依頼をうけ，鴨川の川底を改修するなど，伏見・五条間に水運を開いた。これによって大仏殿の工事は進んだ。しかし，了以と息子の素庵はこれに満足せず，生活物資の供給のためにさらに安定した水路の必要性を感じ，1611(慶長16)年幕府に運河の開削を願いでる。三方を山に囲まれた大都市京都は陸上運搬に難があるため，それまでは淀川を利用して中書島まで運んだ物資をさらに伏見を経由して木屋町まで運んでいたのである。

　二条付近より鴨川の水を取り込み，民家の庭をとおって運河にそそぐ。京都盆地の高低差を利用して，伏見港まで結ぶ高瀬川水運が完成した。総延長11km・平均川幅8m，川底は平均30cm強の深さで，舟底の扁平な高瀬舟をつくった。水路に沿

って9カ所の船入が設けられた。唯一現存する一之船入には，復元された高瀬舟が係留されており，往時をしのぶことができる。船入の北側が角倉了以の屋敷跡である。運行は午前が上り船，午後が下り船の一方通行制で，上りの高瀬舟は，曳船といって川の両岸から綱で「ホイホイ」と声をかけながら引っ張った。船で運ばれたのは材木がおもで，ほかに薪炭や米などの生活物資であった。それゆえに高瀬川沿いに多くの材木問屋や薪炭をあつかう店が軒を並べたので，この通りを木屋町とよぶようになった。

高山彦九郎　1747～93年　▶コース④

江戸中期の思想家。林子平や蒲生君平とともに寛政三奇人の1人。上野国新田郡の郷士高山良右衛門の第2子。勤王思想に影響され，18歳で京に遊学し，4年間滞在。その間，皆川淇園らと交際した。以後，諸国を回遊し，多くの人士と交わりを結んだ。前後5度入洛し，公家の邸に親しく出入りし，天皇にも謁見を許された。折から皇居造営や尊号一件問題など，朝幕間に波風がたち，彼も事態の収拾に奔走した。しだいにその行動を幕府に警戒され，追いつめられた彦九郎は，九州行脚中の久留米の旅寓で自殺。享年47歳。入京・離京に際しては必ず三条大橋で，ひざまずいて皇居を遥拝し，涙ながらに「草莽の臣高山彦九郎」とよばわったという。

武田五一　1872～1938年　▶コース⑮

建築家。京都高等工芸学校教授などを歴任後，京都帝国大学建築学科設立とともに教授に就任。ヨーロッパの新感覚造形理論を学び，国内のモダン・デザインの基礎を築いた。1928ビルをはじめ，京都府立図書館・京都大学本館本部・日赤京都支社病院，あるいは和風の東本願寺や中国風の藤井有鄰館など，多様なデザインと様式を特色とする作風で多数の建物を設計。工芸や商業デザイン分野でも活躍。

武市瑞山 (たけちずいざん)　1829～65年　▶コース⑲

郷士出身の土佐藩士。瑞山は雅号、通称は半平太。国学を叔母の夫鹿持雅澄に学び、早くから尊王思想をもつようになった。1856(安政3)年、江戸にでて桃井春蔵に入門、他藩の尊攘派志士と交流するようになる。1861(文久元)年、郷士や庄屋などの下級藩士を中心に土佐勤王党を結成し首領となる。翌年、藩執政の吉田東洋を暗殺して藩政の実権を握り、藩主山内豊範を擁して入洛する。土佐藩京都留守居役になり尊攘派の志士や公家と尊攘運動を展開した。しかし、1863年、八月十八日の政変で尊攘運動が後退すると、前藩主山内豊信(容堂)ら藩上層部の勤王党弾圧がはじまり、瑞山にも帰藩命令がくだる。彼は、同志たちがつぎつぎと脱藩するなかで国元にとどまり、やがて投獄されて1年半後に切腹させられた。

蛸薬師 (たこやくし)
- ➡京都市中京区新京極通蛸薬師ドル東側町503
- ➡市バス河原町三条下車、西へ5分

▶コース⑭

法性山と号する妙心寺の本尊石造薬師如来の俗称。その後、浄土宗西山派に属する同寺の異名となり、さらには通りの名称ともなった。1251(建長3)年に創建された円福寺が、二条室町通ドルにあった蛸薬師堂の通称で知られた永福寺を吸収。明治にはいって三河の妙心寺と寺地を交換。円福寺は当地を去ったが、蛸薬師堂は境内に別堂として残った。永福寺の僧が病母にこわれてタコを買い求め、殺生を禁じられた身をとがめられたが、一心に祈ったところタコは薬師経に変じ、母の病も平癒したという奇譚が伝えられ、蛸薬師の名のおこりとなった。祈願成就のお礼にタコを描いた小絵馬を奉納する。

糺の森 (ただすのもり)
- ➡京都市左京区下鴨一帯
- ➡京阪電鉄出町柳駅下車、西北へ8分、または市バス下鴨神社前下車すぐ

▶コース③

下鴨神社から摂社河合神社に至る境内と参道および周辺一帯にかけての面積12ha(約3万6000坪)の広大な森。高木類のう

ちケヤキやエノキ・ムクノキなど落葉広葉樹が大半を占め，平安遷都以前の京都盆地の片鱗をうかがわせる。近年の調査で樹木と草本あわせて163種が自生していることが判明。昆虫類や鳥類・茸類の種類も多い。森の中央にムクノキの倒木が風雨にさらされている。時とともに腐敗し，やがて土に帰っていく。そんな自然の摂理を知ってもらうための教材である。樹木のなかや周囲には，菌類が繁殖し，昆虫が卵をうみつけ，幼虫が育っているであろう。平安時代には七瀬の霊所の1つとして水辺で禊や祓が行われた。森の南に続く河原を糺の河原，一名河合の河原というが，しばしば合戦場や一揆の集結地となった。中世以降，芸能興行がもたれ，衆庶の慰安・娯楽の地であった。近世にはいると小川のほとりでは納涼の場として人びとに親しまれ，糺の納涼は京の夏の風物詩であった。現在，小川の水は涸れて往時の面影をみることはできない。「糺」の意味には諸説あって不詳だが，人間の虚偽をただす神が鎮座する清浄な森を意味していると想像できる。

辰野金吾　1854〜1919年　　　　　　　　　　　　▶コース⑮

　建築家。政府が招いたジョサイア・コンドルに師事。工部大学校を首席で卒業。ロンドン留学後，母校の教授となり，多くの建築家を育成し，明治・大正期の建築界を主導した。退官ののち，事務所を構え，多くの建築にかかわる。自立後に手がけた作品は130以上にものぼるという。とくに辰野式とよばれた様式は，一世を風靡した。東京駅や日本銀行本店はその代表作である。京都でも多くの名建築を残している。

竹林寺　　◐京都市中京区下立売通西大路西入ル西ノ京中保町　　　▶コース②
　　　　　　◐市バス北野中学前下車，東へ7分

　五台山と号する浄土宗西山禅林寺派の寺院。1304(嘉元2)年，後宇多天皇の勅願で，顕意道教が開基となり創建。境内には未決囚として六角獄舎に収容され，禁門の変に際して逃亡を恐れた幕吏により斬られた勤王の志士37人の墓がある。遺骸は西

長講堂御白河法皇御影殿

獄舎に埋められたが，明治になって当寺に改葬された。非公開。

長講堂
➡京都市下京区富小路通五条下ル
本塩竈町528
➡市バス河原町五条下車，西南へ10分
▶コース⑳

後白河法皇が仙洞御所六条殿の敷地内にたてた持仏堂にはじまる。本尊は阿弥陀三尊坐像(藤原期・国重文)。法華経を長日不断に講読し，弥陀を念じたので法華長講弥陀三昧堂，略して長講堂という。法皇は180余におよぶ膨大な荘園を寄進し，その運営と維持に腐心した。これを長講堂領といい，皇室領として歴代天皇，とくに持明院統に引きつがれた。堂自体はたび重なる兵火や火災で建物を失い，洛中を転々とし，中世には荘園が武士の侵略をこうむったこととあいまって，寺勢は衰微した。1578(天正6)年，豊臣秀吉の命で現在地に移転。その間，宗派は天台宗から律宗，さらに西山浄土宗となり，現在に至っている。後年，法皇の法体坐像(江戸期・国重文)がつくられ，御影殿に安置されている。また当寺の過去帳に祇王・祇女や仏御前らの名がみられる。拝観は事前に相談のこと(☎075-351-5250)。

長曾我部盛親 1575〜1615年　▶コース⑳

桃山期の武将。長曾我部元親の4男。長兄信親の戦死後，家督をつぐ。関ヶ原の戦いで西軍に属したが，たたかわず帰国。戦後，領国を没収され，京都の上立売柳厨子に浪居。祐夢と号し，寺子屋の師匠として世を送った。1614(慶長19)年，大

坂の陣の勃発にあたり、豊臣家の招きに応じて旧臣らとともに大坂に入城。翌年の大坂落城ののち、山城国橋本辺りに潜居中をとらわれ市中引きまわしのうえ、六条河原で斬られた。享年41歳。法号は源翁宗本、墓は下京区六条の蓮光寺にある。

頂法寺

➡京都市中京区東洞院通六角西入ル堂之前町248
➡地下鉄烏丸線四条駅下車、東北へ8分、または市バス烏丸三条下車、東へ3分

▶コース⑮

通称「六角堂」で親しまれる天台宗寺院。山号は紫雲山。西国観音霊場三十三所巡り第18番札所。縁起では聖徳太子の創建と伝え、太子信仰の普及につれて貴族から庶民に至る多くの人びとの帰依を集めて発展。親鸞が叡山をおりて百日参籠をはたし、観音菩薩の夢告を得て法然の門下にはいった故事は有名。中世には下京の町組織の中心の町堂としてその精神的紐帯を強めた。室町期より当寺の執行によって生花がはじめられ、専慶・専応・専好らの名手を輩出し、現在の「華道池坊」の基礎を築いた。代々の家元が当寺の住職を兼務するならわしはここに由来している。北隣にたつ池坊会館のなかにある「いけばな資料館」（拝観は要予約、☎075-221-2686）には、歴代家元の作品を描いた絵図や資料、花器などが展示されている。通称のおこりとなった六角形をした、本堂の前の土中に埋め込まれた1個の石を「へそ石」という。平安遷都の際、当寺の堂宇が道路築造予定地の中央に位置していたため、勅使が訪れて拝礼すると、一夜にして堂宇が十数mも北にうつったという。へそ石がおかれた場所が以前の堂の中心を示すという。また、石の名称の由来は、その位置が下京の中心にあたるからという。

頂妙寺

➡京都市左京区仁王門通新麩屋町西入ル大菊町
➡市バス川端二条下車すぐ

▶コース④

聞法山と号する日蓮宗一致派の本山。下総国中山の法華経寺の日祝が上洛し、細川勝益の帰依をうけて1495（明応4）年に四条柳馬場に開く。将軍足利義稙にも尊崇され、寺運は隆

盛を迎えた。以後,寺地は再三移転し,町衆の尽力によって1673(寛文13)年に現在地に再興された。広い境内には本堂をはじめ祖師堂・仁王門(二天門)などの堂宇がたつが,いずれも1788(天明8)年の天明の大火以降の建立。近世,多聞・持国の二天信仰が高まり,南の通りを仁王門通というようになった。細川勝益や連歌師里村昌休・昌叱・昌琢らの墓がある。寺宝に烏丸光広賛の「紙本墨画牛図」がある。

天性寺
- 京都市中京区寺町通三条上ル 天性寺前町522
- 市バス河原町三条下車,南へ5分

▶コース⑭

曼荼羅山当麻院と号す浄土宗寺院。本尊は阿弥陀如来坐像。大永年間(1521〜28),大和当麻寺の中将姫の遺徳を追慕するため眼誉道三が当麻曼荼羅を写して創建。後奈良天皇の妃吉徳門院栄子の帰依を得て,山号をあたえられたという。当初は西陣曼荼羅町にあったといい,1587(天正15)年に豊臣秀吉の命でこの地に移転。天明の大火で焼失したが,文化年間(1804〜18)に再建された。本堂には本尊がまつられ,その脇に中将姫の化身とされる十一面観音菩薩像などが安置されている。寺宝に明兆筆「絹本墨画白衣観音図」(国重文)などがある。墓地には江戸後期の画家原在中とその一族,横山清輝,真鍮をわが国で最初につくった藤左衛門の墓碑がある。

天寧寺
- 京都市北区鞍馬口通寺町ドル 天寧寺門前町301
- 地下鉄烏丸線鞍馬口駅下車,東南へ15分

▶コース⑤

万松山と号する曹洞宗寺院。楠木正成の末男傑堂能勝大和尚が会津に創建。1592(文禄元)年,京都にうつる。現在の堂宇は天明の大火で罹災したのちの再建。本堂に本尊釈迦如来像をまつる。また観音堂には後水尾天皇の念持仏といわれる聖観音像と東福門院のそれという薬師如来像を安置。山門を「額縁門」という。そこから眺める比叡山が,額にいれた絵のようにみえるからである。江戸前期の茶人金森宗和や剣道示現流の遠祖善吉和尚・公家の慈野井家累代の墓がある。

等持院(とうじいん)

→京都市北区等持院北町63
→京福電鉄等持院駅下車,北へ7分

▶コース①

　臨済宗天竜寺派の寺院で万年山と号す。本尊は釈迦牟尼仏。1341(暦応4)年,足利尊氏が仁和寺の一院を菩提寺とし,等持寺の別院として1358(延文3)年中興し,禅寺に改めた。夢窓疎石を開山に迎えて創建。尊氏の葬儀を行い法号にちなんで等持院と改称した。本堂は1818(文政元)年妙心寺塔頭海福院の方丈をうつしたもの。霊光殿には歴代の足利将軍の木像や尊氏の念持仏といわれる利運地蔵がある。庭園は開創当時のもので,林泉は芙蓉池とよばれ,東は心字池である。西は中島の山畔に枯滝石組をつくり草木・草花が配されている。築山には茶席清漣亭をたて司馬温公型の神社手水鉢と等持院型の灯籠をすえている。また尊氏の墓がある。

富岡鉄斎(とみおかてっさい)　1836～1924年

▶コース⑭

　幕末から近代にかけて活躍した文人画家。名は猷輔,のちに道節・百練と改める。三条室町の法衣商の次男に生まれ,早くから太田垣蓮月尼のもとに寄宿し,歌作や陶器づくりを手伝う。大国隆正に国学を,春日潜庵に儒学を学ぶかたわら木戸孝允や貫名海屋・中島棕隠・藤本鉄石らと親交を結んだ。画業は窪田雪鷹に師事,小田海僊らと交流。各地の宮司をつとめた。壮年期にはいって室町一条下ル薬屋町に居を定め,画業に没頭したが,彼にとって絵は賛の挿絵にすぎない余技であり,あくまで儒者を自任していた。晩年にいたって自由奔放な筆遣いと華麗な色彩により,闊達かつ洒脱な独自の画境を開き,画家としての名声が高まった。1917(大正6)年に帝室技芸員,翌々年には最初の帝国美術院会員となる。墓は洛東円山公園に隣接する大雲院にある。

豊臣秀次(とよとみひでつぐ)　1568～95年

▶コース⑲

　豊臣秀吉の姉とも(瑞竜院日秀)の子。はじめ三好康長の養子となり,三好信吉と称す。1583(天正11)年,賤ヶ岳の戦い

等持院庭園

に軍功をあげ，河内北山2万石の大名に取りたてられる。1584年小牧・長久手の戦いでは，徳川家康の奇襲にあい大敗。翌年紀伊・四国平定の功により，近江・大和ほか43万石をあたえられ，近江八幡に居城を構えた。秀吉の長男鶴松の夭折に伴い，秀吉にこわれて養子になり，1591年秀吉のあとをうけて関白となる。秀頼誕生後，秀吉との関係が悪化し高野山に追放され，謀反の罪名をかぶせられて自刃させられる。

長江家住宅 ●京都市下京区新町通仏光寺上ル船鉾町　▶コース⑱
●市バス四条西洞院下車，東南へ10分

　長江家は，1822(文政5)年当地に移転以来，この家に居住している。下京を代表する典型的な商家であるが，通り庭形式と表屋造形式を複合した，特殊な構造となっている。1868(慶応4)年に1列3室形式の通り庭形式の建物がまずつくられ，1908(明治41)年に隣接地を購入し，表屋造形式の棟を増築した結果である。離れ座敷を備え，中庭を囲む数寄屋風の3室は，住人にとって癒しの場となっている。京町家の催し事の会場として公開され，現在も商いを続け，京町家本来の住・職兼用の空間を構成している。拝観は要予約(☎075-351-1029)。

中岡慎太郎 1838〜67年　▶コース⑲

　庄屋出身の土佐藩士。武市瑞山の土佐勤王党に参加。脱藩して防州三田尻に走り，石川誠之助と変名し，三条実美らの護衛にあたった。三田尻で編成された忠勇隊に属し，1864(元治

元)年7月長州軍の東上部隊に参加, 7月19日の禁門の変で負傷して長州に敗走, その後忠勇隊の隊長となる。下関・大坂・京都・大宰府・長崎・鹿児島と歩き, この間坂本竜馬とともに薩長両藩の同盟工作に尽力した。岩倉具視の信頼が厚く, 土佐藩の命で1867(慶応3)年に陸援隊を組織し, 京都北白川に本部をおく。倒幕運動に邁進し, 竜馬以上の知性と行動力のもち主と将来を嘱望されたが, たまたま訪れた竜馬の隠れ家で刺客に襲われ, 2日後に死亡する。竜馬とともに倒幕に奔走するが, あくまで武力倒幕をめざし, 大政奉還による平和的な倒幕も視野にいれた竜馬と微妙な意見の食い違いをみせるようになった。竜馬が投宿していた近江屋を訪れたのも意見調整のためであった。

梛神社

●京都市中京区壬生梛ノ宮町17
●市バス壬生寺道下車すぐ

▶コース⑬

素盞嗚命以下7柱をまつる。疫病除けのご利益があるとされる。貞観年間(859〜877)に都に疫病が流行し, 播磨国広峰から疫神牛頭天王(素盞嗚命)を勧請して東山八坂郷にまつったが, その際にひとまず神霊をこの地にあった梛の森にまつったことにはじまると伝える。そのため当社を元祇園社ともよぶ。神霊を八坂にうつすとき, この地の住民が傘をかざし, 棒をふり, 楽を奏したといい, それが祇園会の傘鉾の起源という。現在の社殿は, 1929(昭和4)年に再興されたもの。例祭梛神社大祭は5月第3日曜日に行われる。本殿北側にたつ隼神社は, もと朱雀院の鎮守社といい, 1920(大正9)年に当地にうつされた。延喜式内社で, 建甕槌命・経津主命をまつるとされるが, 実際には隼をまつる。瘡毒の治癒に効験があるという。

新島 襄 1843〜90年

▶コース⑤⑨

明治前期の宗教家・教育者。同志社英学校・同志社大学の創立者。上州安中藩士の長男として江戸の藩邸に生まれる。蘭学と航海術を学び, 欧米文明の習得を決意, 1864(元治元)年箱館より密航して渡米する。キリスト教入信後, アーモスト大

錦市場

学・アンドーバー神学校を卒業。その間1872(明治5)年に訪米した岩倉使節団に同行し、欧米の教育事情を視察した。キリスト教主義の学校設立を志して1874年帰国。1875年、京都府顧問山本覚馬、宣教師J・D・デイヴィスの協力で寺町通丸太町上ルに同志社英学校を開設した。翌年、相国寺門前町に新校舎を建造。徳富蘇峰など熊本バンド30余人が入学して同志社の教育が確立した。しかし、同志社がキリスト教主義教育をとなえる私学であったため、政府や京都府のさまざまな圧迫をうけた。1882年ごろより大学設立を志して奔走したが、病気のためはたせず、保養のために滞在中の神奈川県大磯で没した。墓所は左京区若王子山にある。

新玉津島神社

➲京都市下京区烏丸通松原西入ル南側玉津島町309
➲市バス烏丸松原下車、西へ2分

▶コース⑰

1186(文治2)年、藤原俊成が紀伊国和歌浦から玉津島明神を五条室町の自邸に勧請したのがおこりという。祭神は衣通郎女など3柱。足利尊氏は社殿を改修し、和歌所を復興して別当職をおいた。また、天皇の歌道伝授の際には、勅使がつかわされる慣例であった。応仁の乱(1467〜77年)によって社殿は焼失し、衰微した。のちに冷泉家の管理下にはいり復興。近世では俳人・歌学者北村季吟が当社の社司となり、天和年間(1681〜84)に社殿修復に尽力したことが知られている。また、当時伊賀上野の藤堂藩士であった松尾芭蕉が彼に師事し、後年俳諧の道に進む契機となったことは有名。当社参道の松並木の繁茂

錦市場

- 京都市中京区錦小路通寺町～高倉
- 市バス四条高倉下車、北東へ2分

▶コース⑭

中京区錦小路にある食品小売市場。東は寺町通から西は高倉通に至るおよそ390m、幅3.3mの両側に147軒の店舗が並ぶ。鮮魚店や乾物店・青物店の比重が高く、ほかに肉や漬物をあきなう店があり、飲食店や料亭から家庭料理までどんな食材でもまにあうとされ、「京の台所」の異名をとる。創業は鎌倉時代までさかのぼれるが、本格化したのは元和年間(1615～24)に幕府から魚問屋の名があたえられてからである。活気ある錦言葉で客をよびこむ様子は壮観である。

錦天満宮

- 京都市中京区新京極通四条上ル中之町537
- 市バス四条河原町下車、西北へ5分

▶コース⑭

錦天満神社ともいう。祭神は菅原道真で、旧村社。社伝によれば、長保年間(999～1004)に、道真の旧邸菅原院を源融の河原院の跡地にうつして歓喜寺とした際に、道真の霊をまつってその鎮守社としたという。知恵の神・学問の神のほか、繁華街という場所がら、商売繁盛の神として尊崇を集めている。歓喜寺が時宗の善導寺をあわせて歓喜光寺となり、天正年間(1573～92)に豊臣秀吉の命で現在の錦小路東端の地に移転したことが社名のはじまり。明治にはいって歓喜光寺は東山五条に転出し、当社が残った。例祭は毎年5月25日と11月25日。本殿左側には源融をまつる塩竈社や痘瘡除けの神として少彦名命をまつる床浦社、白太夫社、日ノ出稲荷社などの末社が並んでいる。

西本願寺

- 京都市下京区堀川通花屋町下ル本願寺門前町
- 市バス西本願寺前下車すぐ

▶コース⑬

龍谷山と号する浄土真宗本願寺派の本山。親鸞の大谷廟堂に起源をもち、1272(文永9)年に曾孫の覚如が寺院化して本願寺と称した。以後、寺勢に転変はあったが、1591(天正19)年、

二条城唐門

西本願寺「虎渓庭」

豊臣秀吉から現在の地を寄進された。1602(慶長7)年に教如が東本願寺を分立して以降、西本願寺と称される。京都人は親しみをこめて、それぞれ「お西さん」「お東さん」とよんでいる。現在の堂宇は1617(元和3)年の焼失後の再建。大師堂(御影堂)と本堂(阿弥陀堂)が並びたち(ともに江戸期・国重文)、回廊で結ばれている。境内にはこのほかに、飛雲閣・唐門・書院(対面所および白書院)・能舞台・黒書院・伝廊の5つの建物があり、いずれも国宝である。とくに飛雲閣は聚楽第の、また唐門は伏見城の遺構という(否定説もある)。対面所の東庭「虎渓庭」は桃山期庭園の特色を保ち、国の史跡・特別名勝である。寺宝には「紙本墨画親鸞聖人像」(鏡の御影、鎌倉期・国宝)『紙本著色慕帰絵詞』(南北朝期・国重文)や『三十六人家集』(平安期・国宝)など多数ある。伽藍の前に樹齢数百年という大イチョウが2本。樹高が低く、横に張りだしているので「逆さイチョウ」の異名をもつ。

二条城

◯京都市中京区二条通堀川西入ル 二条城町541
◯市バス二条城前下車すぐ

▶コース⑫

総面積27万5000㎡の平城。国史跡。1602(慶長7)年、覇者となった徳川家康の命で、藤堂高虎の縄張り(設計)のもと、村越茂助が奉行となって着工。翌年3月、家康は自身の将軍宣下の際、上洛入城している。本来、徳川氏の居館の意味あいが大きく、公武和合の儀式の場としても活用された。伏見城の遺構を移築するなど、最終的な完成は3代将軍家光治世の1626

(寛永3)年、後水尾天皇行幸のときとされる。1750(寛延3)年の落雷で天守を焼失、さらに天明の大火で城の一部を失った。周囲に外堀を巡らし、多門塀で囲み、大手門・北大手門・西門および東南・西南の両隅櫓(いずれも国重文)を配置。城内西部中央に内丸を内堀で囲み、櫓門(国重文)を東におく。二の丸御殿(国宝)への入口に唐門(国重文)がたつ。内部には狩野探幽・尚信らの障壁画(国重文)が描かれている。二の丸庭園(国特別名勝)は小堀遠州の手になる。江戸初期の大名庭園の代表的作品。現在の本丸御殿(国重文)は桂宮本邸から、1893(明治26)年にうつしたもの。1867(慶応3)年に、大政奉還の評定に用いられた。1884(明治17)年に宮内省の管轄で離宮とされた。1939(昭和14)年に京都市の管轄となった。

二条陣屋　➡京都市中京区大宮通御池下ル三坊大宮町137　▶コース⑫
➡市バス神泉苑前下車、東南へ3分

豊臣配下の大名小川祐忠は、関ヶ原の戦いに去就をあやまり領地を没収され、近江国高島郡に蟄居。その子祐滋が上京し、商業を営み成功。京に邸をもたぬ大名のために自宅を宿泊所としたことにはじまるという。すべて土蔵造(現在は一部を改造)とし、万全の防火対策設備がほどこされている。また刺客対策のさまざまな工夫がなされ、さながら忍者屋敷のようなからくりがある。書院造と数寄屋造を折衷した、ほかに類例をみない建物で、重要文化財に指定されている。

野口家住宅
(花洛庵)　➡京都市中京区四条油小路上ル藤本町　▶コース⑱
➡市バス四条西洞院下車、北へ4分

1733(享保18)年以来、代々呉服商を営む商家。格子と長い虫籠窓に特徴がある主屋は、1864(元治元)年の禁門の変によって焼失後に再建。書院および次の間は、小堀遠州の作という。豪壮な欄間彫刻が印象的である。拝観は要予約(☎075-211-3551)。

秦家住宅の格子戸

橋本左内 1834〜59年 ▶コース⑫

幕末期の政治家。福井藩士。名は綱紀。号は景岳など。1849(嘉永2)年、大坂適塾に遊学。藩主松平慶永の腹心として中央政局に関与。一橋派として活躍。将軍を中心とし、開国を基本とする統一国家を構想。1858(安政5)年に主君の意を含み上京。二条堀川の福井藩邸を拠点に、徳川慶喜を将軍継嗣とするよう公卿の間に説いたが、安政の大獄で逮捕され、刑死。

秦家住宅 ▶コース⑱

◯京都市下京区 油小路通仏光寺下ル太子山町594
◯市バス四条堀川下車、東南へ10分

近年まで漢方薬をあきなう店舗であったため、「気應丸」と記された大屋根上の看板とガス灯がひときわ目をひく。虫籠窓もきわめて大きく、縁どりつきである。庇の下にも「つうじ丸」と「即治丸」と書かれた大看板が吊るされている。現在の建物は、禁門の変による罹災後の、1869(明治2)年に再建されたもの。店舗・住居棟・土蔵を坪庭および座敷庭の2つの庭がつなぐ典型的な表屋造り形式である。重い格子戸をあけると、右手の店の間には薬箱がすえられ、大きな看板で部屋が仕切られている。店庭をとおると、玄関にでる。奥の坪庭がみとおせる。表から奥まで通り庭が続き、玄関脇のくぐり戸からさきは台所である。座敷にあがり、座敷庭を眺める。座敷庭を取りまくように廊下があり、土蔵に連なっている。拝観は要予約(☎075-351-2565)。

畠山政長　1442～93年　　　　　　　　　　　　　▶コース⑩

応仁の乱(1467～77年)の直接の原因となった畠山氏相続争いの当事者。畠山持国の養子。1450(宝徳2)年，持国が家督を実子義就にゆずったので，細川勝元をたよって義就と抗争。1464(寛正5)年勝利し，管領に就任した。しかし，1467(応仁元)年義就が山名宗全と結び，政長は管領を罷免されたため，追いつめられた政長は上御霊神社に陣をしいて武力で義就を倒そうとしたが，義就の攻撃をうけ敗走した。この戦いが応仁の乱の導火線となった。

畠山義就　1437～90年　　　　　　　　　　　　　▶コース⑩

応仁の乱(1467～77年)の導火線となった畠山氏の相続争いの当事者。畠山持国の実子。すでに持国の養子となっていた政長をさしおいて，1450(宝徳2)年家督を継承し，政長と対立した。1467(応仁元)年山名宗全と結び，当時管領だった政長を追放し，応仁の乱のきっかけをつくった。乱終息後も両畠山氏の抗争は続き，義就は河内周辺を実力支配した。

般舟院　　●京都市上京区千本東般舟院前町151　　▶コース⑧
　　　　　　●市バス千本今出川下車すぐ

指月山般舟三昧院と号する天台宗寺院。本尊は阿弥陀如来坐像(藤原期・国重文)。もとは伏見指月の里伏見殿にあった。応仁の乱(1467～77年)後に後土御門天皇が恵篤上人善空を開基として創建。当初は四宗(台・密・律・浄土)兼学の禁裏内道場に擬された。多くの后妃らが葬られ，また，後花園天皇以下5代の天皇の遺骨が分納された。1595(文禄4)年の伏見築城に際し，現在の地にうつされたが，その後も皇室の香華寺として尊崇された。1730(享保15)年の西陣の大火で類焼し，その後再興されたが，明治にはいって歴代皇室の位牌は泉涌寺にうつされ，また寺地の多くを上地されて衰退。現在は元三大師堂のみが残る。寺宝に不動明王坐像(藤原期・国重文)がある。

東本願寺御影堂門

繁昌神社(はんじょうじんじゃ)

○京都市下京区高辻通室町西入ル北側繁昌町
○市バス烏丸松原下車、西南へ4分

▶コース⑰

「班(半)女ノ社」ともいい、宗像三女神をまつる。『宇治拾遺物語』は長門前司の女が未婚のまま死去し、よそに葬られるのをきらって遺体が動かないため、やむなく邸内に葬りまつったという。その塚を班女塚といい、現在も同社の北西に岩石と小祠があり、本来の鎮座地と推定されている。もとの祭神針才女(牛頭天王妃)がなまって繁昌となったものともいう。かつては祟り神として畏怖され、嫁入り行列はこの前をとおることをさけたという。今は転じて商売繁昌・良縁の神として尊崇されている。例祭は5月20日。なお、さきにふれた岩石の下に「繁昌社ノ水」とよばれる井戸があるとされ、班女が世をはかなみ投身したと伝える。

東本願寺(ひがしほんがんじ)

○京都市下京区烏丸通七条上ル常葉町154
○市バス烏丸七条下車すぐ、または地下鉄烏丸線五条駅下車5分

▶コース⑳

真宗大谷派本山。本願寺と号す。東本願寺は通称。本願寺が東西に分裂したのは1602(慶長7)年。13世教主の准如とその兄で前教主教如の不和を利用して、徳川家康が本願寺の巨大勢力の分裂をはかった結果である。家康は現在の地を下賜し、伏見城の遺構を寄進した。1603年阿弥陀堂(本堂)が完成。その翌年には大師堂(御影堂)も完成。その後、両堂とも手ぜまにな

ったためほかにうつし，再建。これらの諸堂は1864(元治元)年の禁門の変で焼失。明治にはいって再建。敷地内には木造建築として世界最大の規模を誇る大師堂や阿弥陀堂・勅使門・御影堂門などの壮麗な建造物がたち並ぶ。寺宝に親鸞聖人像(安城 御影・国重文)や親鸞自筆の坂東本『教行信証』(国宝)などがある。

土方歳三　1835～69年　　　　　　　　　　　▶コース⑬

新撰組副長。武蔵国多摩郡石田の出身。家伝の散薬の行商に従事のかたわら天然理心流をならう。試衛館道場主の近藤勇と肝胆相照らす仲となり，その誘いで浪士組に加盟し，上京。その後，新撰組を結成し，峻厳な隊規を定めて副長として近藤を補佐し，倒幕派志士の鎮圧に奔走。戊辰戦争では箱館の五稜郭籠城まで旧幕府軍の一員としてたたかいぬき，五稜郭開城の日に斬り込み，戦死をとげた。

日野富子　1440～96年　　　　　　　　　　　▶コース②⑩

室町8代将軍義政の正室。9代将軍義尚の生母。内大臣日野重政の女。義政が継嗣を弟義視と定めた直後に義尚を出産，義尚を将軍職にしようと画策して，応仁の乱(1467～77年)を誘発した。義政が政務をおこたるすきに政治に介入し，京都七口における関銭徴収や守護大名への高利貸しなどを行い，蓄財につとめた。夫や義尚に先立たれ，晩年は孤独で不遇であった。義尚の死後，義視の子義材を将軍に推挙したが，のち足利義澄を還俗させて将軍とするなど，晩年は将軍の廃立に決定権を行使した。

平等寺
➡京都市下京区松原通烏丸東入ル　因幡堂町728　　　　　　　　　　　▶コース⑰
➡市バス烏丸松原下車，東へ3分

「因幡堂」の通称で親しまれる真言宗智山派寺院。福聚山と号する。『因幡堂縁起』(鎌倉期・国重文)によれば，997(長徳3)年に因幡守橘行平が任期をすぎて帰洛の途上，夢告によ

平野神社参道

って同国賀留津の海中から薬師如来像1体を得た。行平は小堂を近くにたて、この像を安置した。1003(長保5)年、この薬師が京の行平邸まで飛来したので、邸内に奉安したことにはじまるという。朝野の尊崇を得て、寺運はおおいに栄えた。本尊薬師如来立像(藤原期・国重文)は日本三如来の1つで、一木彫りの優品。応仁の乱(1467～77年)以降は町堂として重要な役割をはたした。ほかに如意輪観音坐像・釈迦如来立像(鎌倉期・国重文)などがある。

平野国臣　1828～64年　▶コース②⑫

幕末期の国学者・政治家。福岡藩士。通称次郎。号は月硒舎・友月庵など。1858(安政5)年に脱藩上京し、尊攘派志士とまじわるが、大獄の危険が迫ったため帰国。西郷隆盛らと僧月照の保護を画策するが失敗。1863(文久3)年、但馬国生野で公卿の沢宣嘉を擁して挙兵するが敗北(生野の変)。京都六角獄舎につながれる。翌年、禁門の変に際して獄中で同志とともに斬られた。墓は上京区の竹林寺にある。

平野神社　○京都市北区平野宮本町1　▶コース②
○市バス衣笠校前下車、東へ3分

桓武天皇が平安遷都の際、大和の各地に鎮座していた今木・久度・古開の3神および比売神を勧請したのにはじまるという。これら諸神はいずれも渡来人が信奉する神々である。とくに今木神は桓武天皇の母后高野新笠がでた百済系渡来氏族和氏がまつる神であった。そのため皇室の尊崇は篤く、『延喜式』

名神に列し、二十二社の1つともなっている。981(天元4)年の円融天皇の行幸以後、歴代天皇・皇后の行幸・御幸・御啓があった。中世にはいり兵乱などで衰微したが、寛永年間(1624〜44)に再建された。本殿(江戸期・国重文)の構造は飛翼春日造、一名を平野造といい、春日造の本殿が2殿ずつ結合され、4殿で構成されている。サクラの名所として知られ、毎年4月10日には桜祭りが行われる。

藤原俊成 1114〜1204年 ▶コース⑰

　平安末・鎌倉初期に活躍した歌人。五条の室町(あるいは京極)に邸を営んだので、五条三位とよばれた。早くから歌道の革新につとめて研鑽を重ねた。その歌風は「幽玄」と称される優艶さを核とした象徴的・複合的美の追求にあった。後白河上皇の命で『千載和歌集』を撰進。その際、一門とともに都落ちした平忠度(清盛の末弟)が引き返し、自撰の歌集をあずけた。俊成はこのうちの1首「さざなみや　士賀の都はあれにしをむかしながらの山ざくらかな」を詠人知らずとして『千載集』にのせた。家集『長秋詠藻』および歌論書『古来風体抄』などをあらわす。墓は東福寺塔頭南明院にある。

藤原冬嗣 775〜826年 ▶コース⑫

　平安初期の公卿。右大臣藤原内麻呂の子。住居の閑院邸にちなみ閑院左大臣と称す。嵯峨天皇に深く信任され、810(弘仁元)年、薬子の変直前に初代蔵人頭に任命され、天皇をよく補佐。変の翌年参議となり、その後右大臣、さらに825(天長2)年に左大臣となり、北家隆盛の基礎を築く。「弘仁格」や「内裏式」を撰修。女順子が正良親王(のちの仁明天皇)の妃となり、その皇子道康親王が、冬嗣の没後に即位(文徳天皇)すると、太政大臣を追贈された。勧学院や施薬院を創設。氏寺興福寺に南円堂を建立するなど一族の繁栄にも尽力した。

藤原道長 966〜1027年 ▶コース⑤

平安中期の公卿。兼家の第5子。同母兄の道隆・道兼の早世で、権勢を手中のものとする。摂関の地位を巡って道隆の嫡子伊周と争った話は有名。彰子・妍子・威子・嬉子の4人の女を一条・三条・後一条・後朱雀の各天皇の后妃とし、後一条・後朱雀・後冷泉3代の外祖父の地位を確保。1016(長和5)年、摂政、翌年に太政大臣となり、「この世をば　我が世とぞ思ふ望月の　かけたることも無しと思へば」と、道長みずからがよんだ摂関政治の全盛期を現出。晩年には極楽往生を願って法成寺を建立し、寺にちなみ「御堂関白」とよばれた(ただし、道長は関白には就任せず)。法成寺で死去。宇治木幡にある藤原北家歴代の墓所に葬られた。彼の自筆日記『御堂関白記』(国宝)は現存する最古の日記として貴重。

藤原良相　813〜867年　▶コース⑫

藤原冬嗣の第5子。良房の同母弟。大納言・右大将など要職を歴任。857(天安元)年、右大臣に就任し、兄良房を補佐。出自・才能に恵まれ、「局量開曠」「有才弁」と評された(『三代実録』)。一族の貧窮者救済のため、859(貞観元)年に延命院・崇親院を設置。866年の応天門の変に際して、当初は伴善男に同調し、源信の排撃を主張した。源氏勢力の進出に対する危機感があったと思われる。翌年に死去。正一位を贈られた。

仏光寺
➡京都市下京区高倉通仏光寺下ル新開町397　▶コース⑰
➡市バス河原町松原下車、西へ5分

渋谷山と号する真宗仏光寺派の大本山。本尊は阿弥陀如来。東国から帰洛した親鸞のため、1212(建暦2)年に高弟の源海が山科東野に建立した興隆正法寺(興正寺)が起源とされる。1329(元徳元)年、7世了源のとき東山渋谷にうつった。1327(嘉暦2)年、本尊が盗難にあい、二条河原に遺棄された。その夜、宮中にひと筋の光がさし、あやしんだ後醍醐天皇が光をたどらせると仏像を発見した。この奇瑞から「阿弥陀仏光寺」の勅額を賜り、寺名を改めたという。了源の名帳・絵系図に

宝鏡寺人形塚

よる結縁勧進で信徒が増大し、本願寺など真宗他派を凌駕した。文明年間(1469〜87)に14世経豪が本願寺蓮如に心服し、旧名を復して興正寺を名乗って末寺48坊中、42坊を率いて帰依したため、以後寺運は衰微した。

1586(天正14)年、豊臣秀吉の大仏殿建立にあたり、渋谷から現在地に移転。現在の堂宇は天明・元治両度の大火に類焼したあとの再建である。本堂(阿弥陀堂)には本尊の阿弥陀如来立像がまつられ、かたわらに聖徳太子立像(鎌倉期・国重文)および了源の像が安置されている。また大師堂(御影堂)には親鸞像が奉安されている。ほかに鐘楼・書院・寝殿がたち並ぶ。周囲に光薗院や大行寺などの子院が軒を連ねている。

古田織部　1544?〜1615年　▶コース⑥

織豊期・江戸初期の大名茶人。名は重然。千利休に茶を学び、その七哲の1人となる。織田信長ついで豊臣秀吉につかえ、武家風茶道である大名茶を確立。また陶芸でも織部風という斬新な感覚の器を開拓。秀吉の没後は徳川氏につかえ、2代将軍秀忠の茶道師範となった。大坂夏の陣の際、豊臣氏に通謀し、謀反を企んだとされて自刃を命じられた。墓所は大徳寺三玄院。興聖寺にも墓があり、また木像も残されている。

宝鏡寺　547-1　▶コース⑩

⇒京都市上京区寺之内通堀川東入ル百々町
⇒市バス堀川寺之内下車すぐ

光厳天皇皇女華林宮恵厳禅尼を開山とする臨済宗の尼門跡

寺院で，1644(寛永21)年に後水尾天皇の皇女が入寺して以来，皇女が住持となっている。その後，天明の大火で焼失したのを再興したのが現在の建物である。仏堂には阿弥陀如来像と日野富子像が安置されている。また人形の寺としても有名で，人形塚がある。多数の人形を保存しており，人形展(一般公開)を春秋2回，人形供養を年1回行っている。

法林寺
➲京都市左京区三条通川端東入ル北側 法林寺門前町
➲京阪電鉄三条駅下車すぐ，または市バス三条京阪前下車すぐ
▶コース④

朝陽山と号する浄土宗鎮西派寺院。正しくは檀王法林寺，地元では親しんで檀王さんとよんでいる。古くは蓮華蔵院(または華蔵寺)といい，比叡山三千院の1つであった。1268(文永5)年，了恵上人(望西楼道光)が来住して，浄土宗に転宗し，悟真寺と改称した。その後，鴨川の氾濫や応仁の乱(1467～77年)で被災して衰微した。1611(慶長16)年に袋中上人によって再興され，現在の寺名に改めた。上人は浄土宗きっての学僧で，琉球に至って国王の帰依をうけ，念仏弘通につとめ，3年の滞在の間に『琉球神道記』『琉球往生』をあらわした。帰国後は京都に来住し，当寺を中心に各地で念仏教化につとめた。また高弟の良仙団王は，師の衣鉢をついで教化につくし，当寺を「だんのうさん」とよぶのは単なる略称だけでなく，団王上人の活動も大きく影響している。本堂に安置される脇仏阿弥陀如来坐像(藤原期)は，白河法皇の院御所白河南殿の御堂蓮華蔵院の遺仏という。境内には，本堂のほかに四天王門や霊屋・西門・観音堂・主夜神堂が並ぶ。寺宝には「紙本墨書七知経」1巻(国重文)などがある。

法輪寺
➲京都市上京区下立売通御前西入ル 行衛町457
➲市バス北野中学前下車，東へ7分
▶コース②

通称「達磨寺」で知られる。1727(享保12)年に万海上人が創建した臨済宗妙心寺派寺院(一説に1730年創建)。入母屋

造・瓦葺の本堂には本尊釈迦三尊像が安置され、左右の室には杉本哲郎筆の襖絵および福本三木画の杉戸絵が描かれている。方丈前庭は枯山水の秀逸な庭園である。本堂背後の衆聖堂の1階には、8000をこえる大小の達磨像が収蔵されている。2階には開山像や日本映画関係者の位牌がまつられている。境内の各所に中国・インド産の竹が植えられ、かたすみに白幽子の墓石がある。白幽子は臨済宗中興の祖白隠慧鶴の『夜船閑話』に登場する人物であるが、事績そのほかの詳細は不明である。

細川勝元　1430～73年　　　　　　　▶コース①⑩

　室町中期の武将。応仁の乱(1467～77年)の東軍の総帥。1445(文安2)年以来3度管領に就任。将軍家や畠山・斯波氏の後継問題で山名宗全と対立、応仁の乱では将軍義政を奉じて西軍とたたかったが、乱中に山名宗全に続いて病死した。禅に深く帰依し、龍安寺を創建した。また和歌や絵画など多趣味であった。

本阿弥光悦　1558～1637年　　　　　　▶コース⑥

　桃山・江戸初期の芸術家。寛永期(1624～44)を代表する人物。光二の長男。上層町衆本阿弥家の1人として古典文化に通暁し、書や蒔絵・絵画・陶芸・茶道など多くの分野に独創的な才能を発揮。とくに書では独自の書風を確立し、世に光悦流と称された。1615(元和元)年、徳川家康から洛北鷹峯の地をあたえられ、一族や職人仲間を率いて移住し、芸術村(光悦村)を営む。熱心な法華宗徒であった。代表作に「舟橋蒔絵硯箱」や黒茶碗「不二山」「時雨」、赤茶碗「乙御前」「雪峯」などがある。また角倉素庵や俵屋宗達らと協力して美麗な嵯峨本(光悦本)を刊行。墓は洛北光悦寺。

本覚寺　🚇京都市下京区富小路通五条下ル塩竈町558　　　▶コース⑳
　🚌市バス河原町五条下車、西へ5分

　仏性山と号する浄土宗寺院。1222(貞応元)年に鎌倉3代将

八文字屋自笑の墓(本覚寺)

本覚寺中門

軍源実朝の室本覚尼(坊門信清の女，西八条禅尼とも称す)が，夫の死後に西八条にあった遍照心院(現，大通寺)に1宇を建立したのにはじまるという。寺名は彼女の法号にちなむ。翌年，堀川梅小路に移転。当初は真言律宗であったが，応仁の乱(1467～77年)の兵火にかかり衰退したのち，1503(文亀3)年に玉翁上人が中興に際して浄土宗に改めた。寺地は高辻烏丸へ移転。1591(天正19)年に豊臣秀吉の命で現在地にうつった。当寺の土筑地蔵は通称を「泥かぶり地蔵」といい，江戸期には名地蔵の1つにあげられた。本堂には本尊阿弥陀如来像を安置し，脇に塩竈神社の祭神源融と本覚尼の像が奉安されている。現在の諸堂宇は，元治の大火後の再建である。墓地には江戸中期の浮世草子の版元八文字屋自笑の墓がある。拝観は事前に相談のこと(☎075-351-4780)。

本能寺

➲京都市中京区寺町通御池下ル下本能寺前町522
➲市バス河原町三条下車，西へ5分，または地下鉄東西線京都市役所前下車すぐ

▶コース⑭

卯木山と号する本門法華宗の大本山。本尊は十界大曼荼羅。1415(応永22)年，日隆が油小路高辻と五条坊門の間の地(現，下京区)に創建。当初は本応寺と称し，1436(永享8)年に現在の寺名に改めた。茶屋や塩屋・小袖屋一族の上京町衆の帰依を得て宗勢をのばした。天文法華の乱で一山は灰燼に帰したが，その後日承が油小路蛸薬師に中興した。寺域が拡大で，城郭風の構造であったため，織田信長の上京時の宿舎とされた。

1582(天正10)年6月,信長が家臣明智光秀に襲撃されて自害した,いわゆる本能寺の変がおこった。1587年,豊臣秀吉の命で寺町通の現在地にうつった。江戸前期の日甫(大住院以信)は立花に秀で,本能寺未生流をおこした。天明の大火に続き1864(元治元)年の禁門の変に類焼。現在の堂宇は1928(昭和3)年の再建。境内には織田信長・信忠父子供養塔および変に殉じた家臣の慰霊塔がある。また,その北側には檀家薩摩藩島津家ゆかりの供養塔や日承の墓所がある。ほかに「信長首洗いの井戸」とよばれる本能寺井戸や浦上玉堂・春琴父子墓碑などがある。寺宝に「伝藤原行成筆書巻」(藤原期・国宝)や「花園天皇宸翰御賀礼」(鎌倉期・国重文)などがある。

本法寺 ➡京都市上京区小川通寺之内上ル本法寺前町617 ▶コース⑥
➡市バス堀川寺ノ内下車,東へ3分

　叡昌山と号する日蓮宗大本山の1つ。本尊は十界曼荼羅。1436(永享8)年,鍋冠り上人日親が足利6代将軍義教に『立正治国論』を献上したため,逆鱗にふれて投獄された。同じく将軍の機嫌を損じた本阿弥清信と獄中で知りあい,その後援で東洞院綾小路に創建。1587(天正15)年,豊臣秀吉の命で現在地に移転。寺宝に本阿弥光悦ゆかりのものが多く,書院の東側庭園「三巴の庭」は桃山期の枯山水で,光悦作という。また長谷川等伯も当寺の檀越で,「涅槃図」や「日通上人像」(ともに国重文)を残す。本堂以下の諸堂宇は天明の大火以後の再建。墓所に本阿弥一族の墓がある。

本隆寺 ➡京都市上京区智恵光院通五辻上ル紋屋町330 ▶コース⑦
➡市バス今出川浄福寺下車,北へ5分

　法華宗真門流の総本山。正式には慧光無量山本妙興隆寺といい,日蓮宗洛中二十一箇寺本山の1つ。本尊は十界曼荼羅。妙顕寺から独立した日真が六角西洞院に草庵を結び,翌年には四条大宮坊城にうつって発展の基盤を築いた。天文法華の乱に敗れて,一時堺に避難。帰洛後,西陣の杉若若狭守屋敷跡

本隆寺山門

地に再建されたが，1584(天正12)年，豊臣秀吉の洛中改造計画により現在地にうつった。本堂や鐘楼・方丈など諸堂宇の完成は1657(明暦3)年のことである。その後，享保および天明の2度の大火にも焼け残ったため「不焼寺」の異名がついた。寺伝によれば，本堂にまつられる鬼子母神の効験とされる。本堂前の千代野井は「西陣五水」の1つにあげられる名水で，無外尼が大悟したところという。またその樹皮や葉をしいて寝ると幼児の夜泣きがやむという「夜泣止めの松」が祖師堂の前にある。墓所には『雍州府志』の著者として知られる黒川道祐が眠る。

槇村正直 1834〜96年　▶コース⑲

長州藩(山口県)出身。京都府大参事(副知事)を経て第2代京都府知事。天皇の東幸より意気消沈した京都の停滞を打破するため，山本覚馬・明石博高とともに，「京都策」とよばれた旧都復興プロジェクトを推進した。その内容は，積極的な京都の近代化と欧米新技術の導入・伝統産業の振興である。勧業諸施設として，舎密局・炭酸泉場・麦酒醸造所・牧畜場・織殿・染殿などを木屋町二条一帯に設置する。そのほか，教育の振興・新京極通の開通など，産業界の近代化にこたえるために施策も行った。その手法は，やや強引な部分もあったが，京都の人びとの心を鼓舞し，古都の誇りを取り戻すために近代化への道を示した。京都府史上，この時期(1871〜81〈明治4〜14〉年)を「槇村時代」という。

松平慶永 1828〜90年 ▶コース⑫

幕末の福井藩主。田安家の出で，春嶽と号した。将軍継嗣問題で橋本左内らを用いて一橋派として活躍。安政の大獄で隠居謹慎を命じられた。1862(文久2)年の幕政改革で政事総裁職に任じられ，翌年2月に上京，参内。公武合体派の有力大名として重きをなした。一時京都守護職に就任するが，ほどなく辞任。王政復古とともに議定となる。鳥羽・伏見の戦いには薩長軍と旧幕府軍の調停につとめたが，成果は得られなかった。維新後は，政府の要職を歴任，1870(明治3)年に隠退。多数の著書がある。

松永昌三 1592〜1657年 ▶コース⑫

江戸前期の朱子学者。松永貞徳の子。号は尺五。藤原惺窩の門人四天王の1人で，京学の中心人物。所司代板倉重宗の後援を得て京都堀川に私塾講習堂を創設，後水尾天皇から講習堂扁額の宸筆をあたえられた。木下順庵・貝原益軒ら彼の門人は5000人をこえたという。1648(慶安元)年に，後光明天皇が堺町御門前の土地を下賜し，重宗の出資で尺五堂がたてられた。『五経集注首書』などの著書がある。墓は本國寺(山科区)にある。

松永貞徳 1571〜1653年 ▶コース⑰

江戸初期の俳人・歌人・歌学者。松永久秀の縁者。名は勝熊。号は逍遥軒など多数。晩年，五条稲荷町の自宅を花咲宿と称し，みずから花咲翁と号した。連歌を里村紹巴に，和歌を細川幽斎に，和学を九条稙通に学ぶ。ほかにも多くの人びとに師事。木下長嘯子と並び，寛永期(1624〜44)の地下歌壇を代表する。一方で庶民的な貞門俳諧の始祖となり，『淀川』や『油かす』などの俳書をあらわす。塾を開き，歌学や古典を教授。墓は上鳥羽の実相寺にある。邸宅の跡地には花咲稲荷社がたっている。

壬生寺山門(奥の建物は本堂)

松原道祖神社 (まつばらどうそじんじゃ)

○京都市下京区新町通松原下ル西側藪下町
○市バス西洞院松原下車，東へ3分

▶コース⑰

猿田彦命と天鈿女命をまつる無格社。せまい境内に1宇の社殿を有するだけの小社であるが，由緒は古く，『宇治拾遺物語』にも登場する。道命は美声で聞こえ，読経のときは神仏が聴聞に集うという名僧であった。道命が女性と交渉をもち，身を清めないままに読経をした際，五条道祖神だけが来会したという。交通の要衝であるために「首途の神」ともいわれ，交通安全および商売繁盛の神として信仰を集めている。

源 頼政 (みなもとのよりまさ) 1104〜80年

▶コース⑫

平安末期の武将。頼光の後裔摂津源氏仲政の子。平治の乱で平清盛に味方し，従三位にのぼった。1180(治承4)年，以仁王を奉じて平氏打倒の兵をあげるが，宇治平等院の戦いで敗死。しかしながら，以仁王が発した令旨は，反平氏勢力の全国的な蜂起を促す役割をはたした。歌人としても著名で，数十首が「勅撰集」にとられ，家集に『源三位頼政卿集』がある。

源 頼光 (みなもとのよりみつ) 948〜1021年

▶コース⑧

平安中期の武将。源満仲の長男。摂津源氏の祖。藤原兼家・道長に随身し，諸国の国司を歴任して巨富を積んだ。道長の異母弟道綱を婿とし，私財を投じて摂関家に奉仕する様子は『大鏡』や『小右記』に詳しい。その結果，正四位上まで昇進。

大江山の鬼征伐や土蜘蛛退治の説話が今に伝えられている。だが頼光の実像は武将としてよりも、都に常住し、摂関家にたよって受領を歴任し栄達をはかる中流貴族の色彩が濃い。

壬生寺

◯京都市中京区坊城通仏光寺上ル壬生梛ノ宮町31
▶コース⑬
◯市バス壬生寺道下車、南へ5分

本尊を地蔵菩薩とする律宗別格本山。古くは地蔵院、あるいは宝幢三昧院・心浄光院とも称し、伝定朝作の地蔵菩薩立像を本尊とした。991(正暦2)年、三井寺の快賢僧都が律宗開祖である鑑真和上を開山として創建。1005(寛弘2)年の堂供養にあたり、小三井寺と称したという。本尊地蔵尊への朝野の尊崇は篤く、白河天皇や鳥羽上皇の行幸もあった。1213(建保元)年、それまでの五条坊門壬生から現在地にうつった。1257(正嘉元)年に火災にあったが、平政平の後援のもと、円覚十万上人道御の勧進によって翌年に復興がなった。正安年間(1299～1302)に、悪疫退散のため円覚上人は融通大念仏会をもよおし、当寺の地蔵信仰の興隆に尽力したため、中興の祖とあおがれている。なお毎年4月に行われ、国の無形重要民俗文化財である壬生狂言はこの融通大念仏会を起源とするという。近世には京都二十四地蔵や洛陽四十八体地蔵の第1番とされ、衆庶の信仰を集めたが、天明の大火にあい、堂宇を焼失。地蔵院の再建をはたすが、1962(昭和37)年に本堂および本尊とともに再び焼失。現在の堂宇はその後の再建である。

現在の本尊地蔵菩薩立像(平安期・国重文)は奈良の唐招提寺からうつしたもの。寺宝には快賢が宋から請来したという錫杖(平安期・国重文)や長谷川等伯筆の「紙本墨画淡彩列仙図」(桃山期・国重文)などや壬生狂言に使われる古面などがあり、その多くが同寺の文化財展観室に展示されている。境内の池の中島に壬生塚とよばれる墓地があり、近藤勇の胸像や芹沢鴨ら新撰組隊士の墓がある。

妙顕寺 ▶コース⑥

●京都市上京区新町通寺之内西入ル妙顕寺前町514
●市バス堀川寺ノ内下車、東へ5分

具足山龍華院と号する日蓮宗寺院。日像上人が1321(元亨元)年、洛中で日蓮宗最初の道場として開く。1334(建武元)年、後醍醐天皇の綸旨によって勅願寺となり、京都の日蓮宗寺院を統括。その後、公武の援助を得て発展し、本國寺の六条門徒に対し、四条門徒と称され、洛中法華門徒を二分した。世俗化した宗風への批判から妙覚寺・立本寺・妙蓮寺・本隆寺・本能寺などが分出した。当初は四条大宮にあったが、その後寺地を転々とし、豊臣秀吉の命で1583(天正11)年に現在地にうつった。天明の大火に類焼し、現在の堂宇はそれ以降の再建。本尊黄金釈迦如来像を安置する本堂の前におかれている石灯籠は、妙顕寺型灯籠といわれる。多くの古文書が「龍華文庫」として収納されている。

妙蓮寺 ▶コース⑦

●京都市上京区寺之内通大宮東入ル妙蓮寺前町875
●市バス堀川寺ノ内下車、西へ5分

卯木山と号する本門法華宗の大本山。本尊は十界曼荼羅。日像が、死の床にあった日蓮に京都布教を託され、上京。1293(永仁元)年、酒屋を営む柳屋中興家の後援を得て五条西洞院に開く。その後、寺地は転々としたが、1587(天正15)年に現在地にうつった。1788(天明8)年の大火で堂宇を焼失し、現在のものはその後の再建。方丈の庭は「十六羅漢の庭」といい、玉淵法日首作の江戸初期を代表する枯山水庭園として有名。長谷川等伯一門作製の障壁画や本阿弥光悦筆の『立正安国論』などの重要文化財を所蔵。現在は宝物館に収納され、随時公開されている。墓地には幕末・明治期の画家幸野楳嶺の墓がある。宝物館および庭園は事前申し込みが必要(☎075-451-3527)。

宗像神社 (むなかたじんじゃ)

➡京都市上京区京都御苑内
➡地下鉄 烏丸線丸太町駅下車,東へ6分

▶コース⑪

　祭神は宗像三女神と倉稲魂神・天石戸開神。795(延暦14)年,藤原冬嗣が下京の東西両市の守護神として宗像神を勧請した際,自邸の小一条院にも勧請したのがおこりという。その後,藤原時平が倉稲魂神を,花山院家忠が天石戸開神を合祀。一帯は花山院家の邸宅となり,当社はその鎮守社となった。境内東南すみにあるクスノキは京都御苑内随一の巨木で,樹齢600年。

明治天皇 (めいじてんのう)　1852～1912年/在位1867～1912年

▶コース⑲

　孝明天皇の皇子。諱は睦仁。15代将軍徳川慶喜の大政奉還をうけて,王政復古の大号令を発し天皇親政をはじめる。翌年,国是として五箇条誓文を宣し,明治に改元。1869(明治2)年東京遷都を行う。1872～85年各地を巡幸。1889年大日本帝国憲法と教育勅語を発布する。45年間の在位で近代天皇制を確立した。

八坂神社御旅所 (やさかじんじゃおたびしょ)

➡京都市下京区四条通寺町東入ル御旅宮本町
➡市バス四条河原町下車すぐ

▶コース⑳

　古くは祇園御旅所といい,四条御旅所ともよぶ。素戔嗚命をまつる大政所社やその妃櫛稲田姫命を祭神とする少将井社・官(冠)者社の3社が並ぶ。もとは五条坊門烏丸小路にあったが,豊臣秀吉の命によって四条京極にうつされ,さらに1912(明治45)年の四条通拡張工事に際して現在の地にうつった。祇園祭の7月17日に八坂神社の神輿が渡御し,24日の還御まで滞在。官者殿の祭神は,素戔嗚命あるいは天照大神というが,一説に土佐坊昌俊ともいう。官者殿には誓文払いの信仰があり,商人や遊女など商売上で嘘をつかざるを得ない人びとのために,10月20日に参詣すれば神罰を免れるとされた。ただし,そのときはいっさい無言でなければならず,そのため「無言詣で」ともいう。

矢田寺 (やたでら) ▶コース⑭

➡京都市中京区寺町通三条上ル天性寺前町523
➡市バス河原町三条下車，南へ5分

通称「矢田地蔵」で知られる。正しくは金剛山矢田寺と号する西山浄土宗の寺院。845(承和12)年，大和の矢田山金剛寺の別院として五条坊門に創建されたと伝える。のちに下京の矢田町にうつり，1590(天正18)年に現在地に三転した。その際に真言宗から改宗。本尊の地蔵菩薩立像は，火炎を背負い，一名を「代受苦地蔵」といい，開山の満慶が地獄で拝した地蔵菩薩の姿を写したものとされる。洛陽名地蔵の1つ。満慶は閻魔大王から米がつねに満たされている桝をあたえられたといい，世人は彼のことを満米上人と崇敬した。寺宝の『紙本著色矢田地蔵縁起絵巻』(鎌倉期・国重文)は，この霊験譚を描いたものである。当寺の鐘は「送り鐘」といい，死者がでたときや盆の精霊を送るときにつかれ，六波羅珍皇寺の「迎え鐘」と一対をなしている。

梁川紅蘭 (やながわこうらん) 1804～79年 ▶コース④

幕末～明治期の女流詩人。星巌の妻。美濃国の人。儒学・易学・絵画を修得。星巌には詩文を学び，その後結婚。星巌の諸国回遊の間，留守宅をまもった。1822(文政5)年以降は夫とともに諸国を遊歴。1845(弘化2)年に京都に住み着き，国事に奔走する夫を助けた。夫の死後，安政の大獄で家宅捜査され，自身も逮捕されたが，沈着に対応して危機を免れた。釈放後は星巌の遺稿を整理・編集し，出版に尽力。詩画にも名をあらわした。その一方で夫の遺志をついで尊攘倒幕の志士たちを援助した。

梁川星巌 (やながわせいがん) 1789～1858年 ▶コース④

幕末の勤王詩人。美濃国の人。江戸に遊学し，詩文を学ぶ。諸国を行脚して，各地の志士と広く交遊する。紅蘭と結婚。1832(天保3)年，江戸に玉池吟社を結成し，文名をあげた。

1845(弘化2)年以後は京都に住み着き,頼山陽ら文人墨客と交流した。川端丸太町通上ルの鴨沂小隠には,池内大学・春日潜庵などが集い,吉田松陰・宮部鼎蔵らも立ち寄った。1858(安政5)年,日米通商条約の勅許問題がおこると,梅田雲浜や頼三樹三郎・西郷隆盛らとはかり,水戸藩への密勅降下を実現した。まもなくはじまった安政の大獄で,幕吏がふみこんだとき,すでに死亡していた。墓所は南禅寺塔頭天授院。

柳原銀行記念資料館

○京都市下京区下之町6−3
○JR京都駅下車,東へ10分,または市バス河原町正面下車,南へ3分

▶コース㉑

　柳原銀行は,1899(明治32)年,柳原町に町長の明石民蔵ら地元有志によって認可設立された唯一の銀行であり,地元産業の振興や教育向上に貢献した。大正期には山城銀行と改称し,営業を拡大したが金融恐慌の影響をうけて1927(昭和2)年に閉店した。閉店後,その建物は商店や借家として1994(平成6)年まで河原町塩小路の南西角に位置していた。崇仁地区を南北に縦断する国道24号線の拡幅工事に際し,1986(昭和61)年に買収され,取りこわすこととなった。この機に地元まちづくりのシンボルとして建物の保存運動が盛りあがった。京都市が建物調査を行ってこの建築物は設計密度の高い明治後期の洋風建築であることもわかり,建築保存に対する地元の熱意と市の取り組みがあいまって,移築・復元・保存運動に着手し,1997(平成9)年京都市崇仁隣保館資料室「柳原銀行記念資料館」として開所した。

山名持豊(宗全)　1404〜73年　　　　　　　　　　　▶コース⑩

　室町中期の武将。応仁の乱(1467〜77年)の西軍の総帥。法名,宗全。嘉吉の乱で赤松氏追討の功績をあげ,9カ国の守護となって細川氏と権勢をきそった。応仁の乱では日野富子と結び,足利義尚の後援者となったが,のち義視を擁立。乱中の1473(文明5)年に陣中で病死した。

山名宗全邸跡(上京区)

山本覚馬　1828～92年　　　　　　　　　▶コース⑨

　会津藩士の長男として会津若松に生まれる。勝海舟らと佐久間象山の塾にはいり、また江戸で蘭学を学んだ。1864(元治元)年、京都守護職を命じられた藩主松平容保にしたがって上洛するが、1868(慶応4)年鳥羽・伏見の戦いで薩摩軍にとらえられ、相国寺門前(現、同志社今出川校地)の薩摩藩邸に幽閉された。幽閉中に書いて薩摩藩主にだした「管見」が評価され、1870(明治3)年京都府顧問となり、京都の産業振興と教育の近代化を進めた。1875年新島襄の学校設立に協力して、所有地薩摩藩邸跡を提供、同志社英学校を開設した。その後、京都府会初代議長、京都商工会議所会頭、同志社臨時総長などをつとめた。1885年に洗礼をうけ、死後は左京区若王子山の新島襄の墓のそばに埋葬された。

山本亡羊　1778～1859年　　　　　　　　　▶コース⑰

　江戸末期の儒医・本草家。初名は本三郎、のちに世儒。通称は永吉。亡羊は号。下京に生まれる。父封山に経学・医学を学ぶ。16歳のとき、小野蘭山に入門して本草学を修得。蘭山の東下後は京都本草学の第一人者となる。下京油小路五条上ルの西側にある自宅に隣接した父以来の読書室で、研究のかたわら後進の育成につとめた。薬草園を自宅に開く一方で、1810(文化7)年以降、毎年物産会をもよおした。著書に『格致類纂』など多数。その子渓愚(章夫)も本草家として名をなした。

墓所は父子ともに深草の宝塔寺にある。

山脇東洋 (やまわきとうよう) 1705〜62年　▶コース⑫

　江戸中期の古方派医師。名は尚徳,字は玄飛。東洋は号。また養寿院とも号した。山脇玄脩の養子となり,山脇家の家督を相続。後藤艮山に古医方を学び,中国古典とともに西洋解剖書を研究。しだいに五臓六腑説に疑問をいだくようになった。1754(宝暦4)年,六角獄舎で男性死刑囚を解剖。これがわが国最初の解剖であった。4年後に再び解剖を行い,その結果を『蔵志』として1759年に刊行。その観察実験の精神は近代科学につうじるものがあり,日本の医学史上不滅の功績となった。主著に『養寿院医則』『済世余言』などがある。墓は伏見区深草の真宗院および中京区の誓願寺にある。

尹 東 柱 (ユンドンジュ) 1917〜45年　▶コース⑨

　コリアの民族詩人。1917年中国東北部に生まれる。ソウルの延禧専門学校(現,延世大学)で学んだ後,1942年渡日。同志社大学文学部に在学中の1943(昭和18)年,ハングルで詩を書いていたことを理由に,独立運動の疑いで逮捕される。裁判の結果,治安維持法違反で懲役刑を宣告されて,福岡刑務所に投獄され,1945年2月16日に獄死した。詩碑は1995年,同志社交友会コリアクラブにより建立されたもので,代表作「序詩」がハングルと日本語訳できざまれている。

横井小楠 (よこいしょうなん) 1809〜69年　▶コース⑤

　幕末期の政治家・思想家。名は時存,字は子操,通称を平四郎。小楠は号。肥後国熊本藩士横井大平の次男。「学政一致・経世安民」をとなえ,肥後実学党の中心となる。諸国に遊学し,吉田松陰・橋本左内・梁川星巌・勝海舟らと親交を結ぶ。越前国福井藩に招かれ,藩政改革を指導。前藩主松平春嶽の相談役として活躍。1863(文久3)年,福井藩の政変で失脚し,熊本郊外に閑居したが,明治新政府の成立とともに招かれ,上

京して参与に就任。その開明思想のゆえに，キリスト教徒・共和論者と誤認され，翌年1月5日，御所からの帰り道を襲われて絶命。墓は南禅寺塔頭天授庵にある。

吉村寅太郎　1837〜63年　　　　　　　　　　▶コース⑲

庄屋出身の土佐藩士。本人は「虎太郎」を自称。武市瑞山の土佐勤王党に参加。土佐を脱出し大坂に潜伏，京都で寺田屋事件にかかわり，とらえられて土佐に送還される。まもなく許されて上洛，三条木屋町に借家住いし，尊攘運動に邁進する。備前浪人藤本鉄石らと侍従中山忠光を奉じて天誅組を結成，事実上の指導者となる。孝明天皇の大和行幸を機に挙兵し大和五条の幕府代官所を襲撃した。1863(文久3)年，八月十八日の政変をきっかけに，幕府は諸藩に天誅組鎮圧を命じる。諸藩の兵を迎え撃ちながら南大和を転戦し，吉野山中の鷲家口の戦闘で銃弾をうけて負傷し，津藩兵に包囲され自刃する。

頼山陽　1780〜1832年　　　　　　　　　　▶コース⑲

江戸時代後期の儒学者・史論家，大坂生れ。6歳のとき，父春水が広島藩の藩校に招かれたので広島にうつる。18歳で江戸に遊学し尾藤二洲に師事するが21歳のときに脱藩，やがてつれ戻され広島で幽閉される。この間，史書執筆を志し『日本外史』を起稿する。幾多の困難にもめげず書画の才能を発揮していく。大坂を経て京都にうつり住み開塾。京都で5度居宅をかえ，水西荘を得て山紫水明処を構える。『日本外史』『日本政記』で勤皇思想を表明，その簡潔な名文と名分論的歴史観は幕末に大きな影響をあたえた。篠崎小竹父子・田能村竹田・青木木米・江馬細香・梁川星巌など多くの文人・学者と交友した。彼の死後に幕府に反逆した大塩平八郎もその1人。尊攘運動に奔走し安政の大獄で処刑された頼三樹三郎は息子である。

楽家　　　　　　　　　　　　　　　　　　▶コース⑧

桃山期以来の陶工の家系。中国渡来人の子長次郎を初代とす

洛東遺芳館　　　　　　　　　立命館大学国際平和ミュージアム内部

る。2代常慶(じょうけい)以来，当主は吉左衛門(きちざえもん)を称する。現当主は15代目である。歴代，軟陶質の手捏ねの赤と黒の茶碗焼を家業としている。茶碗以外にも茶入(ちゃいれ)・香炉(こうろ)・香合(こうごう)・水指(みずさし)なども作製。千家との交渉も4代の一入(いちにゅう)以降，いっそう親密化した。彼は上京区油橋詰町(あぶらはしづめちょう)に居住し，現在の家元邸がそれで，主屋(おもや)の入口には本阿弥光悦書と伝えられる「楽焼御ちゃわん屋」の暖簾(のれん)がかかり，京町家(まちや)を代表する建物である。1977(昭和52)年には南に隣接して楽美術館が開設され，楽家歴代の楽陶工芸品をはじめ茶道にかかわる工芸品や古文書を収蔵・展示している。

洛東遺芳館(らくとういほうかん)　　●京都市東山区(ひがしやま)問屋町(といやまちどおり)通五条下ル3丁目西橘町(にしたなばなちょう)472　　▶コース④
●市バス五条京阪前下車，東南へ5分

　江戸時代，京を代表する豪商柏原家(かしわばら)(屋号「柏屋」)の歴代当主や一族が収集し，所蔵してきた美術工芸品を一般に公開するために1974(昭和49)年に開設。春秋の年2回，企画にしたがって収蔵品が展示される。書画・陶磁器・茶道具・衣装・刀剣などの美術品を所蔵。なかでも，豪華な婚礼の衣装や調度品は豪商に伝わる大名調度として，資料的にも貴重である。また，家業経営上の古記録や古文書は近世商家の研究に欠かせない。

立命館大学国際(りつめいかんだいがくこくさい)平和ミュージアム(へいわ)　　●京都市北区(きた)等持院北町(とうじいんきたまち)56—1　　▶コース①
●市バス立命館大学前下車すぐ

　このミュージアムは3テーマからなる。第1は「15年戦争の実態」で軍隊と兵士・国民総動員体制・反戦活動・植民地・占

龍安寺石庭

領地・沖縄戦・原爆投下などの展示，第2は「第二次世界大戦戦争責任」を内容としてミニシアターで「戦争と平和の歩み」をみることができる。第3は「現代における戦争と平和」の問題で現代の戦争，核軍備競争の歴史を取りあげ「無言館コーナー」では戦没画学生の作品・遺品・資料を展示。

龍安寺（りょうあんじ） ➡京都市右京区龍安寺御陵ノ下町13
➡市バス竜安寺前下車すぐ ▶コース①

臨済宗妙心寺派で大雲山と号する。本尊は釈迦如来。1450(宝徳2)年の細川勝元が妙心寺5世義天玄承を請じて創建。義天は師の日峰宗舜を追請開山とし自身は2世となった。応仁の乱(1467〜77年)で焼失したが，細川氏の援助で徳芳禅傑が再興。塔頭がたち並び盛観であった。その後，大半を火災で焼失した。現在の方丈は1606(慶長11)年に建立された西源院本堂を寛政年間(1789〜1801)に移築したものである。方丈前の枯山水は石庭として著名である，方丈の北東にある茶室蔵六庵には「吾唯知足」の文字がきざまれ，水戸光圀寄進の手水鉢がある。池中の島には戦国武将真田幸村の墓碑がある。

蓮光寺（れんこうじ） ➡京都市下京区富小路通六条上ル
本塩竈町305
➡市バス河原町正面下車すぐ ▶コース⑳

1500(明応9)年，真盛の高弟光順が新町高辻に創建。当初は天台宗であったが，その後，光順は玉誉蓮光と改名し，寺も浄土宗とした。1591(天正19)年，豊臣秀吉の命で当地にうつるとともに寺号も現在のものとした。本尊の阿弥陀如来坐像は

廬山寺の節分会「鬼の法楽」

安阿弥快慶の作という。東国の僧の依頼で作製したが,あまりの出来栄えに一旦は手渡したものの,なお慕わしく思い山科で追いつき,再度礼拝しようとした。尊像をおさめた笈を開くと,不思議にも尊像は分身して2体となっていたので僧と安阿弥は1体ずつを背負って別れた。このような伝承から山号を負別山といい,本尊は「負別阿弥陀仏」とよばれる。拝観は事前に相談のこと(☎075-351-3066)。

廬山寺　➡京都市上京区寺町通広小路上ル1丁目北之辺町　▶コース⑤
➡市バス府立医大病院前下車,西北へ5分

円浄宗の本山。正しくは廬山天台講寺という。938(天慶元)年,元三(慈恵)大師良源が北山に開いた与願金剛院がおこりという。もとは天台・律・法相・浄土の四宗兼学の道場であった。1245(寛元3)年,法然の高弟住心房覚瑜が船岡山の南麓に再興し,寺名を現在のものに改めた。その後,再三火災にあったが,再建。1585(天正13)年に現在地に移転。現在の諸堂は天明の大火後の再建。本堂に本尊阿弥陀三尊像および伝聖徳太子作の薬師如来像が安置され,大師堂は元三大師像を本尊とし,不動明王像などをまつる。近年の研究で寺域は紫式部の誕生地とする説が有力となり,門前に「紫式部邸宅址」の碑がたつ。本堂前には「源氏ノ庭」と称する枯山水庭園(昭和期)がある。本堂の東,墓所に至る道筋に東北院ゆかりの雲水ノ井があり,そのかたわらには慶光天皇陵がある。墓所には歴代天皇の后妃・皇子・皇女の墓や,公家の中山・中院家

六角獄舎跡

などの墓および土佐派絵師住吉如慶・具慶や仏師定朝の墓がある。墓所の東にみえる土手は，豊臣秀吉の命で造営されたお土居の遺構である。なお，毎年2月3日に行われる節分会は，「鬼の法楽」または「鬼踊り」という。悪疫退散を祈願する追儺式で，元三大師が修行を邪魔した鬼を法力で追い払ったという故事にちなむ。

六角獄舎跡
➡京都市中京区六角通大宮西入ル因幡町
➡阪急電鉄大宮駅 ▶コース⑫
または市バス四条大宮下車，北西へ8分

京都町奉行所付属の牢獄の通称。六角牢屋敷ともいう。正確には三条新地牢屋敷という。当初は小川通御池上ル西側にあったが，1708(宝永5)年の大火で類焼。翌年この地に移転した。本来未決囚を収監する施設であったが，禁門の変に際して，平野国臣ら33人の政治犯が，奪還されることを恐れた奉行の命で斬首されたのはよく知られている。

輪違屋
➡京都市下京区西新屋敷中之町
➡市バス島原口下車，西へ5分 ▶コース⑬

旧島原遊郭に唯一残る置屋。養花楼ともいう。置屋は太夫や遊女をかかえ，客の求めに応じて彼女らを揚屋に差し向ける。元禄年間(1688〜1704)の創業で，1856(安政3)年に焼失。現在の木造・2階建て・桟瓦葺の建物はその翌1857年の再建である。紅葉之間や傘之間など意匠をこらした部屋が多い。また太夫の衣装や書画を保存している。

あとがき

　京都はほかに比肩するところのない，日本を代表する歴史的・文化的都市です。1000余年にわたる王城の地であったことから，日本史上，比類のない大きな位置を占めています。

　しかし，現代の京都はたんなる「古都」ではなく，今も200万近い人びとが，日々，働き，学び，遊び，恋をし，暮らしている巨大都市です。そのため，伝統の保存と継承は，住民にとって日常不断に突きつけられた重い課題なのです。

　古くから京都とその近郊を，一括して「洛中洛外」と呼び慣わしてきました。洛外はさらに東西南北に4分されますが，これらの区分は大まかなもので，明確な基準が存在するわけではありません。

　そのうち，本書でご案内するのは洛中です。京都が「もっとも京都らしい」区域です。その範囲は，北は北大路通，東は鴨川西岸，南が九条通，さらに西は桂川東岸に囲まれた区域です。ただし，これらは一応の境界で，厳密なものではないことを，改めてお断りしておきます。

　本シリーズ「散歩コース」の趣旨に従い，徒歩を主体に1日で回れるコースを設定しました。自家用車や観光バスを必要とする探訪や散歩は，ここでは想定しておりません。起点はいずれも，電車やバスなどの公共交通機関の駅・停留所です。コース設定の折に，その大半を京都史跡見学会の主催のもと，計画・実践されてきたおよそ100余回の見学会を参考にいたしました。

　最後になりましたが，執筆にあたり，取材協力や資料提供，写真撮影そのほか，さまざまな形や方法で，多くの方々のご厚意がありましたことを記し，深甚の謝意を表したいと思います。

　2004年5月　葵祭の日に

　　　　　　　　　　　京都史跡見学会代表　折戸章夫

京都洛中および周辺の博物館施設など一覧(五十音順)

＊は祝日の場合は翌日休館

名称	所在地・電話番号	休館日など
安達くみひも館	〒602-8012 上京区烏丸通出水西入ル中出水町 ☎075-432-4111	日・祝・第2・3・4土，無料
池坊短期大学むろまち美術館	〒600-8491 下京区四条室町鶏鉾町 ☎075-351-8581	月＊・祝の翌日，有料
いけばな資料館	〒604-8134 中京区東洞院通六角西入ル堂之前町　池坊会館3F ☎075-221-2686	土・日・祝，要予約，無料
井村美術館	〒606-0804 左京区下鴨松原町29 ☎075-722-3300	水・夏期・年末年始，有料
梅小路公園	〒600-8835 下京区歓喜寺町 ☎075-352-2500	無休，無料
梅小路蒸気機関車館	〒600-8835 下京区歓喜寺町梅小路運転区内 ☎075-314-2996	月＊・年末年始，有料
大西清三郎美術館	〒604-8241 中京区三条通新町西入ル釜座町 ☎075-221-2881	月＊・年末年始・祝の翌日(土・日・祝を除く)，有料
織成館	〒602-8482 上京区浄福寺通上立売上ル大黒町693 ☎075-431-0020	月・盆・年末年始，有料
河村能楽堂	〒602-0021 上京区烏丸通上立売上ル柳図子町320-14 ☎075-451-4513	不定期，要予約，有料
北野天満宮宝物殿	〒602-8386 上京区馬喰町 ☎075-461-5973	毎月25日・元旦，有料
北村美術館	〒602-8841 上京区河原町今出川南一筋目東入ル梶井町 ☎075-256-0637	月＊・祝の翌日・夏・冬期，有料
行願寺宝物館	〒604-0991 中京区寺町通竹屋町上ル行願寺門前町17 ☎075-211-2770	無休，要予約，有料
京都ギリシア・	〒606-0831 左京区下鴨北園町72	月＊，有料

名称	所在地・電話番号	休館日など
ローマ美術館	☎075-791-3561	
京都市学校歴史博物館	〒600-8044 下京区御幸町通仏光寺下ル橘町437 ☎075-344-1305	水*,年末年始,有料
京都市北文化会館	〒603-8142 北区小山北上総町49-2 キタオオジタウン内 ☎075-493-0567	火,有料
京都市考古資料館	〒602-8435 上京区今出川通大宮東入ル元伊佐町265-1 ☎075-432-3245	月*,年末年始,無料
京都市四条ギャラリー	〒600-8006 下京区四条高倉東入ル立売中之町 四条東洋ビルB1F ☎075-223-1851	水*,年末年始,無料
京都市伝統産業振興館「四条京町家」	〒600-8493 下京区四条通西洞院東入ル郭巨山町11 ☎075-213-0350	水,無料
京都市歴史資料館	〒602-0867 上京区寺町通丸太町上ル松蔭町138-1 ☎075-241-4312	日・祝・年末年始,無料
京都生活工藝館「無名舎」	〒604-8212 中京区新町通六角下ル六角町363 ☎075-221-1317	不定期,要予約,有料
京都タワー	〒600-8216 下京区烏丸通七条下ル東塩小路町721-1 ☎075-361-3210	無休,有料
京都伝統産業工芸会総合展示場	〒604-8043 中京区寺町通四条上ル京極一番街2F ☎075-221-1437	月・第1・3日,無料
京都府京都文化博物館	〒604-8183 中京区三条高倉 ☎075-222-0888	年末年始,有料
京都府立植物園	〒606-0823 左京区下鴨半木町 ☎075-701-0141	年末年始,有料
京都府立総合資料館	〒606-0823 左京区下鴨半木町1-4 ☎075-781-9101	第2水・祝,無料
京都府立陶板名画の庭	〒606-0823 左京区下鴨半木町 ☎075-724-2188	年末年始,有料
京都府立堂本印	〒603-8355 北区平野上柳町26-3	月*,年末年始,

名称	所在地・電話番号	休館日など
象美術館	☎075-463-0007	有料
京の町家「大宮庵」	〒602-8239 上京区大宮通一条上ル下石橋南半町 ☎075-451-2951	要予約,無料
ギルドハウス京菓子(京菓子資料館)	〒602-0021 上京区烏丸通上立売上ル柳図子町331-21 ㈱俵屋吉富烏丸店内 ☎075-432-3101	水,無料
キンシ正宗堀野記念館	〒604-0811 中京区堺町二条上ル亀屋町172 ☎075-223-2072	月・年末年始,有料
高津文化会館	〒602-8375 上京区一条御前通西入ル大上之町61 ☎075-461-8700	日・祝,有料
こどもみらい館	〒604-0883 中京区間之町通竹屋町下ル楠町 ☎075-254-5001	火,無料
茶道総合資料館	〒602-0061 上京区堀川通寺之内上ル本法寺前町 裏千家センター内 ☎075-431-6474	月・展示準備期間中,有料
シアター1200	〒600-8216 下京区油小路通塩小路下ル東塩小路町657 京都駅ビル内 ☎075-341-1474	無休,有料
紫織庵	〒604-8205 中京区新町通六角上ル西側 ☎075-241-0215	不定期,要予約,有料
島津創業記念資料館	〒604-0921 中京区木屋町二条下ル西生州町 ☎075-255-0980	水・年末年始,有料
じゅらく染織資料館	〒602-0026 上京区寺之内通新町東入ル古木町 ☎075-441-4141	日・祝・第2・3・4土,無料
松栄堂・香教室	〒604-0857 中京区烏丸通二条上ル元真如堂町 ☎075-231-2357	不定期,要予約,無料
相国寺承天閣美	〒602-0898 上京区今出川通烏丸東	無休,有料

名称	所在地・電話番号	休館日など
術館	入ル相国寺門前町701 ☎075-241-0423	
新撰組壬生屯所「八木家住宅」	〒604-8821	中京区坊城通仏光寺下ル壬生梛ノ宮町 ☎075-841-0751	無休, 有料
末川記念館	〒603-8346	北区等持院北町56-1 ☎075-465-8234	第3水, 年末年始, 夏期5日, 無料
杉本家住宅	〒600-8442	下京区綾小路通新町西入ル矢田町116 ☎075-343-3773	不定期, 要予約, 有料
ステンドグラスギャラリー「シミズエスジー」	〒602-8025	上京区衣棚通槙木町下ル今薬屋町302-4 ☎075-241-1185	土・日・祝, 無料
角屋もてなしの文化美術館	〒600-8828	下京区西新屋敷揚屋町32 ☎075-351-0024	月・8月・年末年始, 要予約, 有料
象嵌の館・川人ハンズ	〒603-8344	北区等持院南町76 ☎075-461-2773	日・祝・第3土, 無料
大将軍八神社方徳殿	〒602-0956	上京区一条通御前西入ル西町 ☎075-461-0694	年始・5／1〜5, 有料
大報恩寺霊宝館	〒602-8319	上京区溝前町 ☎075-461-5973	無休, 有料
大丸ミュージアム京都	〒600-8511	下京区四条高倉西入ル立売西町79　大丸デパート6F ☎075-211-8111	水・年末年始, 有料
高島屋グランドホール	〒600-8520	下京区四条通河原町西入ル真町51　高島屋7F ☎075-221-8811	水・年末年始, 有料
新島襄旧邸	〒602-0867	上京区寺町通丸太町上ル松蔭町 ☎075-251-3165（同志社大学施設部管財課）	夏・冬期以外の水・土に公開（祝除く）, 無料
新島先生遺品庫	〒602-0893	上京区今出川通烏丸東	非公開

名称	所在地・電話番号	休館日など
	入ル玄武町601　同志社社史史料室 ☎075-251-3042	
西陣織会館	〒602-8216	上京区堀川通今出川下ル堅門前町414 ☎075-451-9231	盆・年末年始,無料
二条城(元離宮二条城)	〒604-8301	中京区二条通堀川西入ル二条城町541 ☎075-841-0096	不定期, 有料
二条陣屋(小川家住宅)	〒604-8316	中京区大宮通御池下ル二坊大宮町137 ☎075-841-0096	不定期, 要予約,有料
菱屋襟飾博物館	〒604-8162	中京区烏丸通六角下ル七観音町640　千代田生命ビル4F ☎075-255-4841	土・日・祝・年末年始, 無料
美術館「えき」KYOTO	〒600-8216	下京区油小路通塩小路下ル東塩小路町657　京都駅ビル内 ☎075-352-1111	無休, 有料
風俗博物館	〒600-8468	下京区新花屋町西中筋角住吉町42　井筒ビル5F ☎075-351-6750	日・祝・6／1～19・年末, 有料
ブリキのおもちゃ博物館	〒600-8079	下京区四条通堀川東入ル柏屋町　アンティックママ2F ☎075-223-2146	日・祝・年末年始, 有料
本能寺大寶殿	〒604-8243	中京区寺町通御池下ル下本能寺前町 ☎075-231-5335	不定期, 有料
本法寺霊宝館	〒602-0061	上京区小川通寺之内上ル本法寺前町 ☎075-441-7997	春・秋特別公開,有料
益富地学会館	〒602-8012	上京区烏丸通出水西入ル出水町394 ☎075-441-5458	土のみ公開, 無料
町家写真館	〒602-8214	上京区大宮通元誓願寺	日, 要予約, 有

名称	所在地・電話番号	休館日など
	下ル ☎075-431-5500	料
壬生郷土旧屋敷「Cafe de 武家屋敷」	〒604-8811	中京区壬生賀陽御所町46 ☎075-842-9859	月，有料
壬生寺文化財展観室	〒604-8821	中京区坊城通仏光寺上ル壬生椰ノ宮町 ☎075-841-3381	不定期，要予約，有料
妙顕寺収蔵庫	〒602-0005	上京区新町通寺之内東入ル妙顕寺前町 ☎075-414-0808	要予約，有料
妙蓮寺宝物館	〒602-8418	上京区寺之内通大宮東入ル妙蓮寺前町 ☎075-451-3527	無休，要予約，有料
柳原銀行記念資料館(京都市崇仁隣保館資料室)	〒600-8206	下京区下之町6-3 ☎075-371-8220	展示期間中無休，無料
友禅美術館「古代友禅苑」	〒600-8354	下京区高辻通猪熊西入ル十文字町 ☎075-823-0500	年末年始，有料
洛東遺芳館	〒605-0907	東山区問屋町通五条下ル3丁目西橘町472 ☎075-561-1045	4／1〜5／5・10／1〜11／3開館(ただし月*休館)，有料
楽美術館	〒602-0923	上京区油小路中立売上ル油橋詰町84 ☎075-414-0304	月*，年末年始，有料
立命館大学国際平和ミュージアム	〒603-8346	北区等持院北町56-1 ☎075-465-8151	月*，年末年始，大学の夏期休暇中の特定の日，有料
冷泉家時雨亭文庫	〒602-0893	上京区今出川通烏丸東入ル玄武町599 ☎075-241-4322	要予約，有料

参考文献

京都に関する文献は，一般教養書から専門書に至るまで，諸分野をつうじておびただしい数が毎年のように出版されている。ここでは市町村史および事典・辞書類以外はすべて1990年以降に刊行されたものにかぎってあげておく。

『ヴィジュアル日本庭園鑑賞事典』　大橋治三・齋藤忠一　東京堂出版　1993
『宇治市史』(全7巻)　宇治市編刊　1973～83
『大山崎町史』　大山崎町史編纂委員会編　大山崎町　1981～83
『おんなたちの京都―史跡をたずねて』　京都歴史教育者協議会編　かもがわ出版　2003
『語り伝える京都の戦争』(全2巻)　久津間保治編　かもがわ出版　1996
『貨幣の誕生―皇朝銭の博物誌』　三上隆三　朝日新聞社　1998
『鎌倉時代―その光と影』　上横手雅敬　吉川弘文館　1995
『鴨川周辺の史跡を歩く』　竹中俊則　京都新聞社　1996
『関西石仏めぐり』　清水俊明　創元社　1997
『キャンパスの年輪　同志社今出川校地』　河野仁昭　同志社大学出版部　1985
『京・歌枕の旅』　竹村俊則・横山健蔵　淡交社　1998
『京・寺町通の伝承を歩く』　山崎泰正　ふたば書房　2001
『京・伏見の旅』　山本眞嗣・水野克比古　山川出版社　1991
『京をわたる―名橋100選』　読売新聞社京都支局編　淡交社　1993
『京こだわりの散歩道―水野克比古の「写京」人生』　水野克比古　文英堂　2000
『京ことば辞典』　井久口有一・堀井令以知　東京堂出版　1993
『京都・祇園祭のすべて』　婦人画報社編刊　1993
『京都・素顔の住宅地』　立命館大学リムゼミナール編　淡交社　1995
『京都・幕末をゆく』　木村幸比古・三村博史　淡交社　2000
『京都・やきもの紀行』　主婦と生活社編刊　1995
『京都インクライン物語』　田村喜子　中央公論社　1994
『京都おもしろ再発見』　朝日新聞社京都支局編　かもがわ出版　1992
『京都近代美術の継承―浅井忠からいざよいの人々へ』　前川公秀　京都新聞社　1996
『京都御所・離宮の流れ』　中川登史宏　京都書院　1997
『京都狛犬めぐり』　小寺慶昭　ナカニシヤ出版　1999
『京都史跡事典』　石田孝喜　新人物往来社　1994
『京都事典』　村井康彦　東京堂出版　1993
『京都人権歴史紀行』　世界人権問題センター編　人文書院　1998

『京都千二百年』(全 2 巻)　　西川孝治・高橋徹　草思社　1999
『京都大事典』　佐和隆研ら編　淡交社　1984
『京都大事典・府域編』　上田正昭ら編　淡交社　1994
『京都地図物語』　植村善博・上野裕　古今書院　1999
『京都と京街道』　水本邦彦編　吉川弘文館　2002
『京都と周辺の山々』　ネイチャーネットワーク編刊　2000
『京都に強くなる75章』　京都高等学校社会科研究会編　かもがわ出版　2000
『京都の赤レンガ―近代化の遺産』　前久夫・日向進　京都新聞社　1997
『京都の大路・小路』(正・続)　千宗室・森谷尅久　小学館　1994〜95
『京都の祭暦』　森谷尅久・中田昭　小学館　2000
『京都の散歩みち』　光明正信・塚本珪一　山と溪谷社　2000
『京都の戦争遺跡をめぐる』(新装版)　池田一郎・鈴木哲也　つむぎ出版　1996
『京都の地名を歩く』　吉田金彦　京都新聞出版センター　2003
『京都のなかの朝鮮―歩いて知る朝鮮と日本の歴史』　朴鐘鳴　明石書店　1999
『京都の夏祭りと民俗信仰』　八木透編著　昭和堂　2002
『京都の美術ガイド―美術探訪のハンドブック』　美術出版社編刊　1997
『京都の美術史』　赤井達郎　思文閣出版　1992
『京都の仏教史』　千里文化財団編　平河出版社　1998
『京都の歴史』(全10巻)　京都市編　学芸書林　1970〜
『京都発見』(全 7 巻)　梅原猛　京都新聞社　1997〜
『京都府の百年』　原田久美子ほか　山川出版社　1993
『京都府の不思議事典』　山崎泰正・井本伸廣　新人物往来社　1990
『京都府の歴史』　朝尾直弘ほか　山川出版社　1999
『京都府の歴史散歩』(全 3 巻)　山本四郎　山川出版社　1995
『京都文学紀行』　河野仁昭　京都新聞社　1996
『京都水ものがたり―平安京一二〇〇年を歩く』　平野圭祐　淡交社　2003
『京都民家巡礼』　橋本帰一・村井康彦　東京堂出版　1994
『京都名庭百選』　中根金作　淡交社　1999
『京都歴史アトラス』　足利健亮　中央公論社　1994
『京都歴史街道』　駒俊郎・中田昭　京都書院　1997
『京の医史跡探訪』(増補版)　杉立義一　思文閣出版　1991
『京のお地蔵さん』　竹村俊則　京都新聞社　1994
『京の鴨川と橋―その歴史と生活』　門脇禎二・朝尾直弘　思文閣出版　2001
『京のかるちゃーすぽっと』　京都新聞社出版局編　京都市内博物館施設連絡協議会・京都市教育委員会　1999

『京の川―文学と歴史を歩く』　河野仁昭　白川書院　2000
『京の古寺から』(全30巻)　淡交社　1994～
『京の社寺を歩く』　京都新聞社編刊　2000
『京の石造美術めぐり』　竹中俊則・加登藤信　京都新聞社　1990
『京の石碑ものがたり』　伊東宗裕　京都新聞社　1997
『京の大文字ものがたり』　岩田英彬　松籟社　1990
『京の伝統野菜』　田中大三ほか　誠文堂新光社　1991
『京の美術と芸能』　赤井達郎　京都新聞社　1990
『京の福神めぐり』　田中泰彦　京都新聞社　1990
『京の町家』　中村昌生　河原書店　1994
『京の民間医療信仰』　奥沢康正　思文閣出版　1991
『京の社―神と仏の千三百年』　岡田精司　塙書房　2000
『京の離宮と御所』　JTB編刊　1995
『京の歴史と文化』(全4巻)　村井康彦編　講談社　1994
『近代名建築京都写真館』　福島明博　日本機関誌出版センター　1996
『建築マップ京都』　ギャラリー間編　TOTO出版　1998
『国史大辞典』(全15巻)　国史大辞典編集委員会編　吉川弘文館　1979～97
『古代史探検―京・山城』　佐原真ほか　京都書院　1994
『古都庭の旅』(全4巻)　読売新聞社編刊　1994～97
『古都の美術館』　辻惟雄　角川書店　1995
『今昔名所図会』(全5巻)　竹村俊則　京都書院　1992
『斎王の道』　村井康彦監修　向陽書房　1999
『西国三十三カ所を歩く』　山と溪谷社大阪支局編　山と溪谷社　2002
『嵯峨誌』　嵯峨教育振興会編刊　1998
『写真集成京都パノラマ館』　吉田邦光　淡交社　1992
『聚楽第・梅雨の井物語』　中西宏次　阿吽社　1999
『勝龍寺城今昔物語』　五十棲辰男　京都新聞社　1992
『昭和京都名所図会』(全7巻)　竹村俊則　駸々堂　1987
『史料京都の歴史』(全16巻)　京都市編　平凡社　1979～94
『史料による茶の湯の歴史』(全2巻)　熊倉功夫ほか　主婦の友社　1994～95
『新・京都自然紀行』　京都地学教育研究会編　人文書院　1999
『新選組日誌』(全2巻)　菊地明ほか編　新人物往来社　1995
『図説京都府の歴史』　森谷尅久　河出書房新社　1994
『図説平安京』　村井康彦編　淡交社　1994
『図説洛中洛外図屏風を見る』　小澤弘・川嶋将生　河出書房新社　1994
『戦国の寺・城・まち―山科本願寺と寺内町』　山科本願寺寺内町研究会編　法藏館　1998
『千年の息吹』(全3巻)　上田正昭・村井康彦編　京都新聞社　1993～

94
『総合ガイドシリーズ』(全10巻)　京都新聞社編　1992〜95
『茶の湯の歴史―千利休まで』　熊倉功夫　朝日新聞社　1990
『中世京都と祇園祭―疫神と都市の生活』　脇田晴子　中央公論社　1999
『天皇と天下人』　今谷明　新人物往来社　1993
『東京育ちの京都案内』　麻生圭子　文芸春秋　1999
『長岡京市史』(全7巻)　長岡京市編刊　1991〜97
『能百番を歩く』　京都新聞社編刊　1990
『華と競う王者の城』　平井聖監修　毎日新聞社　1996
『伏見学ことはじめ』　聖母女学院短期大学研究会編　思文閣出版　1999
『文学でめぐる京都』　高野澄　岩波書店　1995
『平安貴族と邸第』　朧谷寿　吉川弘文館　2000
『平安京を彩る神と仏の里・吉田探訪志』　鈴鹿隆男編著　ナカニシヤ出版　2000
『平安京散策』　角田文衛　京都新聞社　1991
『平安京の風景―人物と史跡でたどる千年の宮都』　上田正昭編　文英堂　1994
『平安の朝廷―その光と影』　笹山晴生　吉川弘文館　1993
『まいどおおきに―京の商店街めぐり』　京都新聞社編刊　1995
『まちと暮らしの京都史』　岩井忠熊編　文理閣　1994
『都名所図会を読む』　宗政五十緒　東京堂出版　1997
『向日市史』(全3巻)　向日市史編纂委員会編　向日市　1983〜85
『明治維新と京都―公家社会の解体』　小林丈広　臨川書店　1998
『もっと知りたい！　水の都京都』　世界水フォーラム市民ネットワーク編　人文書院　2003
『やましろ歴史探訪』　斎藤幸雄　かもがわ出版　1998
『八幡市史』　八幡市編刊　1980〜86
『洛西探訪―京都文化の再発見』　後藤靖・山尾幸久　淡交社　1990
『洛東探訪―山科の歴史と文化』　後藤靖・田端泰子　淡交社　1992
『洛北探訪―京郊の自然と文化』　大手圭二・藤井学　淡交社　1995
『龍馬と新選組の京都』　武山峯久　創元社　2001
『歴史で読み解く　図説京都の地理』　正井泰夫監修　青春出版社　2003

年表

時代	西暦	年号	事項
先土器時代	前1万年｜前200｜300		このころ京都盆地周辺に人が居住しはじめる 大枝遺跡(西京区)・北嵯峨菖蒲谷遺跡・嵯峨広沢池遺跡(右京区)・北山遺跡(向日市)
縄文時代			上賀茂神社付近遺跡(北区)・北白川小倉町遺跡 北白川追分町遺跡(左京区)・上鳥羽鴨田遺跡(南区)・下海印寺遺跡(長岡京市)
弥生時代			このころ桂川西岸を中心に水稲農耕が普及 下鳥羽遺跡(伏見区)・雲宮遺跡・神足遺跡(長岡京市)・森本遺跡・鶏冠井遺跡(向日市)
古墳時代			このころ古墳が各地につくられる 蛇塚古墳・天塚古墳(右京区)・元稲荷古墳・寺戸大塚古墳・物集女車塚古墳(向日市)・今里車塚古墳・恵解山古墳(長岡京市) このころ渡来人が先進的文化や技術を伝える(秦氏・八坂氏・高麗氏ら)
	518	継体 12	山背弟国に都を移す(弟国宮)
飛鳥時代	603	推古 11	秦河勝が蜂岡寺造営に着工(のちの広隆寺)
	671	天智 10	山科に天智天皇陵を築く
	674	天武 3	上・下賀茂社の造営はじまる
	701	大宝 元	松尾神社が造営される
	718	養老 2	この年、向日神社創祀と伝える
奈良時代	726	神亀 3	この年、行基が山崎橋をかける。また、愛宕郡出雲郷の計帳ができる
	727	4	この年、行基が山崎院を建立という
	784	延暦 3	*11-* 長岡京に遷都
	785	4	*9-* 造長岡宮使藤原種継が暗殺され、主犯として皇太子早良親王が廃されて乙訓寺に幽閉。*10-* 早良親王、淡路に流される途上憤死
	788	7	この年、最澄が比叡山寺(のちの延暦寺)を創建
平安時代	794	13	*10-* 平安京に遷都。*11-* 山背国を山城国に改称、新都を平安京と命名
	796	15	この年、東西両寺の建立開始、鞍馬寺が創建
	798	17	*7-* 坂上田村麻呂が清水寺を建立(～805)
	800	19	*7-* 早良親王に崇道天皇の尊号を追贈。この年、神泉苑が完成

時代	西暦	年号	事項
平安時代	801	延暦 20	*2-* 征夷大将軍坂上田村麻呂に節刀をさずける
	804	23	この年、最澄・空海ら遣唐使船で唐に渡航
	810	弘仁 元	*9-* 薬子の乱、藤原仲成処刑
	812	3	*11-* 空海が高雄山寺(のちの神護寺)で両界灌頂を行い，最澄も列席
	814	5	*5-* 皇子・皇女に源姓を賜る(賜姓源氏の最初)
	823	14	*1-* 空海が東寺を授与されて教王護国寺と称す
	828	天長 5	*12-* 空海が綜芸種智院を創建
	834	承和 元	この年、『令義解』を施行
	838	5	*12-* 小野篁を隠岐に配流
	839	6	*9-* 遣唐使藤原常嗣が帰国(最後の遣唐使)
	842	9	*7-* 承和の変(伴健岑・橘逸勢らを追放)
	847	14	*10-* 円仁、唐より帰国
	858	天安 2	*6-* 円珍、唐より帰国。*11-* 清和天皇即位，藤原良房が事実上の摂政に
	859	貞観 元	この年、吉田神社・石清水八幡宮を創建
	866	8	閏*3-* 応天門炎上(応天門の変)。*8-* 藤原良房，摂政となる(人臣摂政の最初)
	876	18	*2-* 嵯峨院を寺院とし，大覚寺と称する。この年，八坂神社創建か
	887	仁和 3	*3-* 仁和寺創建。*11-* 宇多天皇即位，阿衡事件
	889	寛平 元	*5-* 高望王に平姓を授与(桓武平氏の祖)
	894	6	*9-* 菅原道真の建議により遣唐使を廃止
	897	9	*7-* 醍醐天皇即位(～930，延喜の治)
	901	延喜 元	*1-* 菅原道真を大宰権帥に左遷(昌泰の変)
	905	5	*4-* 『古今和歌集』が完成
	938	天慶 元	この年から空也が京洛で辻説法をはじめる(市聖)
	939	2	*12-* 承平・天慶の乱おこる(～941)
	946	9	*4-* 村上天皇即位(～967，天暦の治)
	947	天暦 元	*6-* 北野天満宮を創建し，菅原道真をまつる
	960	天徳 4	*9-* 内裏がはじめて焼亡(翌年，再建)
	961	応和 元	*1-* 源経基が死去(清和源氏の祖，享年45歳)
	967	康保 4	*6-* 藤原実頼が関白に就任(以後，摂関常置)
	969	安和 2	*3-* 源高明を大宰権帥に左遷(安和の変，藤原北家の他氏排斥完了)
	970	天禄 元	*6-* 祇園御霊会はじまる(社伝では869年)
	980	天元 3	*7-* 大暴風雨による被害甚大，羅城門も倒壊(以

時代	西暦	年号	事項
平安時代			後再建されずに荒廃)。同月, 洪水の被害
	985	寛和元	**4-** 源信が『往生要集』を完成
	999	長保元	**11-** 藤原道長の娘彰子, 一条天皇女御に(のちに中宮)
	1001	3	このころ清少納言の『枕草子』なる
	1005	寛弘2	**9-** 陰陽家安倍晴明が死去(享年85歳)
	1007	4	このころ紫式部が『源氏物語』を完成
	1017	寛仁元	**3-** 藤原道長が嫡子頼通に摂政の職をゆずる
	1018	2	**10-** 藤原道長が「望月の歌」をよむ(一家で三后を独占, 摂関政治の全盛)
	1022	治安2	**7-** 無量寿院を法成寺と改め, 金堂供養を挙行
	1048	永承3	この年, 日野法界寺建立
	1052	7	**3-** 藤原頼通が宇治の別業を仏寺とし, 平等院と称す。この年, 末法の世にはいると信じられる
	1086	応徳3	**11-** 白河上皇が院政を開始
	1087	寛治元	**2-** 鳥羽の離宮が完成, その後も増改築が続く
	1096	永長元	**6-** 都に田楽が大流行(永長の大田楽)
	1129	大治4	**7-** 白河法皇が死去, 鳥羽上皇の院政開始
	1131	天承元	このころ『大鏡』なる
	1132	長承元	**3-** 平忠盛に内昇殿を許す
	1135	保延元	この年,「問丸」が史料にはじめて登場
	1137	3	この年, 安楽寿院建立
	1140	6	**10-** 佐藤義清が出家, 西行と名乗る
	1156	保元元	**7-** 保元の乱, 崇徳上皇を讃岐に配流
	1158	3	**8-** 後白河天皇が院政を開始
	1159	平治元	**12-** 平治の乱
	1177	治承元	**4-** 京中大火(太郎焼亡), 大極殿焼失し以後たてられず。**6-** 鹿ケ谷の陰謀発覚
	1178	2	**4-** 京中大火(次郎焼亡)
	1179	3	**11-** 平清盛がクーデタをおこす(治承の政変)
	1180	4	**5-** 以仁王・源頼政らが挙兵し, 宇治で敗死。**6-** 福原遷都, 京中荒廃。**12-** 平安京に還都
	1183	寿永2	**7-** 平氏一門が都落ち, 源義仲軍が入京
	1184	元暦元	**1-** 源範頼・義経軍が入京, 源義仲が近江で敗死
	1185	文治元	**3-** 平氏一門が壇の浦で滅亡
	1190	建久元	**11-** 源頼朝が入洛

時代	西暦	年号	事項
鎌倉時代	1191	建久2	この年、栄西が『興禅護国論』をあらわす
	1198	9	3- 法然房源空、『選択本願念仏集』をあらわす
	1205	元久2	3- 藤原定家ら『新古今和歌集』を撰進
	1207	承元元	2- 幕府が専修念仏を禁止、法然・親鸞を配流（承元の法難）
	1221	承久3	5- 承久の乱おこる。6- 六波羅探題を設置
	1224	元仁元	この年、親鸞の『教行信証』なる
	1227	安貞元	この年、道元が帰国、曹洞宗を伝える
	1243	寛元元	8- 九条道家が東福寺を建立し、弁円を住持とする。12- 覚信尼が親鸞廟を東大谷に移し、本願寺を建立
	1274	文永11	10- 蒙古・高麗連合軍が壱岐・対馬を侵し、博多に来襲（文永の役）。この年、一遍が入京し、時宗を広める
	1281	弘安4	閏7- 元・高麗の大軍が暴風雨で壊滅（弘安の役）
	1286	9	この年、叡尊が宇治橋を再建し、浮島に十三重塔を建立
	1294	永仁2	4- 日像が上洛し、法華宗を広める
	1317	文保元	4- 幕府が持明院・大覚寺両統の迭立を提案（文保の和談）
	1331	元弘元（元徳3）	5- 後醍醐天皇の倒幕計画露見（元弘の変）。9- 後醍醐天皇が幕府にとらえられ、退位。持明院統の光厳天皇が即位
	1332	正慶元	このころ赤松則村や護良親王・楠木正成・千種忠顕らが各地で倒幕の兵をあげる
室町時代	1333	2	5- 足利尊氏が六波羅探題を攻めて陥落させる。新田義貞が鎌倉を攻略、北条氏が滅亡。6- 後醍醐、京都に還幸、建武の新政をはじめる
	1334	建武元	この年、「二条河原の落書」がはりだされる
	1335	2	8- 足利尊氏が建武政府にそむく
	1336	3	12- 後醍醐天皇が吉野に脱出（南北朝並立）
	1338	暦応元	8- 足利尊氏が征夷大将軍就任（室町幕府開始）
	1372	応安5	この年、観阿弥清次が醍醐寺で演能
	1378	永和4	3- 足利義満が室町新第（花の御所）に移る
	1386	至徳3	7- 幕府が五山の順位を決定
	1392	明徳3	閏10- 後亀山天皇帰洛、南北朝の合一なる
	1393	4	11- 幕府が洛中辺土の酒屋・土倉の役を制定

時代	西暦	年号	事項
室町時代	1397	応永 4	**4-** 北山第(金閣)上棟、翌年に足利義満が移る
	1401	8	**5-** 足利義満が明に遣使し、対明貿易を開始
	1428	正長元	**1-** 4代将軍足利持死去(享年43歳)、弟僧義円が6代将軍に就任、還俗して義教と改名。**9-** 近江・山城の郷民が徳政を要求して蜂起(正長の土一揆)
	1441	嘉吉元	**6-** 赤松満祐が将軍義教を暗殺(嘉吉の乱)。**8-** 土民が徳政を要求して蜂起(嘉吉の土一揆)。閏**9-** 幕府、徳政令を発布(徳政令のはじめ)
	1454	享徳 3	**10-** 幕府が分一徳政令を発布
	1467	応仁元	**1-** 畠山義就、同政長を上御霊ノ森に破る(応仁の乱勃発、~77)、以後京中が焼亡
	1477	文明 9	**11-** 東西両軍の諸将が帰国(応仁の乱終了)
	1479	11	**4-** 蓮如が山科に本願寺を建立
	1482	14	**2-** 足利義政が東山殿(銀閣)の造営に着手
	1485	17	**12-** 山城国住民が政長・義就両畠山軍の撤退を要求(山城の国一揆の開始)
	1493	明応 2	**4-** 管領細川政元が将軍足利義材を廃し、義高(のちの義澄)を擁立する(明応の政変)。**8-** 伊勢貞宗が山城守護となり山城国一揆を鎮圧
	1495	4	**6-** 宗祇が『新撰菟玖波集』を編纂
	1500	9	**10-** 幕府が撰銭令を発布(撰銭令の初見)。この年、応仁の乱で中断した祇園会が再興される
	1509	永正 6	この年、山崎宗鑑の『新撰犬菟玖波集』なる
	1527	大永 7	**1-** 細川高国が細川晴元の軍に京を追われる(高国政権崩壊)
	1532	天文元	**8-** 六角定頼が細川晴元の命で法華宗徒とともに山科本願寺を焼く、光教、大坂石山に逃げる
	1536	5	**7-** 天文法華の乱、法華宗徒を京から追放
	1550	19	**11-** 三好長慶が入京し、将軍足利義藤を近江に追う(長慶政権成立)、ザビエルが入京
	1560	永禄 3	**1-** 幕府がヴィレラの布教を許す
	1565	8	**5-** 将軍足利義輝が三好義継・松永久秀らに襲われ、殺される。足利義輝の弟覚慶(後の義昭)が逃亡
	1568	11	**9-** 織田信長、足利義昭を奉じて上洛、義昭将軍職に就任
	1571	元亀 2	**9-** 織田信長が延暦寺を焼き討つ

時代	西暦	年号	事項
安土桃山時代	1573	天正元	**7-** 織田信長が足利義昭を追放(室町幕府滅亡)
	1576	4	この年、京都に南蛮寺が建立される
	1579	7	**5-** 安土宗論、以後京都の法華寺院が弾圧される
	1582	10	**6-** 明智光秀が本能寺に織田信長を、二条城に信忠を囲み、自殺させる(本能寺の変)。羽柴秀吉が中国から帰り、光秀を山崎に破り敗死させる(山崎の合戦)。**7-** 秀吉が山城の検地を実施(太閤検地のはじめ)
	1585	13	**7-** 秀吉が関白となる、五奉行を設置
	1586	14	**12-** 秀吉が太政大臣となり、豊臣の姓を賜る
	1587	15	**9-** 聚楽第が完成し、秀吉がここに移る。**10-** 秀吉が北野に大茶会をもよおす
	1588	16	**4-** 後陽成天皇が聚楽第に行幸。**5-** 秀吉が京都東山に方広寺大仏殿を建立。**7-** 秀吉が諸国に刀狩を命令、倭寇を禁ず
	1590	18	**9-** 秀吉が天下統一をはたし、京都に凱旋。この年、秀吉が京都の改造をめざして「町割」に着手、諸寺院を寺町・寺之内に移転させる
	1591	19	**1-** 秀吉が本願寺を大坂から洛中六条に移す。**2-** 千利休失脚、秀吉の命で自刃(享年70歳)。**8-** 身分統制令(人掃令)で身分固定化をはかる。この年、秀吉が京都の外周を御土居で囲む。この年に寺町が完成か？ 三条大橋が完成
	1592	文禄元	**1-** 秀吉が朝鮮遠征軍の役割を決定(文禄の役)。この年、異国渡海の朱印状をだす(朱印船貿易の開始)。千少庵が本法寺門前に千家を復興
	1593	2	**8-** 秀吉が伏見に屋敷を構え、移る。秀頼誕生
	1594	3	**8-** 伏見指月の城が完成
	1595	4	**7-** 秀吉が秀次を高野山に追い、自殺を命ず。秀次の妻子が三条河原で斬刑に処される
	1596	慶長元	閏**7-** 京都に大地震、被害甚大で伏見城も倒壊。**9-** 朝鮮再出兵を決定(慶長の役)。**11-** 26聖人の殉教(京都で捕縛、長崎で処刑)
	1597	2	**5-** 伏見城が再建され、秀吉が入城
	1598	3	**3-** 秀吉、醍醐の花見を行う。**8-** 秀吉が伏見城で死去(享年63歳)
	1599	4	**4-** 豊国社が完成し、秀吉に豊国大明神の号が

時代	西暦	年号	事項
安土桃山時代	1600	慶長 5	贈られる 9- 関ヶ原の戦い、東軍徳川家康方の勝利
	1601	6	5- 家康が伏見に銀座をおく。8- 板倉勝重が京都所司代に就任
	1602	7	2- 教如が東本願寺(大谷派)を創立
江戸時代	1603	8	2- 家康が征夷大将軍となる(江戸幕府はじまる)。4- 出雲阿国が京都で歌舞伎踊をはじめる
	1611	16	3- 家康が内裏を修理、また二条城で秀頼と会見。11- 角倉了以が高瀬川の開削に着手
	1615	20	4- 大坂夏の陣、豊臣氏滅亡(元和偃武)。5- 家康が本阿弥光悦に鷹ヶ峰の土地をあたえる。光悦が一族とともに鷹ヶ峰に移る(芸術家村)。7- 武家諸法度・禁中並公家諸法度・諸宗諸本山諸法度の発令
	1616	元和 2	4- 徳川家康が病死(享年75歳)
	1619	5	9- 板倉勝重が京都所司代を辞任、嫡子重宗がこれにかわる。金地院崇伝が僧録司に就任
	1620	6	6- 徳川秀忠女和子(東福門院)が後水尾天皇に入内。この夏、桂離宮の建築開始
	1623	9	7- 徳川家光が上京、秀忠が将軍職を家光にゆずり二条城で将軍宣下を行う、伏見城破却。この年、小堀政一(遠州)が伏見奉行となる
	1624	寛永 元	12- 朝鮮通信使がはじめて来日(以後、将軍の代替りごとに訪日)
	1626	3	9- 後水尾天皇が二条城に行幸、家光とあう
	1629	6	7- 幕府、大徳寺沢庵らを配流(紫衣事件)。11- 後水尾天皇が興子内親王に譲位(明正天皇)
	1635	12	5- 鎖国令(日本人の海外渡航・帰国を禁止)、京都の経済界にも影響
	1640	17	7- 六条三筋町の遊郭が朱雀野に移る(のちの島原遊郭)
	1661	寛文 元	5- 隠元が黄檗山万福寺を建立
	1662	2	2- 伊藤仁斎が古義塾を開く
	1668	8	7- 東西の両奉行制が整う
	1673	延宝 元	この年、三井高利が京に仕入店を開設
	1690	元禄 3	この年から八文字屋が絵入狂言本の刊行を開始。このころ西陣が大機業地となる
	1694	7	4- 応仁元年以来中断の賀茂葵祭が復活される

時代	西暦	年号	事項
江戸時代	1699	元禄 12	3- 尾形乾山の御室築窯が許される
	1730	享保 15	6- 西陣が大火,民家4000戸を焼く(西陣焼け)
	1754	宝暦 4	閏 2- 山脇東洋らが壬生で死体解剖を行う
	1758	8	7- 幕府が竹内式部を捕縛,正親町三条公積以下の公家17人を処罰(宝暦事件)
	1767	明和 4	8- 山県大弐・藤井右門を処刑,竹内式部を八丈島に流刑(明和事件)
	1776	安永 5	4- 与謝蕪村が金福寺の芭蕉堂を再興
	1779	8	11- 光格天皇が即位
	1780	9	この年,秋里籬島の『都名所図会』が刊行される
	1788	天明 8	1- 京都で大火(天明の大火)
	1789	寛政 元	2- 典仁親王太上天皇尊号事件おこる
	1800	12	この年,京都と大坂の銀座を廃止
	1829	文政 12	この年,『日本外史』初版が刊行される
	1836	天保 7	この年,天保大飢饉がはじまり,乞食が増加
	1858	安政 5	9- 梅田雲浜らを逮捕(安政の大獄開始)
	1862	文久 2	4- 薩摩藩士有馬新七ら斬られる(寺田屋事件)。閏 8- 松平容保が京都守護職に就任
	1863	3	8- 尊攘派勢力を追放(8月18日の政変)
	1864	元治 元	6- 池田屋事件。7- 禁門の変
	1866	慶応 2	1- 薩長同盟の成立。12- 孝明天皇が死去(享年36歳)
	1867	3	1- 明治天皇が即位。6- 坂本竜馬が後藤象二郎に「船中八策」を示す。10- 将軍徳川慶喜,大政奉還。11- 畿内でお札が降り,ええじゃないか踊り流行。12- 王政復古の大号令,小御所会議
明治時代	1868	4 (明治元)	1- 鳥羽・伏見の戦い,旧幕軍が薩長軍に敗退(戊辰戦争がはじまる,～1869.5),新政府が王政復古を各国に通告。2- 市中取締所を京都裁判所と改称。閏 4- 京都裁判所を京都府と改称,初代知事に長谷信篤が就任。3- 神仏混淆を禁止,全国に廃仏毀釈運動おこる。9- 明治と改元
	1869	明治 2	1- 横井小楠が暗殺される。上京33番組,下京32番組の設置。3- 天皇が東京に到着(事実上の東京遷都)。5- 上京第27番組(柳池)小学校

時代	西暦	年号	事項
明治時代			の開校式(同年中に64校開校)。**9-** 大村益次郎,木屋町の宿舎で襲撃され,重傷(**11-** 死没,享年46歳)
	1870	明治 3	**3-** 政府が京都に産業基立金を下付する。**12-** 舎密局が設置される
	1871	4	**1-** 寺社領を上地。**2-** 府が勧業場を開く。**7-** 廃藩置県(現京都府域内に1府10県)。**10-** 第1回京都博覧会が開催される。**12-** 京都府が旧山城国・丹波3郡を管轄
	1872	5	**4-** 新英学校女紅場開設。京都・阪神間に電信が開通。**11-** 西陣から洋式織法伝習生をフランスに派遣。**12-** 京都―大阪間の鉄道起工
	1874	7	**6-** 洋織機による織工場開設(のちの織殿)
	1875	8	**4-** 島津製作所の創業。**7-** 槇村正直,第2代京都府知事に就任(~1881.7)。**11-** 同志社英学校が創立される
	1876	9	**5-** 府が師範学校を開校。**9-** 京都―大阪間の鉄道が開設される
	1877	10	**2-** 西南戦争が勃発,京都でも民権論者を拘留。京都駅が竣工,京都―神戸間開通。**9-** 西陣織物会社が創設される。この年,西南戦争の余波で室町が活況を呈す。また西陣の荒木小平が木製ジャガードを製作する
	1879	12	**3-** 第1回府会を開催,議長に山本覚馬を選出。**4-** 京都中学が開設,療病院に医学校を付設する
	1880	13	**1-** 気象台を設置する(翌年,測候所と改称)
	1881	14	**1-** 北垣国道,第3代京都府知事に就任(~1892.7)。府が舎密局などを民間へ払い下げ
	1883	16	**5-** 田辺朔郎が府御用掛となり,疏水計画に着手
	1884	17	**5-** 葵祭が復活。**12-** 京都株式取引所が設立
	1885	18	**6-** 琵琶湖疏水工事が起工される
	1886	19	**12-** 円山公園が開設される
	1889	22	**4-** 京都市が成立(特例で市長は知事が兼任)。**9-** 第三高等中学校が大阪から京都に移転
	1890	23	**4-** 琵琶湖疏水工事竣工式
	1891	24	**3-** 京都商業会議所が設立される。**5-** 蹴上発

時代	西暦	年号	事項
明治時代	1894	明治27	電所が設置(日本最初の水力発電所) 4- 日本銀行京都出張所が開かれる。5- 村井兄弟商社(村井煙草会社)が設立される。9- 琵琶湖疏水第3期工事(鴨川運河)が完工
	1895	28	2- 京都電気鉄道が日本最初の市街電車を開業(1918に京都市に買収される)。3- 平安遷都千百年紀年祭挙行(祭終了後に時代祭を実施し、今日に至る)
	1897	30	5- 帝国京都博物館が開館、京都市内の電話が開通。6- 京都帝国大学理工科大学が開校
	1904	37	2- 日露戦争が勃発する(~1905.9)。10- 京都市が3大事業(第2疏水・上水道、道路拡張、電気鉄道)に着手。11- 第16師団を創設
	1909	42	4- 京都市絵画専門学校が開校。10- 映画スター尾上松之助がデビュー
	1912	45 (大正元)	6- 京都市電が運転開始、上水道の給水開始。9- 明治天皇が死去、大正と改元
大正時代	1913	大正2	2- 京都市・京都府下各地で護憲運動が高揚
	1914	3	1- 京都帝国大学沢柳政太郎総長の不信任事件。8- 日本、第一次世界大戦に参加(~19.11)。京都駅が完成
	1915	4	4- 友愛会京都支部結成。11- 大正天皇の即位式が京都御所で行われる
	1916	5	9- 河上肇が『貧乏物語』を発刊
	1918	7	8- 京都市内に米騒動がおこる
	1922	11	3- 全国水平社創立大会を岡崎公会堂で開催。5- 京都で最初のメーデー演説会開催
	1924	13	5- 京都最初のメーデー行進が行われる。7- 松竹下加茂撮影所が完成。12- 日本農民組合京都府連が結成される
	1925	14	6- 日本労働組合評議会京都地方評議会を結成。7- 細井和喜蔵が『女工哀史』を刊行
	1926	15 (昭和元)	12- 大正天皇死去、昭和と改元
昭和時代	1927	昭和2	3- 金融恐慌がおこり、京都にも波及。4- 京都市役所新庁舎が竣工
	1928	3	2- 普通選挙による最初の総選挙、労農党の水谷長三郎(1区)・山本宣治(2区)ともに当選。

時代	西暦	年号	事項
昭和時代			*3-* 三・一五事件(京都で100余人の検挙者)。*5-* 京都市バスの運転開始。*11-* 京都御所で天皇即位式
	1929	昭和4	*3-* 山本宣治、右翼団員に刺殺される。*4-* 京都市が上京・下京に加えて中京・左京・東山を新設し、5区となる。四・一六事件(京都で20余人の検挙者)。*5-* 伏見町が市制を施行
	1930	5	*4-* 鐘紡京都工場の労働者がストライキ
	1931	6	*4-* 伏見市外27町村を京都市に編入、右京区・伏見区が設置される
	1932	7	*10-* 京都市の人口が100万人をこえる
	1933	8	*1-* 河上肇らが治安維持法違反で検挙される。*5-* 滝川幸辰教授に休職命令、法学部長以下抗議の辞表提出(京大滝川事件)
	1934	9	*9-* 室戸台風が京都を直撃
	1937	12	*8-* 陸軍宇治火薬製造所が大爆発
	1940	15	*2-* 紀元二千六百年祭で市内各神社に参拝者多数。*12-* 大政翼賛会京都支部が発足
	1941	16	*1-* 京都市内の全町内会が結成式。*11-* 巨椋池干拓事業が竣工。*12-* 太平洋戦争がはじまる(〜1945.8)
	1942	17	*3-* 京福電鉄の創業。*4-* 新聞統合により『京都日出新聞』と『京都日日新聞』が合併して『京都新聞』が発足。*9-* 市内の寺社が梵鐘・神具・仏具(慶長以前のものを除く)を供出。*12-* 四条大橋の竣工式
	1943	18	*8-* 西陣の高級贅沢品の生産を全面的に停止。*12-* 伏見の第37部隊に学徒兵が入営
	1944	19	*7-* 京都市内22カ所で建物の強制疎開がはじまる。この年、第16師団1万余人が比レイテ島で全滅
	1945	20	*1-* 京都市東山区馬町に京都最初の空襲。*3-* 学童の集団疎開がはじまる。*6-* 西陣大空襲。*8-* 日本が連合軍に降伏、太平洋戦争が終決。*9-* 連合軍が京都市内に進駐。この年、各政党の支部の結成が続く
	1946	21	*1-* 連合軍が府庁内に軍政部を設置。*4-* 戦後最初の総選挙。*8-* 大文字送り火が復活。*11-*

時代	西暦	年号	事項
昭和時代	1947	昭和22	第1回国民体育大会秋季大会，京都を中心に開催される
			4- 公選で最初の府知事に木村惇，京都市長に神戸正雄が就任。*7-* 祇園祭山鉾巡行が復活
	1948	23	*4-* 新制高等学校が発足
	1949	24	*8-* 京都で事実上のレッドパージがはじまる。*11-* 湯川秀樹が日本人初のノーベル賞を受賞
	1950	25	*1-* 全京都民主戦線統一会議を結成。*2-* 京都市長に高山義三が当選。*3-* 宇治市が設置される。*4-* 都をどりが復活，府知事に蜷川虎三が当選。*7-* 金閣寺が放火され焼失。*10-* 時代祭・鞍馬の火祭が復活
	1953	28	*5-* 葵祭が復活。*12-* 立命館大学で「わだつみ像」の除幕式，旭丘中学校事件
	1955	30	*12-* 自由民主党京都府連合会の結成
	1956	31	*5-* 京都市交響楽団が発足
	1960	35	*4-* 京都会館が開館。*6-* 安保阻止統一行動盛ん
	1961	36	*4-* 府立植物園が再開。*9-* 第2室戸台風大被害
	1962	37	*1-* 阪急京都線河原町駅乗り入れ工事着工，地元の反対同盟と対立(3市長斡旋で解決)
	1963	38	*11-* 府立総合資料館が開館
	1964	39	*10-* 東海道新幹線が開業。*12-* 京都タワービルの竣工式
	1966	41	*5-* 国立京都国際会館の開館。*7-* 府議会，米軍のベトナム北爆に抗議決議
	1967	42	*4-* 近畿放送テレビ(現，KBS京都)が開局。*10-* 京都市が市電廃止案を公表
	1968	43	*6-* 京都府開庁百年記念式典を京都会館で挙行
	1969	44	*5-* 学園紛争で立命館大学の「わだつみの像」が破壊される。*9-* 京都大学で封鎖が強制解除される
	1970	45	*11-*「哲学の道」が開通(1972年3月，開通式)
	1971	46	*10-* 京都百景の景観地119カ所を指定，京都市が景観条例を制定
	1972	47	*10-* 長岡京市・向日市が設置される。この年，向島ニュータウン着工
	1975	50	*11-* 東映太秦映画村が開村
	1976	51	*4-* 京都市，清水・産寧坂と祇園新橋を町並保

時代	西暦	年号	事項
昭和時代	1977	昭和52	存地区に指定。*10-* 京都市,山科区・西京区を新設。*11-* 京都市伝統産業会館開館 *5-* 蹴上インクラインを復元し,一般公開。*11-* 八幡市が設置される
	1978	53	*9-* 京都市電,全面廃止される
	1980	55	*11-* 京都駅前地下街「ポルタ」開業
	1981	56	*5-* 京都市営地下鉄京都―北大路間が開通。*8-* 第1回平和のための京都の戦争展
	1982	57	京都市歴史資料館が開設
	1983	58	*1-* 第1回全国都道府県対抗女子駅伝
	1985	60	*7-* 京都市,古都保存協力税を実施し,京都仏教会との軋轢が表面化。*8-* 平安建都1200年記念協会が発足
	1987	62	*11-* 世界歴史都市会議が開催される
	1988	63	*3-* 京都市,古都保存協力税を廃止。*9-* 京都国民体育大会が開幕
	1989	64 (平成元)	*1-* 昭和天皇,死去,平成と改元。*4-* 国連軍縮京都会議
平成時代	1990	平成2	*7-* 府が鴨川上流ダムの建設を断念
	1991	3	*2-* 京都市,京都ホテルの高さ60ｍ改築計画を承認
	1992	4	*5-* 立命館大学国際平和ミュージアムが開館。*6-* 府が祇園祭山鉾連合会の財団法人化を認可
	1997	9	*9-* JR新京都駅ビルが全面開業。*10-* 地下鉄東西線,開業。*12-* 地球温暖化防止大会を京都で開催
	1998	10	*8-* 京都市,「鴨川歩道橋」建設計画を白紙撤回
	2000	12	*5-* 寂光院,放火され全焼

索引

太字は、第 II 部事典項目の頁数を示す。

▼ア

葵公園　20, 24
明智光秀　8, 88, 192
朝日神明宮　102
足利尊氏　6, 13, 37, 164, 174, 177
足利義教　7, 31, 161, 192
足利義尚　49, 117, 184, 200
足利義政　7, 15, 49, 117, 140, 184, 190
足利義視　117, 184, 200
足利義満　7, 12, 31, 38, 49, 50, 122, 132, 142, 150, 161, 166
姉小路公知　54, **110**
油小路の変　61, **110**
安倍晴明　31, 42, **110**, 114, 162
阿弥陀寺　30, 31, **111**
文子天満宮　100, **111**, 112
安政の大獄　28, 143, 156, 181, 194, 199, 200, 203
安養寺　65, **112**
安楽庵策伝(墓)　65, **112**
安楽寺天満宮　16

▼イ

イギリス積み　46, 48, **112**, 113
池田屋事件(騒動)　63, 97, 98, 125, 138, 157, 158
いけばな資料館　172
石田三成　27, 134, 143
和泉式部　65, 83, **113**, 151
出雲井於神社　20, **113**
板倉勝重　58, **113**, 114, 128
板倉重宗　58, 112, **114**, 128, 194
一条戻り橋　42, **114**
市比売神社　101, **115**
厳島神社　52, **115**
貽範碑　53
引接寺(千本閻魔堂)　43, **115**

▼ウ

ヴォーリス, W・メレル　46, 47, **116**
雨宝院　39, **116**

▼オ

扇塚　26, 105, 136, 162
応仁の乱(応仁・文明の乱)　7, 13, 37, 44, 49, 50, 76, **117**, 134, 135, 177, 182, 184, 185, 189-191, 200, 205
大石内蔵助(寓居跡)　64, 150
大炊殿　22
大久保利通(寓居跡)　55, **117**
大宮御所　54, 127
大村益次郎(寓居跡)　96, 97, **118**
尾形光琳　34, **118**
奥渓家下屋敷跡　16, **119**
織田信長　8, 30, 31, 88, 103, 111, 127, 149, 164, 188, 191, 192
お土居　18, 66, **119**
尾上松之助(像)　20, **120**
織成館　39
陰陽道(家)　42, 111, 122, 169

▼カ

顔見世　104, **120**
勝海舟　19, 97, 110, **120**, 139, 201, 202
上賀茂神社　19, 121, 146
上御霊神社　49, **120**, 146, 182
紙屋川　15, 18, 43, 119, **121**
鴨川(加茂川, 賀茂川)　2, 9, 19, 22, 24-26, 66, 94, 99, 100, 104-106, 119, 122, 134, 136, 137, 141, 158, 167, 189
鴨氏　2, 19, **121**, 122, 146
鴨長明　20, **122**
鴨の七不思議　20, 21
河合神社　20, **122**, 169
観阿弥清次　38, **122**
寛永通宝　106, 163
閑臥庵　31
菅大臣神社　89, **123**
観音寺(東向観音寺)　16, **123**
桓武天皇　2, 3, 123, 157, 166, 185

▼キ

祇園会(祭)　7, 75, 80, 89, 90, 92, 157, 176, 198
北野大茶湯(址)　8, 17, **123**
北野天満宮　15-17, 43, 44, 112, 121, 123, **124**
北村季吟　86, **124**, 177
北村美術館　24, **125**
北山文化　7, 12
木戸孝允(桂小五郎)　94-96, **125**
行願寺　28, **126**
京都御苑　29, 52, 127
京都御所　52, 54, **127**, 146
京都市学校歴史博物館　102, **128**
京都市考古資料館　38, **128**
京都所司代(屋敷)　58, **128**
京都タワー　100, **129**
京都府京都文化博物館　73, **130**
京都府立植物園　23
京都府立総合資料館　23, **130**
京都府立堂本印象美術館　12, **130**
京都町奉行　57, **131**
京町家　88, 90, 91
清荒神　29, **131**
金閣寺　12, 31, 49, **132**
銀閣寺　49
禁門の変　49, 53, 59, 66, 79, 85, 98, 125, 137, 138, 152, 160, 162, 170, 176, 180, 181, 184, 185, 192, 207

▼ク・ケ

空海　3, 116, 136, 147, 148, 154, 165
空也寺　103, **132**
空也上人　101, 103, 133
空也堂　88, **133**
薬子の変　3, 186
華開院　15, **133**
元和キリシタン殉教の碑・六条河原　105, **134**
『源平盛衰記』　43, 137

▼コ

光縁寺　63, **134**
光照院(常盤御所)　33, **134**
興正寺　62, **135**
荒神橋　24, **135**
高津古文化会館　16
五条大橋　26, 79, 85, **136**
五条天満宮　85, **136**
五条楽園　105, **137**, 138
後白河天皇(上皇)　92, 100, 151, 154, 171, 186
後醍醐天皇　6, 133, 187, 197
後鳥羽天皇(上皇)　5, 122, 136
後水尾天皇(上皇)　31, 39, 54, 114, 119, 127, 173, 180, 189, 194
近藤勇(像)　62, 97, 98, 110, **138**, 157, 184

▼サ

西園寺　31
西園寺公経　31, 132, 155
西光寺　65
西郷隆盛　55, 117, 126, 185, 200
最澄　3
幸神社　3
嵯峨天皇　3, 58, 116, 186
坂本竜馬　97-99, 126, **138**-140, 176
佐久間象山　97, **139**, 201
桜田儀兵衛(顕彰碑)　107, **139**
祐ノ井　29, 55
薩摩藩邸跡　45, **140**
茶道総合資料館　35
醒ケ井　85, **140**
猿ケ辻　54, 55
早良親王(崇道天皇)　121, 146
山紫水明処　94, 95, **140**, 141, 203
三時知恩院　33, **141**
三条大橋　9, 26, **142**

▼シ

地蔵院　16, **142**
島左近(邸跡)　27, **143**
島田左近　95, **143**
島津源蔵　96, **143**-145
島津創業記念資料館　96, **144**
島原(遊郭)　62, 137, **145**, 161, 207
下鴨神社　19-21, 113, 122, 123, **146**, 169

下御霊神社　　28, **146**
石像寺　　43, **147**
住宅地区改良法　　107, **148**
出世稲荷神社　　57, **148**
じゅらく染織資料館　　33
聚楽第　　8, 57, 123, 148
俊成社　　86, **149**
春長寺　　103, **149**
成願寺　　16, **149**
浄教寺　　103, **150**
聖光寺　　103, **150**
相国寺　　33, 49, **150**, 201
清浄華院　　29, **151**
誠心院　　65, **152**
渉成園　　100, **152**
上善寺　　31, **153**
上徳寺　　101, **153**
聖徳太子(像)　　2, 72, 75, 101, 154, 172, 188, 206
称念寺　　39, 40
上品蓮台寺　　43, 44, **154**
式子内親王　　43, **154**
白河天皇(上皇)　　4, 189, 196
白雲神社　　53, **155**
白峰神社　　42, **155**
新英学校女紅場　　29, 95, **156**
神功皇后　　76, 79
神泉苑　　59, **156**
新撰組　　61-63, 94-96, 98, 110, 134, 138, **157**, 158, 184
新撰組堀川本陣　　61
新撰組壬生屯所　　62, **158**
新徳寺　　62, **158**
親鸞　　6, 86, 172, 178, 184, 187, 188

▼ス・セ・ソ

瑞泉寺　　98, **158**
末川記念会館　　12, **159**
菅原道真(邸跡)　　15, 17, 75, 89, 111, 113, 123, 124, **160**, 178
杉本家住宅　　89, **160**
崇徳天皇(上皇)　　42, 155, **161**
角倉了以　　9, 96, 98, 159, 167, 168
角屋　　62, **161**
住吉神社　　85
世阿弥元清　　38, **161**

誓願寺　　65, 112, 151, **162**, 202
晴明神社　　42, **162**
銭座　　106, **163**
千家十職　　42, **163**
仙洞御所　　54, 127, 144
善導寺　　95, **164**
千利休　　34, 123, 140, 163, **164**, 188
千本釈迦堂　　44, **164**
染殿院　　64, **165**

▼タ

大学別曹　　60
大学寮(跡)　　59
太閤井戸　　17
大将軍八神社　　16, **166**
大聖寺　　33, **166**
松明殿稲荷神社　　106
平清盛　　4, 5, 59, 115, 195
平重盛　　103, 149
高瀬川　　9, 94, 96, 98, 104, 105, 107, 137, 152, **167**
高松神明社　　92
高山彦九郎　　26, **168**
武田五一　　24, 48, 72, 74, **168**
武市瑞山(寓居跡の碑)　　97, **169**, 203
武信稲荷神社　　60
蛸薬師　　65, **169**
糺の森　　20, 146, **169**
辰野金吾(辰野式)　　69-71, 73, 130, **170**
伊達弥助顕彰碑　　18

▼チ・テ

竹林寺　　15, **170**, 185
長講堂　　100, **171**
長曾我部盛親(墓)　　101, **171**
頂法寺　　72, **172**
頂妙寺　　25, **172**
寺田屋事件　　202
天性寺　　66, **173**
天寧寺　　31, **173**
天明の大火　　35, 140, 142, 153, 173, 180, 189, 192, 196, 197, 206

▼ト

等持院　　13, **174**

同志社(大学)　29, 45-48, 70, 140, 176, 177, 201
藤堂高虎　35, 179
東福門院(徳川和子)　127, 133, 173
徳川家光　127, 152, 179
徳川家茂　97, 139
徳川家康　7-9, 28, 30, 34, 35, 40, 58, 89, 102, 113, 127, 128, 134, 153, 175, 179, 183, 190
徳川幕府　53, 57, 59-61, 131, 137
徳川秀忠　114, 188
徳川慶喜　9, 120, 181, 198, 204
徳富蘇峰　46, 177
鳥羽天皇(上皇)　161, 196
鳥羽・伏見の戦い　120, 157, 194, 201
富岡鉄斎　66, **174**
豊臣秀次　98, 158, **174**
豊臣秀吉　8, 9, 30, 31, 34, 40, 52, 57, 66, 85, 98, 101, 102, 111, 115, 119, 123, 124, 127, 136, 142, 146, 148, 151, 158, 162, 164, 171, 173, 174, 178-180, 188, 191-193, 197, 198, 205, 207
豊臣秀頼　49, 124, 158, 167, 175

▼ナ・ニ・ヌ・ノ

長江家住宅　89, **175**
中岡慎太郎(碑)　99, 139, **175**
中山忠能邸跡　55
半木の道　23
梛神社　62, **176**
梨木神社　29
南蛮寺　90
新島襄(邸)　29, 46, 47, 70, 140, 156, **176**, 201
新玉津島神社　86, **177**, 163
錦市場　64, **178**
錦天満宮　64, **178**
西陣織　18, 25, 37, 39, 51
西陣織会館　37, 51
西本願寺　6, 61, 62, 100, 101, 135, 157, **178**
二条城　57-60, 113, **179**
二条陣屋　59, **180**
鵺池碑　58

野口家住宅(花洛庵)　89, **180**

▼ハ

陪審制　13
橋本左内(寓居之址)　58, 97, **181**, 202
長谷川等伯　192, 196, 197
秦家住宅　89, **181**
畠山政長　49, **182**
畠山義就　49, **182**
秦氏　2, 122
花咲稲荷社　86
蛤御門　53
伴高蹊　66
般舟院　43, **182**
繁昌神社　86, **183**

▼ヒ

比叡山　3, 22, 141, 173
東本願寺　6, 100, 111, 152, 168, **183**
曳山　76, 81
土方歳三　62, 98, 110, 138, 157, **184**
日野富子(墓・像)　15, 50, 134, **184**, 189, 200
白毫寺　101
平等寺　86, **184**
平野国臣　15, 59, **185**, 207
平野神社　18, **185**

▼フ・ヘ

福井藩邸跡　58
藤原定家　148, 155
藤原俊成　85, 149, 154, 177, **186**
藤原冬嗣　3, 60, 115, **186**, 187
藤原道長　4, 29, 92, 110, 113, 151, **186**, 195
藤原保昌　83, 113
藤原良相　60, **187**
仏光寺　87, **187**
不動堂明王院　61
古田織部　35, **188**
平安京　3, 5, 6, 26, 52, 85, 115, 121
平治の乱　4, 92, 195
弁慶　26, 78, 85, 104

▼ホ

宝鏡寺　50, **188**
保元の乱　4, 42, 92, 155, 161
『方丈記』　20, 122
法然　6, 151, 162, 172, 206
法林寺　26, **189**
法輪寺(達磨寺)　15, **189**
戊辰戦争　10, 117, 118, 120, 158, 184
細川勝元　13, 50, 117, 182, **190**, 205
本阿弥光悦(京屋敷址)　35, 36, 118, **190**, 192, 197, 204
本覚寺　102, **190**
本願寺伝道院　61
本禅寺　30
本能寺　66, 88, **191**
本能寺の変　30, 88, 103, 149, 192
本法寺　35, **192**
本隆寺　38, 39, **192**

▼マ

横村正直　10, 96, 156, **193**
松平慶永　58, **194**
松永伍作君紀功碑　18
松永昌三(講習堂跡)　58, **194**
松永貞徳　86, **194**
松原道祖社　86, **195**
丸太町橋　25
円山応挙　82, 83

▼ミ

三井神社　22
南座　104, 120
源実朝　102, 191
源義経　26, 38
源頼政　58, **195**
源頼光(塚)　43, 83, 154, **195**
壬生寺　62, **196**
妙音堂　24
妙覚寺　34
妙顕寺　34, 35, **197**
妙蓮寺　40, **197**

▼ム・メ・モ

夢窓疎石　12, 13, 150, 165, 174

宗像神社　52, **198**
無名舎(旧吉田家住宅)　90, **129**
紫式部(供養塔, 邸宅址)　113, 116, 206
明治天皇　55, 95, 126, 155, **198**
木食正禅養阿　106

▼ヤ・ユ・ヨ

八坂神社御旅所　103, **198**
矢田寺　66, **199**
梁川紅蘭　25, **199**
梁川星巌(旧邸址)　25, **199**, 202, 203
柳原銀行記念資料館　106, **200**, 207
山南敬助　63, 134
山名持豊(宗全)　50, 117, 182, 190, **200**
山本覚馬　140, 177, 193, **201**
山本亡洋(読書室跡)　85, **201**
山脇東洋(墓)　59, 65, 162, **202**
夕顔塚　87
尹東柱　46, **202**
宵山　75, 77, 79–81, 90
横井小楠(殉節地の碑)　28, **202**
吉田松陰　97, 125, 199, 202
吉田屋跡(立命館大学発祥之地)　94, 95
吉村寅太郎(寓居跡)　97, **203**

▼ラ・リ・レ・ロ・ワ

頼山陽(邸跡)　94, 95, 141, 199, 200, **203**
楽家　35, 42, **203**
洛東遺芳館　27, **204**
立命館大学国際平和ミュージアム　13, **204**
龍安寺　13, 190, **205**
冷泉院址　58
冷泉家住宅　54
蓮光寺　101, 172, **205**
六条河原　106, **134**, 172
六請神社　13
廬山寺　29, **206**
六角獄舎　59, 170, 202, **207**
輪違屋　62, **207**

洛中

紙屋川

擁翠園（京都貯蓄事務センター）
妙顕寺
金閣寺
上品蓮台寺
称念寺（猫寺）
本法寺
織成館
石像寺
大応寺
龍安寺
京都府立堂本印象美術館
引接寺
妙蓮寺
平野神社
お土居跡
雨宝院
宝鏡寺
立命館大学
千本釈迦堂
本隆寺
観世井
白峰神社
等持院
六請社
北野天満宮
般舟院
東向観音寺
首途八幡宮
京福電鉄北野線
たかおぐち りょうあんみち とうじいん きたのはくばいちょう
大将軍八神社
一条戻り橋
地蔵院（椿寺）
成願寺
京都市考古資料館
楽美術館
なるたき おむろ みょうしんじ
乾窓寺
西陣織会館
奥渓家下屋敷跡
安楽寺天満宮
晴明神社
ときわ
竹林寺
武者小路千家官休庵
うずまさ JR山陰本線
法輪寺（達磨寺）
華開院
福井藩邸
はなぞの えんまち
京都所司代跡
出世稲荷社
二条城
Bの拡大
誠心寺
蛸薬師
にじょうじょうまえ
北國銀行
安養寺
京都西町奉行所跡
旧明倫小学校
錦市場
錦天満宮
京都東町奉行所跡
神泉苑
UFJ銀行
染殿地蔵
四条大橋
松永昌三講習堂
からすま しじょう
春長寺
かわらまち
南座
武信稲荷神社
紅梅殿神社
浄教寺
六角獄舎跡
空也堂
管大臣神社
仏光寺
聖光寺
棚神社
本能寺
平等寺（因幡薬師）
空也寺
しじょうおおみや
京都市学校歴史博物館
壬生寺
光縁寺
観音
新玉津島神社
花咲稲荷社
嵐山
新徳寺
俊成社
京福本線
住吉神社
松原橋
たんばぐち
八木家住宅（新撰組屯所跡）
五条天神
朝日神明宮
扇塚
ごじょう
上徳寺
本覚寺
五条大橋
山本亡羊読書室旧邸
ごじょう
白毫寺
蓮光寺
角屋
西本願寺
伝道
長講堂
市比売神社
洛東遺芳館
龍谷大学大宮学舎
文子天満宮
興正寺
源融の別邸河原院跡
渉成園
不動堂明王院
東本願寺
しちじょう